Ben Lesser

Ein Leben, das zählt

Ben Lesser

Ein Leben, das zählt

Vom Nazi-Albtraum zum American Dream

Herausgegeben vom Deutschen Gewerkschaftsbund Niederbayern in Kooperation mit der Arbeitsgemeinschaft KZ-Transport 1945 der Gemeinde Fürstenstein

Aus dem Amerikanischen übersetzt von Nikolaus Saller

Wallstein Verlag

Gefördert durch den Deutschen Gewerkschaftsbund Niederbayern,
den Landkreis Passau und durch die Gemeinde Fürstenstein

DGB
Deutscher
Gewerkschaftsbund
Niederbayern

Bibliografische Information der Deutschen Nationalbibliothek

Die Deutsche Nationalbibliothek verzeichnet diese Publikation in der Deutschen Nationalbibliografie; detaillierte bibliografische Daten sind im Internet über http://dnb.d-nb.de abrufbar.

Die Originalausgabe erschien unter dem Titel *Living A Life That Matters: from Nazi Nightmare to American Dream*
Gekürzte Ausgabe

www.wallstein-verlag.de
Vom Verlag gesetzt aus der Alegreya und der Alegreya Sans
Lektorat: Ursula Kömen
Umschlaggestaltung: Susanne Gerhards, Düsseldorf

Druck und Verarbeitung: Hubert & Co, Göttingen
ISBN 978-3-8353-5273-5

Inhalt

TEIL III

Der American Dream

TEIL IV

»Zachor!«

ANHANG

Vorwort der Herausgeber

Das Titelbild dieses Buches zeigt Ben Lesser und den sogenannten »Todeszug«, einen Häftlingstransport vom Konzentrationslager Buchenwald über Nammering (Gemeinde Fürstenstein) nach Dachau. Ben Lesser ist der letzte bekannte Überlebende dieses Todeszugs. Er lebt heute noch mit 94 Jahren in Las Vegas in den USA.

Zum Ende des Krieges wurden tausende Häftlinge aus den Konzentrations- und Arbeitslagern evakuiert; sie sollten den heranrückenden Alliierten nicht in die Hände fallen. So wurden am 7. April 1945 aus dem überfüllten KZ Buchenwald 5.009 Gefangene am Bahnhof von Weimar beim Einsteigen in die Güterwaggons abgezählt. (Ein französischer Häftling hat das berichtet.) Dieser KZ-Transport kam schließlich in einer dreiwöchigen Irrfahrt über Leipzig Dresden und Pilsen dann nach Nammering im Landkreis Passau und schlussendlich in Dachau an. (www.nsaller.de)

In Nammering musste der Zug mit 54 Waggons auf den Abstellgleisen des Bahnhofs für fünf grauenvolle Tage warten, weil die Bahnstrecke unterhalb beschädigt war. Die Gefangenen waren schon zwei Wochen unterwegs gewesen, ohne Essen zu bekommen. Aber in Nammering hatte der zuständige Pfarrer Johann Bergmann in der Kirche zu beachtlichen Lebensmittelspenden aufgerufen, obwohl die Parteileitung diese streng verboten hatte. So wurden unter seiner Aufsicht sogar gekochte Kartoffeln, Suppen und eine große Menge Brot verteilt.

Trotzdem starben ungefähr 800 Häftlinge aufgrund von Hunger und Schwäche oder wurden bei geringsten Anlässen durch Kopfschuss getötet oder brutal erschlagen. Einmal wurden in einem Waggon alle Häftlinge erschossen.

Ungefähr 250 Leichen versuchte man in einem Steinbruch zu verbrennen; weil das zu langsam ging, wurden dann 524 Opfer in einem sumpfigen Massengrab eilig verscharrt. Dann war die beschädigte Bahnstrecke repariert und der Transport konnte in zwei Güterzügen weitergeführt werden.

Als die inzwischen vorgerückten Amerikaner dieses Massengrab

in Nammering entdeckt hatten, befahlen sie den noch greifbaren Männern der Umgebung, dass die schon in Verwesung übergegangenen Leichen nur mit den Händen ausgegraben und in Reihen auf der heute so genannten »Totenwiese« abgelegt wurden. Danach musste die ganze Bevölkerung der Umgebung – auch Frauen und sogar Kinder – durch die Reihen der Toten gehen. Sie sollten mit eigenen Augen sehen, was die Nazis verbrochen hatten.

Der zweite Befehl war: Jeder Tote musste einen Sarg und ein Holzkreuz bekommen und in fünf umliegenden Orten in der Dorfmitte einzeln begraben werden.

Dabei mussten jetzt auch die Frauen die vielen Gräber ausheben. Jahre später hat man 1958 die Toten exhumiert und in neu gestalteten großen KZ-Friedhöfen, z.B. in Flossenbürg wieder beigesetzt.

Nur in Eging wurde wegen der großen Anzahl von 171 Opfern ein Massengrab erlaubt, das bis heute noch als Gedenkstätte besteht.

Doch wie war es in Dachau weitergegangen? Es hatte also 21 Tage gedauert, bis der »Todeszug« am 27. und am 28. April 1945 am KZ Dachau eintraf.

Am 29. April näherten sich Soldaten der 7. US-Armee der Stadt Da-

Massengrab für 171 Opfer in Eging am See – 1945 und heute

chau. Noch bevor sie auf das KZ trafen, entdeckten sie vor den Toren die jetzt noch 39 Güterwaggons mit 2.310 Leichen. Ein Bild des Grauens. Unzählige verhungerte und erschossene Häftlinge lagen in den Waggons. Ben Lesser und sein Cousin Isaak konnten gerade noch über all die Leichen in ihrem Waggon herauskriechen. Aus beiden Zügen wurden 816 Überlebende im Lager registriert. Unter ihnen befand sich Ben Lesser. Er kam aus dem ersten Zug mit nur 18 Überlebenden; von ihnen ist er heute noch der einzige, der davon erzählen kann.

Über diesen »Todeszug« wurde wohl an keinem anderen Ort so viel Erinnerungsarbeit geleistet wie am Bahnhof von Nammering durch die Arbeitsgemeinschaft KZ-Transport 1945 der Gemeinde Fürstenstein und durch den Deutschen Gewerkschaftsbund der Region Niederbayern.

1985 – erst nach vierzig Jahren – hatten wir das inzwischen sehr bekannte Mahnmal aufgestellt, das auch in Yad Vashem und anderswo in die Liste der Gedenkstätten aufgenommen wurde. Wir konnten einige Überlebende kennen lernen, die auch seit 1985 an den gut besuchten Gedenkfeiern am Bahnhof Nammering gesprochen haben.

Mahnmal in Nammering 2020 – aufgrund der Pandemie war nur eine Kranzniederlegung möglich.

Und nach 75 Jahren wollten wir im Jahr 2020 wieder zusammen mit dem Deutschen Gewerkschaftsbund Niederbayern ein größeres Gedenken in Nammering abhalten.

Zu unserem Glück und großer Freude konnten wir noch diesen einen Überlebenden des KZ-Transportes ausfindig machen, Ben Lesser. Wir haben ihn zu unserer Gedenkfeier eingeladen, waren jedoch verwundert, weil er sagte, dass er von den fünf Tagen in Nammering nichts wüsste. Wir erklärten uns das so, dass er – auch nach seinen Erzäh-

lungen – in einen geschlossenen Waggon eingestiegen war, der wohl kaum geöffnet wurde. Nicht einmal die Leichen waren entsorgt worden.

Er wäre sehr gerne mit seiner Tochter Gail Lesser-Gerber zu unserer Gedenkfeier nach Nammering gekommen; diese Veranstaltung war fest geplant, fiel aber wegen der Pandemie aus. Es war nur eine Kranzniederlegung bei einer Teilnahme von nur fünf Personen erlaubt.

Aber im Mai 2022, bei einer eindrucksvollen Gedenkfeier auf dem KZ-Friedhof in Eging am See, betete Ben Lesser, durch ein Video übertragen, für die hier ruhenden toten Leidensgenossen das Kaddisch, das jüdische Totengebet. Und das geschah durch einen Überlebenden nach 77 Jahren!

Im zweiten Teil der Gedenkfeier sandte uns Ben Lesser ein Grußwort an die Teilnehmer der Veranstaltung, das seine wesentlichen Gedanken enthielt: »Die Nazis begannen nicht mit dem Töten, sie begannen mit Hass.« – und »Den Hass zu besiegen, dem habe ich mein Leben gewidmet.«

Damals haben wir also Ben Lessers Buch kennengelernt und von seinem unglaublich erschütternden sechsjährigen Leidensweg erfahren. In seiner Autobiografie, die wir hier auf Deutsch herausgeben, beschreibt er, wie seine Familie und er mit elf Jahren in Krakau den Nazis in die Hände fielen; nur weil sie den jüdischen

Glauben hatten, wurden seine Eltern und drei Geschwister grausam ermordet.

Auf seinem Weg durch den Holocaust hat er durch unglaublich großes Glück sechs Jahre lang überlebt: zwei Ghettos in Krakau und Bochnia, den dreitägigen Todeszug nach Auschwitz, das brutale Arbeitslager im Steinbruch Dörnhau, den schrecklichen Todesmarsch nach Buchenwald – sieben Wochen lang – und schließlich noch den berüchtigten Todeszug von Buchenwald über Nammering zum KZ Dachau. Hier fiel er für drei Monate ins Koma und wurde im Kloster St. Ottilien wieder gesund gepflegt.

1947 durfte er als Jugendlicher in die USA ausreisen, ohne Sprachkenntnisse oder Berufsbildung. Hier musste er sich mit Zielstrebigkeit und Ausdauer sein neues Leben aufbauen und erlebte den buchstäblichen »American Dream«, den er im zweiten Teil seines Buches auch so liebevoll erzählt. Nicht einmal seinen Töchtern hat er etwas vom früheren Alptraum unter den Nazis erzählt.

Erst im Ruhestand ab 1996 hat es sich Ben Lesser zur Lebensaufgabe gemacht, unaufhörlich in Schulvorträgen an die sechs Millionen ermordeten Juden zu erinnern. In seine Stiftung Zachorfoundation steckt er bis heute all seine Energie und Leidenschaft für »Zachor«, das heißt Erinnern. (www.zachorfoundation.org)

Die Auseinandersetzung mit den Grauen des NS-Regimes ist auch für den Deutschen Gewerkschaftsbund eine Verpflichtung. Mit den Kommunisten und Sozialdemokraten waren die bayerischen Gewerkschafter die ersten Menschen, die in das KZ Dachau verschleppt wurden. Die Erinnerung daran wachzuhalten, was passiert, wenn menschenfeindliche Stimmungen und Parteien die Oberhand gewinnen, ist unsere Aufgabe. Dieses Buch soll ein kleiner Beitrag dazu sein.

Die Herausgeber
Nikolaus Saller,
AG KZ-Transport 1945 der Gemeinde Fürstenstein

Andreas Schmal,
Deutscher Gewerkschaftsbund Niederbayern

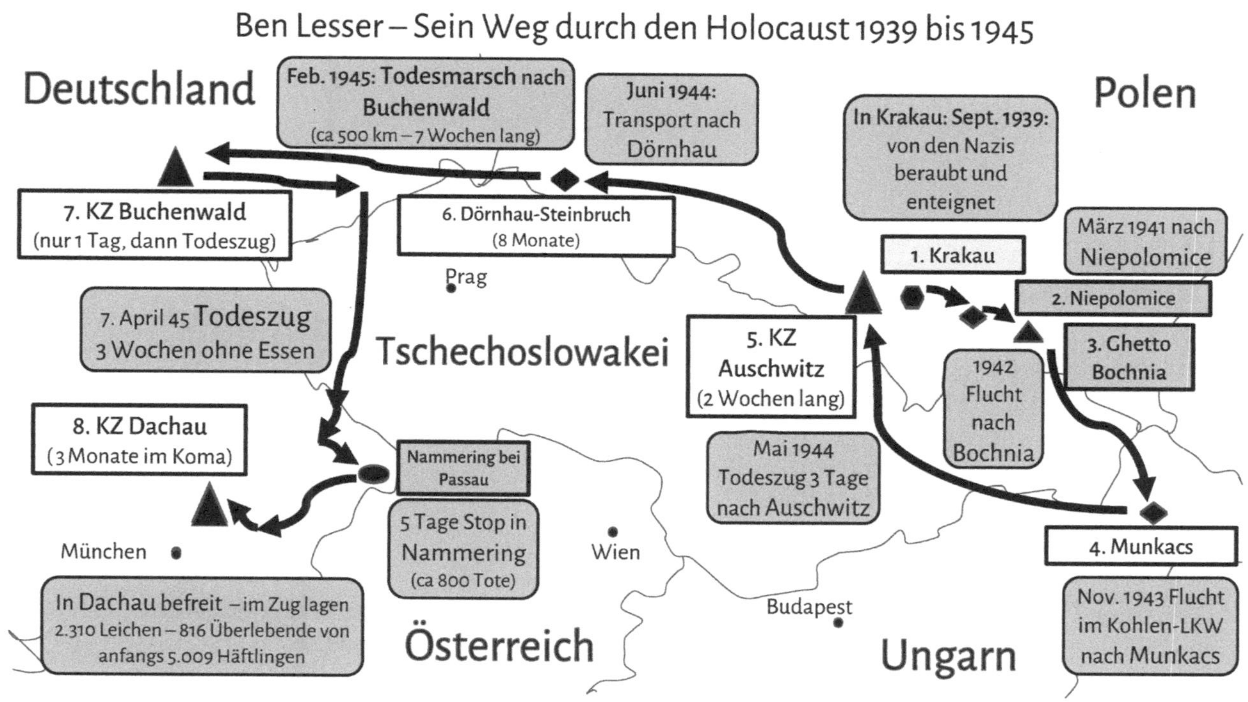

Grafik: Nikolaus Saller

»Das Leben ist die Summe
all unserer Entscheidungen.«
Albert Camus

Widmung

Ich widme dieses Buch meiner geliebten Familie: der vergangenen, der gegenwärtigen und der zukünftigen. Meinen jungen, liebevollen und mutigen Eltern, Shaindel und Lazar Leser. Wie sehr wünschte ich, dass sie ihre wundervollen Nachkommen noch erlebt hätten. Sie wären stolz gewesen. Ich widme es auch meinen beiden tapferen Brüdern, Moishe und Tuli, sowie meiner Schwester Goldie, die alle brutal von den Nazis abgeschlachtet wurden.

Auch widme ich es der Liebe meines Lebens, meiner Frau Jean, die mit Hingabe über siebzig wunderbare Jahre lang alle meine Träume geteilt und die Albträume verjagt hat. Sie hat auch meine unleserliche Handschrift entziffert, unermüdlich meine Memoiren abgetippt und alle meine Projekte enthusiastisch unterstützt. Jean, Du warst immer und wirst immer meine beste Freundin sein.

Dieses Buch ist auch meinen Töchtern Sherri und Gail und meinen Schwiegersöhnen Michael Gerber und Larry Kramer gewidmet, die mir die Söhne sind, die ich nie hatte. Und meinen kostbaren Enkelkindern: Robyn, Jenica, Adam und Cindy.

Zudem widme ich es meiner einzigen überlebenden Schwester Lola, zu der ich immer voller Liebe, Respekt und Bewunderung aufgesehen habe und die mir mein ganzes Leben lang eine Inspiration war.

Ich bin gesegnet, Euch alle in meinem Leben zu haben. Für Euch habe ich versucht, ein Leben zu leben, das zählt.

Meine tiefe Wertschätzung gilt meinem guten Freund Nikolaus Saller; ich danke dir für die großzügige Unterstützung und bin dankbar für das, was du tust, damit die Welt nie vergisst, was geschehen ist.

~ZACHOR

In liebevoller Erinnerung an die Liebe meines Lebens

25. April 1930 – 4. April 2022

TEIL I

»Der Nazi-Albtraum«

1. Liebe Leserinnen und Leser

Mein Name ist Ben Lesser, und ich bin ein Überlebender des Holocaust. Das bedeutet, dass ich aus irgendeinem Grund überlebt habe, anders als die über sechs Millionen unschuldigen jüdischen Menschen, die ermordet wurden, als die Nazis über Deutschland herrschten. Ihre Leben wurden vom Angesicht der Erde getilgt, als hätten sie keinen Wert. Als ob sie nicht zählten.

In den über sechsundsechzig Jahren seit meiner Befreiung aus dem Konzentrationslager Dachau habe ich nie aufgehört, mich zu fragen, warum mein Leben verschont wurde. Und ich habe nie aufgehört, um die zu trauern, die ermordet worden sind. Das hebräische Wort »Zachor« bedeutet »sich erinnern«, und wir, die letzten Überlebenden, kämpfen entschlossen dafür, dass die Welt niemals vergisst, dass jedes verlorene Leben zählt.

Während ich das Glück hatte, die Lager zu überleben, nach Amerika auszureisen, in Freiheit zu leben, zu lieben, zu heiraten und eine wunderbare Familie zu gründen, hart zu arbeiten und den American Dream zu verwirklichen, lebten mein Herz und meine Seele zugleich in einer Parallelwelt, die von Trauer überschattet ist. Ich stelle mir Fragen, die nie beantwortet worden sind. Die drängendste dieser Fragen lautet nicht: Warum hat dieser verrückte Hitler versucht, das jüdische Volk zu vernichten? Ich frage mich vielmehr: Warum hat die Welt diesem Völkermord tatenlos zugesehen?

Da ich die Grausamkeit dieses Völkermordes als Kind am eigenen Leib erfahren habe, obwohl ich doch in einem scheinbar modernen, kultivierten, europäischen Land lebte, stellen sich mir noch zwei weitere Fragen: Was hat zu diesem und anderen Völkermorden geführt? Und was muss geschehen, damit sich so etwas nie wieder ereignet? Nirgendwo. Denn leider, so sagt es ein altes Sprichwort, ändern sich die Dinge umso grundlegender, je mehr sie gleich bleiben.

Das bedeutet, egal wie zügig die Menschheit intellektuell und technologisch voranschreiten mag, ihre Emotionen ändern sich nie. Das gilt auch für vergangene Ereignisse. Auch heute noch finden Völkermorde statt – unter anderem in Darfur, im Sudan, im Kongo, in

Uganda und in Äthiopien. Wir Überlebenden des Holocaust erreichen nun unsere Achtziger- und Neunzigerjahre, und wir sind die Letzten, welche die Authentizität realer Lebenserfahrung in diese Fragen einbringen können. Wir haben daher sowohl die Verantwortung als auch die Ehre, diese Erfahrung mit anderen zu teilen, bevor unsere Zeit abgelaufen ist.

Aus diesem Grund habe ich mich, seit ich mich 1996 aus dem Immobiliengeschäft zurückgezogen habe, dem Lernen und Lehren gewidmet. Ich wollte wissen, wie der Holocaust geschehen konnte und welche Auswirkungen er hatte. In diesem manchmal schmerzhaften, aber immer aufschlussreichen Prozess habe ich sehr viel über die menschliche Natur und über mich selbst gelernt. Ich habe verstanden, dass so vieles, was im Leben passiert, das Ergebnis scheinbar unbedeutender menschlicher Entscheidungen ist.

Eine Person kann sich dazu entscheiden, nicht zu hassen, keine hasserfüllte Sprache zu verwenden. Auch Hitler hat nicht mit Waffen angefangen. Er begann mit Hass. Anschließend ging er dazu über, hasserfüllte Reden zu halten. Man kann sich auch dazu entscheiden, nicht zum Täter oder Zuschauer zu werden; ein Unterdrücker wird nicht ohne die Unterstützung anderer erfolgreich sein. Wenn jemand Opfer wird – ob nun eines Schulhofrüpels oder eines wahnsinnigen nationalistischen Führers –, müssen sich diejenigen, die keine Opfer sind, entscheiden, ob sie sich dem Tyrannen anschließen oder zu Zuschauern werden, die nichts dagegen unternehmen.

Ich bin dankbar dafür, dass ich die Möglichkeit habe, nicht nur über vergangene Ereignisse zu sprechen, sondern auch andere dazu zu inspirieren, die Voraussetzungen und Entscheidungen zu erkennen, die zu Völkermorden führen können – und sie vielleicht sogar zu verhindern. Als Ergebnis meiner vielen Präsentationen in Schulen, religiösen Organisationen und Gemeinden habe ich erkannt, dass zu viele Menschen aus allen Altersgruppen keine historisch korrekte Vorstellung davon haben, was mit den jüdischen Menschen in Europa vor, während und nach dem »Dritten Reich« geschehen ist. Mir wurde klar, wie viele nicht verstehen, dass es in ihrer Macht liegt, Entscheidungen zu treffen, die den Verlauf ihres Lebens bestimmen.

Als Antwort auf ihre Fragen, ihr aufrichtiges Interesse und ihr Engagement, entschloss ich mich, meine Erfahrungen niederzuschreiben, damit meine Geschichte, meine Entscheidungen und die Lektionen, die man aus ihnen lernen kann, weiterleben, wenn ich nicht mehr bin.

*Du sollst kein Täter sein, aber vor allem sollst du kein Zuschauer sein.**

Wir Überlebenden werden oft gefragt, wie wir uns an den Holocaust erinnern. Das ist eine gute Frage, denn unsere Erinnerungen unterscheiden sich auf einzigartige Weise von dem, was die meisten anderen Menschen als Erinnerungen bezeichnen. Da sich die Ereignisse dauerhaft in unseren Verstand, unseren Körper und unsere Seele eingebrannt haben, ist es, wenn wir darüber sprechen – oder auch nur daran denken –, als würden wir die Erfahrung tatsächlich noch einmal durchleben. Und obwohl alle Details schmerzlich deutlich bleiben, können Fakten allein die Geschichte nicht erzählen. Um wahrhaftige Lehren aus dem Holocaust zu ziehen, ist es notwendig, die emotionale Ebene zu verstehen, welche die Details und Fakten begleiten. Denn wie die Fakten sind auch die Emotionen heute genauso real wie damals.

Die Vermittlung dieser Realität, sowohl auf der faktischen als auch der emotionalen Ebene, kann manchmal sehr herausfordernd sein, denn es gibt keine Sprache, die die unmenschlichen Ereignisse der Shoah vermitteln könnte. So hört man uns manchmal sagen: »Ich habe keine Worte, es zu beschreiben …« Und da Sprichwörter oder Redewendungen manchmal zum Verständnis der Essenz einer Erfahrung beitragen können, verwende ich in meiner Geschichte immer mal wieder bekannte Zitate. Meine Erinnerungen wurden durch die vielen Notizen gestützt, die ich im Laufe der Jahre gemacht habe. Wenn ich die Notizen durchsehe, erscheinen sie mir fast wie Briefe an meine Eltern – als wollte ich ihnen aus meinem Leben erzählen und sie wissen lassen, dass sie immer ein Teil davon sein werden.

Diese Notizen, zusammen mit den Antworten auf Fragen, die mir

* Yeshuda Bauer (*1926), Historiker und Holocaust-Wissenschaftler.

bei meinen zahlreichen Präsentationen gestellt wurden, bilden die Grundlage für dieses Buch. Obwohl ich es mir nicht hätte träumen lassen, die Grabstätte meiner Eltern zu besuchen und »direkt« mit ihnen zu sprechen, hatte ich doch das Privileg, bei drei Gelegenheiten, 1995, 2006 und 2010, die Gedenkstätte auf dem alten jüdischen Friedhof in Bochnia, Polen, zu besuchen. Um nicht von Emotionen überwältigt zu werden, habe ich bei jeder dieser Gelegenheiten aus Briefen gelesen, die ich vorbereitet hatte. In Angedenken meiner Eltern beginne ich also meine Geschichte – so wie ich mein Leben begonnen habe – mit ihnen.

Mit freundlichen Grüßen,
Ben Lesser
Las Vegas, Nevada
2012

2. 2006: Liebe Mammiko und Tattiko

Alter jüdischer Friedhof von Bochnia, Polen
Juli, 2006

Liebste Mammiko und Tattiko,*

ich bin es, Euer mittlerer Sohn, Baynish. Könnt ihr Euch vorstellen, dass Euer Lockenkopf jetzt 77 Jahre alt ist? Nicht ein einziges Mal in den zehn Jahren, seit meine Frau Jean und ich das letzte Mal hier bei Euch zu Besuch waren, hätte ich mir vorstellen können, jemals wieder an diesem gottverlassenen Ort zu stehen. Ich will Euch die Wahrheit sagen: Dieser Besuch war so traumatisch für uns, dass wir nie wieder in dieses mit jüdischem Blut getränkte Land zurückkehren wollten. Aber, wie Ihr wisst, funkt manchmal das Schicksal dazwischen und ändert

* *Mammiko* und *Tattiko* sind ungarische Kosenamen für Vater und Mutter.

Ben liest seinen Eltern einen Brief vor, Jüdischer Friedhof von Bochnia (2006), Lesser Family Collection

unsere Pläne. Und so bin ich dankbar, heute wieder hier bei Euch zu sein – gesegnet durch die Anwesenheit von Familienmitgliedern, die Ihr in Euren Herzen tragt, obwohl Ihr sie nie getroffen habt.

In den fast siebzig Jahren seit jener schrecklichen Nacht, als der kleine Tuli und ich Euch in Bochnia zurücklassen mussten, habe ich oft stille Gespräche mit Euch in meinem Herzen und in meiner Seele geführt. Heute, umgeben von Euren Nachkommen, bin ich dankbar, dass ich meinen Worten eine Stimme geben kann. Ich stehe hier und bin überwältigt von der Freude, die Nazis überlebt zu haben und mit meiner Familie gesegnet zu sein. Gleichzeitig durchflutet mich der Schmerz darüber, dass Euer Leben so brutal ausgelöscht wurde, dass ihr nie das Leben leben durftet, das ihr verdient hättet. Dass ihr nie miterleben konntet, wie Eure eigenen geliebten Kinder aufwachsen und ein Leben führen, das Euch hoffentlich stolz machen würde.

Mammiko, es macht mich fassungslos zu wissen, dass meine schönen, starken, begabten und liebevollen Töchter nun in dem Alter sind, in dem Du warst, als Du und Tattiko entdeckt und hingerichtet wurdet, als Ihr versucht habt, aus dem von den Nazis besetzten Polen zu fliehen. Wenn ich mir unsere Enkelinnen ansehe, die inzwischen selbst erwachsene Kinder haben, spüre ich Dankbarkeit, dass sie alle in Freiheit aufwachsen durften und nie die Schrecken der Nazis erleben mussten. Niemals mussten sie sich als Geächtete in ihrem Geburtsland fühlen. Ich weiß, wie sehr Ihr Euch freuen würdet, wenn Ihr sehen könntet, dass Eure Enkel und Urenkel bewusste Entscheidungen getroffen haben, um ein bedeutsames Leben zu leben: ein Leben, das zählt. Ich weiß auch, dass dies ohne die selbstlosen und sorgfältigen Entscheidungen, die Ihr beide in Eurem eigenen, viel zu kurzen Leben getroffen habt, niemals möglich gewesen wäre.

Ihr wisst, dass Moishe, Goldie und der kleine Tulika von den Nazis brutal ermordet wurden. Lola und ich waren die einzigen Eurer fünf geliebten Kinder, die den Holocaust überlebten. In der kurzen Zeit, in der wir als Familie leben durften, haben wir von Euch gelernt, wie man ein bedeutsames Leben führt. Wir haben uns beide bemüht, ein Leben zu führen, das Euch stolz gemacht hätte. Erinnert Ihr Euch, wie Lola ihr künstlerisches Talent nutzte, um die ungarischen Staatsbürgerschaftsdokumente zu fälschen, die es vielen Juden ermöglichten, dem sicheren Tod im Ghetto von Bochnia zu entkommen? Nach dem Krieg wurde Lola eine geschätzte und bekannte Künstlerin. Erinnert ihr Euch an das letzte Mal, als wir alle 1941 bei ihrer mutigen kleinen Hochzeit mit Mechel in unserem grauen und kargen Hinterhof in Niepołomice zusammengekommen waren? Der Mut und die Entschlossenheit, die Mechel an den Tag legte, als er unser Leben und das Leben so vieler anderer rettete, blieben ihm nach dem Krieg erhalten, in seinem Kampf gegen den Krebs, der ihm, was die Nazis nicht geschafft hatten, das Leben nehmen sollte.

Als wir heute über diesen geisterfüllten Friedhof wanderten, blieben wir an der Grabstätte von fünf Mitgliedern von Mechels Familie stehen. Mit trauernden Herzen standen wir gedankenverloren vor jener Nacht vor über 66 Jahren in Bochnia, als diese unschuldigen, geliebten Menschen bei einem grausamen Pogrom ermordet wurden. Wir haben für sie das Kaddisch, das jüdische Totengebet, gesprochen. Und dann gab uns Eure Urenkelin Robyn das Zeichen, in den Himmel zu schauen. Erstaunt erblickten wir über uns fünf schützende Äste einer Eiche. Und nun, da wir an Eurer Gedenkstätte stehen, richten wir, als ob uns ein Signal gegeben wurde, wieder unsere Augen gen Himmel. Mit tiefer Ehrfurcht erkennen wir, dass Ihr und die neun anderen, die mit Euch umgekommen sind, von elf Ästen einer anderen alten, majestätischen Eiche beschützt werdet. Als wir uns wieder ansahen, wussten wir, dass uns nicht nur eines, sondern zwei Wunder umgaben.

Liebste Mammiko und Tattiko, dieser Besuch bei Euch war ein weiteres Wunder. Ihr wärt so stolz, wenn Ihr wüsstet, dass zwei Eurer wunderbaren Urenkel diese ganze Reise organisiert haben! Und weil sie mich gebeten haben, ihnen von unserer Familie zu erzählen, reisen wir gemeinsam in die Vergangenheit. Wir werden Orte des unendlichen Glücks und des unaussprechlichen Schreckens besuchen. Ich werde ihnen die Geschichte meines Lebens und die der Familie Leser / Lesser erzählen. Auf diese Weise werden sie auch etwas über ihren eigenen Platz in der Geschichte des jüdischen Volkes erfahren. Sie werden etwas über die Entscheidungen lernen, die alle Menschen treffen müssen, um ein Leben zu führen, das zählt.

Während wir uns nun in Liebe verabschieden, möchte ich, dass Ihr wisst, dass ich, egal wo ich bin, immer Gespräche mit Euch in meinem Herzen und in meiner Seele führen werde. Ich werde auch weiterhin Briefe an Euch schreiben. Und ich werde weiterhin ein bedeutsames Leben führen. Vielleicht werde ich eines Tages, so Gott will, in der Lage sein, Euch wieder zu besuchen und meine Worte noch einmal laut auszusprechen. *ZACHOR*!

Möget Ihr immer in Frieden ruhen.
Euer Euch liebender Sohn, Baynish

3. Alptraum und Traum

»Du kannst die Konzentrationslager verlassen, aber die Konzentrationslager werden dich nie verlassen.«
Holocaustüberlebender

Als ich mit meiner Familie den Jüdischen Friedhof in Bochnia verlasse, werde ich von so vielen ambivalenten Gefühlen mit Blick auf die Gegenwart und die Vergangenheit überflutet, dass es fast unmöglich ist, sie zu sortieren. Wenn ich in die Gesichter meiner Töchter und ihrer Kinder blicke, die so begierig sind, etwas über die Vergangenheit ihrer Familie zu erfahren, sehe ich in ihnen Spiegelungen meiner Eltern und Geschwister. Und ich frage mich, wo ich anfangen soll, die Geschichte meines Lebens zu erzählen. Es gibt weder ein »Es war einmal« noch ein »Und sie lebten glücklich bis an ihr Lebensende«. Immer wieder dreht sich alles im Kreis. Und mit jedem neuen Kreis, mit jeder neuen Tatsache, Erkenntnis und Lektion gewinnt die Geschichte an Kraft, sodass die Überreste der Vergangenheit in die Gegenwart und weiter in die Zukunft fließen können.

Und so dankte ich Gott an jedem einzelnen Tag dieser Jahre, die zwischen meiner Befreiung aus dem Nazi-Albtraum des Konzentrationslagers Dachau im Jahr 1945 und meinem anschließenden American Dream liegen. Gleichzeitig verging für mich als Holocaustüberlebender kein einziger Tag in diesen Jahren, ohne dass meine Seele in diesen Albtraum zurückgestoßen geworden wäre. Manchmal ist es etwas so Offensichtliches wie eine Nachrichtensendung im 21. Jahrhundert, die einen iranischen Diktator zeigt, der den Holocaust leugnet. Manchmal ist es subtiler, etwa verblasste tätowierte Ziffern auf dem verwelkten Handgelenk einer älteren Frau, die langsam einen Einkaufswagen vor sich her schiebt. Für einen Holocaustüberlebenden gibt es keine Erfahrung ohne Echo. Jede gegenwärtige Erfahrung wirft einen Schatten.

Wir Holocaustüberlebenden sind die Bewahrer einer Geschichte, die so abscheulich wie heroisch ist. Wir können und werden nicht zulassen, dass diese Geschichte verzerrt, geleugnet oder vergessen wird. Dies ist ein heiliges Versprechen, das wir denjenigen gegeben haben, die wir verloren haben. Es ist auch ein heiliges Versprechen, das wir unseren Kindern, Enkeln und denen, die ihnen folgen werden, geben. Ohne diese Wachsamkeit wird es, wenn wir einmal nicht mehr sind, nichts geben, was den nächsten Albtraum aufhalten könnte. Es ist daher unerlässlich, dass wir die Weisheit eines anderen alten Sprichworts beherzigen: »Diejenigen, die nicht aus der Geschichte lernen, sind dazu verdammt, sie zu wiederholen.«*

Um eine Wiederholung dieser tragischen Geschichte zu verhindern, ist es notwendig, die menschlichen Entscheidungen zu verstehen, die diese Ereignisse ermöglicht haben. Im Gedenken an diejenigen, die dem Untergang geweiht waren, und um die Freiheit und Sicherheit zukünftiger Generationen zu wahren, müssen wir im Hier und Heute daran arbeiten, die Menschen in gegenseitigem Verständnis, Respekt und Verantwortung zusammenzubringen. Um den großen antiken jüdischen Religionsführer Hillel den Älteren (im Zeitraum von ca. 110 v. Chr. – 10 n. Chr.) zu paraphrasieren: »Wenn nicht ich, wer dann? Wenn nicht jetzt, wann?«

Die Antwort auf Hillels Frage lautet ganz klar:

Wir müssen es tun. Und wir müssen es *jetzt* tun.

* George Santayana (1863–1952), in Spanien geborener Philosoph, Autor und Wissenschaftler.

4. Was steckt in einem Namen?

»Denn in unserem Namen liegt unsere Seele und unser Selbst.«
Berel Wein*

Jetzt, da ich zurückblicke, um nach vorne zu schauen, erinnere ich mich an die vielen Namen – gute und weniger gute –, unter denen ich im Laufe meines langen und ereignisreichen Lebens bekannt geworden bin. Und ich kann sagen, dass etwas so Profanes wie ein Name die ganze Geschichte eines Individuums enthalten kann – und, wenn man weitersucht, sogar die Geschichte eines ganzen Volkes.

Heute, in den USA, kennt man mich als Ben Lesser. Jean, seit über 60 Jahren meine geliebte Frau, nennt mich *Sweetheart*. Für meine erwachsenen Kinder bin ich immer noch *Daddy*. Für meine Enkelkinder bin ich Papa Ben. Und je nach Alter, wer mich ansprach und in welchem Land ich mich gerade befand, nannte man mich auch Benyameen (hebräisch), Baynish (jiddisch), Benek (polnisch), Benesz (tschechisch), Bundy (ungarisch) und Benku (Little Ben), jener liebevolle Spitzname, mit dem mich meine große Schwester Lola immer noch anspricht. Während diese Namen ein Gefühl von Wärme, Trost und Leben transportieren, gibt es andere, die für kalte und brutale Entmenschlichung und für den Tod stehen.

Eine ehrwürdige Bezeichnung, die ich einst voller Ehrfurcht mit allen jüdischen Menschen teilte, schneidet nun wie ein Schlachtermesser durch mein Herz und meine Seele: »Jude«. Und trotz seiner ursprünglich sehr unschuldigen Bedeutung, die schlicht einen jüdischen Menschen bezeichnete, wurde er – nachdem er von mörderischen Nazis gebrüllt oder über die Fenster eines zerstörten jüdischen Ladens geschmiert wurde – zum Symbol für eine unbeschreiblich brutale Vergangenheit, die unser aller Leben und die Welt für immer veränderte. Es gab noch einen weiteren Namen, der eher mit Verachtung als Ehrfurcht einherging, unter dem ich von Mai

* Jüdisch-orthodoxer Rabbi (*1934), US-amerikanischer Historiker und Autor.

1944 bis Ende April 1945 bekannt war. Natürlich war das kein richtiger »Name«. In diesem Jahr wurde ich nur als Nummer bezeichnet. Und diese Nummer »41212« – so unverdorben, solange man ihre abscheuliche Bedeutung nicht kennt – wurde mir im Tausch gegen meine menschliche Identität und Würde im Nazi-Konzentrationslager Auschwitz-Birkenau aufgezwungen.

Ich bin alle diese Namen und Bezeichnungen – und ihre vielen Variationen. Es gibt Erinnerungen, die mit jedem einzelnen von ihnen verbunden sind. Wie sie vermutlich bereits andeuten, habe ich an vielen verschiedenen Orten gelebt – einige waren wunderbar, einige waren unsagbar schrecklich. Dafür gibt es zwei sehr unterschiedliche Gründe. Der erste war zwar herausfordernd, aber durchaus positiv: Unsere erweiterte Familie lebte in zwei verschiedenen Ländern! Das lag daran, dass unser Vater seine beiden erfolgreichen Unternehmen von Krakau aus leitete, während die große, uns eng verbundene Familie meiner Mutter seit Generationen im ungarischen Munkács (das zeitweise zur Tschechoslowakei gehörte) lebte. So wechselten wir je nach Jahreszeit die Wohnorte. Während des Schuljahres lebten wir in Krakau. Während der Sommermonate wohnten wir in Munkács.

Der zweite Grund, warum ich an vielen verschiedenen Orten gelebt habe, war ein ganz anderer, und dieser entzieht sich jeder Beschreibung und jedem Verständnis. Es war der Holocaust, das Wort leitet sich vom griechischen *holokaustos* (ὁλόκαυστος) ab und meint »vom Feuer völlig verzehrt«. Für die europäischen Juden, insbesondere die in Polen lebenden, bedeutete der Holocaust Hitlers »Endlösung« für die »Judenfrage«, eine sorgfältig organisierte Kampagne, deren erklärtes Ziel es war, das jüdische Volk vom Angesicht der Erde zu tilgen. Sie führte zu Dämonisierung, Folter und Tod von Millionen unschuldigen Opfern. Wem es irgendwie gelang zu überleben, der stellte sich der Zukunft, war tapfer entschlossen, ein neues Leben aufzubauen. Sie lebten »Leben, die zählen«, stets im Angedenken an die Millionen, denen das Leben genommen worden war.

5. 1928–1939: Die frühen Jahre

»Mit jedem Kind beginnt die Welt aufs Neue.«
Altes jüdisches Sprichwort

Ich habe Gewissheit, dass meine Kindheit eine glückliche war, aber so sehr ich mich auch bemühe, ich erinnere mich kaum an mehr als gelegentliche, blitzartige Rückblenden oder natürlich an das, was meine Schwester Lola mir erzählt. Ich habe keine Erinnerungen an die Schule, aber ich muss eine gewisse Bildung durchlaufen haben, denn bis heute kann ich Hebräisch lesen und schreiben. Ich bin in der Lage, ein wenig im Chumasch zu lesen und daraus zu übersetzen – das sind die Fünf Bücher Mose, auch bekannt als Torah, die hebräische Bibel. Und ich beherrsche immer noch das Jiddische, kann es sowohl lesen als auch schreiben. Leider sind im Laufe der Jahre mein Polnisch, Ungarisch und Deutsch verblasst, da ich sie nicht angewendet habe. Die Unterbrechung meiner Schulbildung mit Beginn der sechsten Klasse hinterließ bei mir einen lebenslangen Hunger nach Lernen. Bildung versetzt uns – mehr als alles andere – in die Lage, zu bewerten, Entscheidungen zu treffen und effektive Maßnahmen zu ergreifen. Bildung ist auch unsere schärfste Waffe gegen Ignoranz und Hass. Deshalb besuchte ich nach dem Krieg, neben meinem Vollzeitjob, so gut es ging die Abendschule.

Auf einer tieferen Ebene fühle ich mich schuldig, weil ich den größten Teil meines frühen Lebens mit meiner Familie vergessen habe – es fühlt sich an, als hätte ich sie im Stich gelassen. Aber auf einer anderen Ebene ist mir klar, dass es die Brutalität der Nazis war, die riesige Löcher in das Gewebe meines Gedächtnisses gebrannt hat, die all das Schöne, die Unschuld und die Freude, alles was in den Jahren zuvor geschehen war, zerstört haben. Vielleicht diente mir das Verdrängen meines frühen, glücklichen Lebens auch tatsächlich als Überlebensstrategie in den Lagern. So oder so: Mein Verstand und meine Gefühle schalteten ab. Ich stand jeden Morgen auf und tat, was zu tun war, um eine weitere Stunde zu leben. Ich konnte keine emotionale

Energie dafür aufwenden, mich an das zu erinnern, was mir gestohlen worden war. Geist, Herz und Körper mussten sich auf das unmittelbare Überleben konzentrieren. Ich lernte, dass ich auch dann, wenn ich schwierige Entscheidungen zu treffen hatte, immer versuchen musste, das Richtige zu tun. Vielleicht trug ich diesen Pragmatismus bereits in mir, und ich konnte darauf zurückgreifen. Auf jeden Fall begleitet er mich bis zum heutigen Tag.

Ich erinnere mich an ein paar schöne Dinge während meiner Kindheit in Krakau, der charmanten, alten Stadt, in der ich am 18. Oktober 1928 als Sohn von Shaindel (Shari) und Lazar Leser geboren wurde. Die Familie meiner schönen jungen Mutter war seit Generationen prominent und hoch angesehen in der Gemeinde im damals tschechoslowakischen Munkács. Als orthodoxe Juden lebten sie ihr Leben streng nach den religiösen Gesetzen des Talmuds. Meiner Mutter, eines von sieben Geschwistern, gefiel es, Teil einer großen Familie zu sein, und sie liebte ihren Mann und ihre fünf Kinder. Sie war schlank und anmutig und hatte ein erstaunliches Gespür für Mode.

Wie bei orthodoxen jüdischen Frauen üblich, besaß sie zahlreiche Perücken. Wenn die Perücken gereinigt und frisiert wurden, legte sie sie vor die Haustür, wo der Friseur sie abholte und dann sauber und glänzend zurückbrachte. Perücken waren ein sehr wichtiges Kleidungsstück, weil die Tradition von jüdischen Frauen verlangte, nach der Heirat ihre Haare zu bedecken, um die Bescheidenheit zu wahren. Diese Tradition wird bis zum heutigen Tag unter orthodox lebenden Juden fortgeführt.

Mein brillanter und künstlerisch begabter älterer Bruder Moishe war ein »Belzer Chassid«. Das bedeutet, dass er ausgewählt worden war, um bei dem berühmten Rabbi Aharon Rokeach in der nahe gelegenen Stadt Bełz zu studieren.

Moishe, ein passionierter Gelehrter, hielt sich, bevor der Krieg ausbrach, die meiste Zeit in Bełz auf, um dort in der Jeschiwa (Tora-/Talmudschule) zu studieren, daher sah ich ihn nicht oft. Ich erinnere mich an ein erstaunliches Modell einer Straßenszene von ihm. Es sah aus, als sei es aus feinstem Silber gefertigt, aber vermutlich war

Shaindel (Shari) Leser, Polen (1939), Lesser Family Collection

Moishe Leser, Polen (1943), Lesser Family Collection

es aus poliertem Zinn. Er hatte diese komplizierte Miniaturszene von Hand geschnitzt und auf einer großen Schautafel angebracht. Kein Detail wurde ausgelassen: Straßen mit Pferden und Fuhrwerken, Autos, Straßenbahnen auf Schienen, Gebäude, Geschäfte, sorgsam angelegte Parks mit Bänken und Ententeichen. Sogar Männer, Frauen und Kinder beim Picknick, Ballspielen und Hunde Ausführen. Er überraschte die ganze Familie mit dieser Fähigkeit, von der bis dahin niemand gewusst hatte, dass er sie besaß. Dieses große künstlerische Talent und der Blick für kleinste Details sollten eine wichtige Rolle bei der Rettung vieler jüdischer Leben während der kommenden deutschen Besatzung spielen, als mein religiöser, gelehrter, künstlerischer Bruder Moishe Teil des Widerstands im Untergrund wurde und als Fälscher und Kurier arbeitete.

Meine sanftmütige Schwester Goldie hatte das Gesicht eines Engels. Es war mehr als nur ihre körperliche Schönheit – tatsächlich schien sie innerlich zu leuchten. Sie war hochintelligent und eine begabte Violinistin. Sie übte pausenlos und war immer ganz aufgeregt, wenn Gruppen von fahrenden Musikern, Männer wie Frauen, mit großen bunten Schürzen und wirbelnden Röcken durch die Straßen tanzten und zu unserem Haus in Munkács kamen. Manchmal kamen sie sogar direkt ins Haus – ob wir es wollten oder nicht! Sie traten auf unserer großen Veranda auf, sangen und spielten ihre wundervollen,

Goldie Leser, Munkács (1943), Lesser Family Collection

Tuli Leser, Munkács (1939), Lesser Family Collection

eindringlichen Melodien, während wir Kinder mitsangen und dazu tanzten, so gut wir konnten! Die Geigenmusik, traurig und fröhlich zugleich, war besonders schön. So angenehm diese Unterhaltung auch war, mussten wir die Musiker doch gut im Auge behalten, denn sie schlichen sich ins Haus und stahlen alles von Wert, was sie finden konnten. Als Goldie eines Tages den außergewöhnlichen Klang einer Geige kommentierte, war sie überrascht und hocherfreut, dass man ihr anbot, sie auf der Stelle zu kaufen. Für einen ungewöhnlich guten Preis. In den Wochen danach übte sie ständig auf dieser Geige, und wir liebten es, ihr dabei zuzuhören. Sie glaubte, es handelte sich um eine Stradivari, ein äußerst seltenes und wertvolles Instrument mit einem ungewöhnlich brillanten Klang.

Ein paar Wochen später, nach einem weiteren Besuch der Musiker, war Goldie am Boden zerstört, als sie feststellte, dass ihre wertvolle Geige fehlte. Wir fanden schließlich heraus, dass diese »Entertainer« ein und dieselbe Geige immer wieder an verschiedene Familien in der Nachbarschaft verkauften und sie dann ebenso oft wieder zurückstahlen.

Leider habe ich nur sehr wenige Erinnerungen an meinen kleinen Bruder Naftali, den wir Tuli nannten. Er war ein paar Jahre jünger als ich und außergewöhnlich gut aussehend. Manchmal schauten ihn die Leute an, lächelten und bemerkten, er sei viel zu hübsch für einen Jungen. Ich weiß, dass er zu mir aufschaute, und ich, obwohl selbst noch ein Kind, habe immer versucht, mich gut um ihn zu kümmern, wenn wir beide allein waren. Tragischerweise war ich in dem Moment, als es am meisten darauf ankam, nicht in der Lage, gut auf ihn aufzupassen. Das letzte Mal sah ich meinen kleinen Bruder, als er und unsere Schwester Goldie bei unserer Ankunft in Auschwitz-Birkenau von mir fortgerissen wurden. Wir wussten es damals nicht, aber sie wurden in den sofortigen Tod geschickt.

Meine überlebende ältere Schwester Lola, die ich sehr liebe und bewundere, war eine Heldin – nicht nur für mich, sondern auch für die vielen Menschen, deren Leben sie zu retten half, und deren Familien. Bis heute besitzt sie diese Schönheit, Eleganz, Intelligenz und künstlerische Begabung, die ihr bereits als Teenager innewohnte. Lola lebte in Munkács bei unseren Großeltern. Sie liebte es, Bilder zu zeichnen und zu malen, und gewann immer den ersten Preis bei den Kunstausstellungen in der Schule. Ihr wurde sogar ein Vollstipendium für eine renommierte Kunstschule in Amsterdam gewährt, das sie aber leider nie in Anspruch nehmen konnte.

Nach dem Krieg wurde Lola jedoch eine bekannte Künstlerin in Amerika. Eines ihrer ersten Projekte war eine Serie eindringlicher Gemälde, die an die Gefallenen erinnerten. Ihre Arbeiten wurden in vielen Galerien in den USA ausgestellt, sind Teil vieler Privatsammlungen und befinden sich in den ständigen Sammlungen des San Francisco Museum of Art und des Yad Vashem Museums in Jerusalem. Sie ist im »Who's Who in American Art« aufgeführt, und während ich diese Memoiren schreibe, hat sie immer noch ihre eigene Kunstgalerie »Lola's Art Gallery« in Brooklyn. Im Jahre 2010, in ihren hohen Achtzigern, hat sie ihre eigenen, sehr bewegenden Memoiren veröffentlicht, *A World After This: A Memoir of Loss & Redemption*, in denen sie die Liebesgeschichte eines mutigen und hingebungsvollen jungen Paares erzählt: Lola selbst und ihr Mann Mechel. Ihre Stärke, ihr Mut und ihre Hingabe füreinander, ihre Religion und ihre Familien konnten von der grausamen Gewalt Hitlers nicht besiegt werden.

Lola Leser, Munkács (1940),
Lesser Family Collection

Lazar Leser, Munkács (1940),
Lesser Family Collection

Von größter Bedeutung für uns fünf Kinder und unsere Mutter war das geliebte Oberhaupt unserer Familie, mein sorgfältig gepflegter und immer geschmackvoll gekleideter Vater Lazar. Wir Kinder nannten ihn liebevoll Tattiko. Als eines von zwölf Kindern einer hoch angesehenen orthodoxen jüdischen Familie war er streng religiös und äußerst fleißig. Für einen gelehrten Menschen wie ihn war sein Name, Lazar, der »Gelehrter« bedeutet, besonders passend. Er war ein sanftmütiger, aber nüchterner Mann, dem das Wohlergehen seiner Familie am Herzen lag. Er nahm seine Verantwortung als Versorger der Familie sehr ernst und arbeitete dafür lange und hart. In unserer Synagoge war er, trotz zweier florierender Geschäfte in Krakau, sehr aktiv und ein hoch angesehenes Mitglied der Gemeinde. Eines seiner Geschäfte war die Herstellung von koscherem Wein und Fruchtsirup namens *Sklad* (Geschäft) *Wino* (Wein) *i* (und) *soki* (Sirup) *Owotsowe* (Obst).

Ich erinnere mich an die Weinfabrik als einen aus mehreren weitläufigen Räumen bestehenden Keller, in dem sich riesige Fässer mit gärenden Weinen befanden. Außerdem erinnere ich große Fruchtpressen, Abfüllmaschinen und separate Räume für die Etikettierung und Verpackung. Dieser sehr große Betrieb war komplett unterirdisch, der Eingang war in einer Seitengasse. Die Fabrik befand sich in der Starowiślna-Straße (das bedeutet »alter Fluss«). Es war eine sehr belebte und schöne Hauptverkehrsstraße, die sich durch die ganze Stadt und über die Weichsel bis nach Podgórze schlängelte. Podgórze war ein ärmliches Industrieviertel mit Bahngleisen, das später, nach dem Einmarsch der Nazis, große Bedeutung erlangen sollte.

Ebenfalls in Krakau betrieb mein Vater sein zweites Geschäft: eine wunderbare Schokoladenfabrik, die Pischinger's. Die Firma war auf schokoladenüberzogene Waffeln spezialisiert, vergleichbar den Kit-Kat-Riegeln, wie wir sie heute kennen. Sie wurden in verschiedenen Tierformen produziert – unter anderem Hunde, Hasen, Bären – und mit Folie überzogen.

Man erzählte uns, dass unser Vater der erste war, der dieses Gebäck in Polen herstellte. Bis heute denke ich jedes Mal, wenn ich einen Kit-Kat-Riegel sehe, an meinen Vater und daran, wie wir Kinder um die Wette seine Taschen durchsuchten, wenn er von der Arbeit nach Hause kam!

Wir hatten zwar großes Glück, dass unser Vater ein so hervorragender Geschäftsmann war, aber gleichzeitig war es auch etwas unpraktisch, weil es ein logistisches Problem darstellte. Das lag daran, dass meine Mutter aus dem etwa vierhundert Kilometer entfernten Munkács stammte. Damals war das keine leicht zu überwindende Distanz, denn die Züge waren langsam und hielten oft an. Außerdem fuhr der Zug durch die Berge und musste mehrere Grenzen passieren. Munkács selbst gehörte mal zu Österreich, mal zur Tschechoslowakei, zu Polen oder Ungarn. Heute liegt es im Westen der Ukraine und heißt Mukatschewo.

Wegen der Entfernung zwischen diesen beiden Städten verbrachten wir das Schuljahr in Krakau und die Sommer in Munkács. Während des Schuljahres von der liebevollen Familie meiner Großeltern mütterlicherseits getrennt zu sein, war für uns alle sehr schwierig. Und so fühlte sich mein Vater stark unter Druck gesetzt, ein Geschäft in Munkács aufzubauen. Aber so sehr er sich auch bemühte: Er blieb dort erfolglos, weil ihm die Sprachkenntnisse und Geschäftskontakte fehlten. Als Ausländer erhielt er zudem keine Geschäftslizenz.

Mochte für uns Kinder das Leben in zwei verschiedenen Ländern normal erscheinen, war es für unsere Eltern und Großeltern sehr aufreibend. Wir machten jedoch alle das Beste aus der herausfordernden Situation und genossen unsere zwei Häuser in zwei verschiedenen Ländern.

Und auf unerwartete Weise profitierten wir sogar von den sich ständig verschiebenden Grenzen und den Regierungswechseln dieser Länder, denn dadurch wuchsen wir mit verschiedenen Kulturen und Sprachen auf. Und wir lernten uns anzupassen – eine für unser Überleben sehr wichtige Eigenschaft, wie sich herausstellen sollte. Wir sprachen fließend Jiddisch, Polnisch, Tschechisch, Ungarisch und Hebräisch. Tatsächlich konzentrierten wir uns jedoch auf die Perfektionierung unserer Deutschkenntnisse. Gesprochen von einem Volk, dessen Land so große Errungenschaften in Wissenschaft, Architektur, Kunst, Musik und Literatur vorzuweisen hatte, galt Deutsch als die Sprache der Kultiviertheit. Es war die universelle Sprache der europäischen Kultur- und Geschäftsaristokratie, so wie heute das Englische. Es war also keine Frage, dass wir auch fließend Deutsch lernen würden. Meine Mutter bestand darauf, dass meine Schwester Lola die deutsche Sprache nicht nur fließend, sondern möglichst fehlerlos beherrschte. Diese Sprachkenntnisse würden ihr später ermöglichen zu überleben – und viele Menschen während der Jahre der Naziunterdrückung zu unterstützen.

Unser Zuhause in Krakau war eine schöne, geräumige Erdgeschosswohnung in einem großen dreistöckigen Gebäude im französisch-normannischen Stil in der Starowiślna-Straße 23. Es war günstig gelegen, nur ein paar Straßenzüge von der Wein- und Sirupfabrik meines Vaters entfernt. Auf jeder Etage gab es zwei Wohnungen, und gegenüber von uns wohnte die einzige andere jüdische Familie. Sie hatte zwei kleine Mädchen und einen kleinen Jungen. Das jüngere Mädchen war ungefähr so alt wie ich, und wir spielten nach der Schule immer zusammen im Hof. Aber mehr über sie später.

Bis heute bewahre ich trotz all der Schrecken auch glückliche Erinnerungen, die mit den religiösen Traditionen meiner Kindheit zu tun haben. Ich erinnere mich etwa daran, wie ich mit meinem Vater an

Ben mit Kippa, Tefillin und Talith beim Gebet an der Klagemauer in Jerusalem, Israel (1971), Lesser Family Collection

einem Samstagabend in einer *Schtiebel* stehe – einem Raum mit einem Schaufenster, der als Synagoge genutzt wurde. Der Raum ist voll mit Männern, die Bier trinken und den Sabbat mit dem Singen traditioneller *Semirot*-Lieder verabschieden. In einer anderen schönen Erinnerung stehe ich in einer Synagoge, und mein Vater bedeckt während eines priesterlichen Segens meinen Kopf mit seinem *Talith*, dem Gebetsschal. Ich durfte mich eigentlich nicht umschauen, weil alle Blicke respektvoll abgewendet werden sollten, aber ich schaute trotzdem. Ich wollte immer wissen, was um mich herum geschah – eine weitere Angewohnheit, die zu meinem späteren Überleben beitrug und mir mein ganzes Leben lang zugutekam.

Neben dem *Talith* werden noch andere religiöse Utensilien während des Gebets angelegt, wie die *Kippa* und der *Tefillin*.* Auch so viele Jahre später noch erinnere ich mich jedes Mal, wenn ich sie zum Beten anlege, an die glücklichen Momente mit meinem Vater. Wir haben uns auch immer auf das *Chanukka*-Fest gefreut, das wir im Haus meines Großvaters Leser feierten. Dieses freudige Lichterfest erinnert an das Wunder eines Behälters mit geweihtem Öl, das acht Nächte lang brannte, obwohl nur genug Öl für eine Nacht vorhanden war.

* *Tefillin* bestehen aus einem Set von Lederriemen und Schachteln, die Schriftrollen mit Tora-Passagen enthalten.

Deshalb zünden wir an der neunarmigen *Chanukkia** für jede der acht Nächte eine Kerze an. Mein Großvater hatte einen riesigen, kunstvoll verzierten, silbern schimmernden *Chanukka*-Leuchter. Meine Familie versammelte sich um ihn, während er die *Schammasch*-Kerze anzündete – die neunte und besondere »Helfer«-Kerze. Diese Kerze benutzte man, um damit den Docht für jede Nacht anzuzünden, bevor sie zurück auf ihren erhöhten Ehrenplatz gestellt wurde. Dann sangen wir alle Lieder und sagten *Chanukka*-Gebete auf. Zum Schluss verteilte *Zaydie* (Großvater) das *Chanukka*-Geld (Münzen) an uns begeisterte Kinder. Ich setzte diesen freudigen Brauch genauso mit meinen eigenen Kindern und Enkelkindern fort.

Als Familie liebten wir das fröhliche Purimfest. Wie im biblischen Buch Esther** erzählt wird, erinnert dieser Feiertag an die Flucht der Juden vor dem Feldzug des bösen Haman, der sie vernichten wollte. Traditionelle Bräuche bestehen häufig aus lebhaften öffentlichen Feiern, ähnlich dem Karneval, mit Fahrgeschäften, Spielen und Entertainern. Alle sind auf der Straße, essen Süßigkeiten und andere Köstlichkeiten, trinken allzu oft zu viel Wein und tragen phantasievolle Masken und exotische Kostüme!

Einer der Höhepunkte von *Purim* ist der Austausch von ausgefallenen Geschenkpaketen, den *Schelachmones*, mit Familie und Freunden. Diese Pakete enthielten Wein und selbstgebackene Süßigkeiten, darunter die beliebten mit Mohn, Früchten oder Nüssen gefüllten *Hamantaschen*: ein dreieckiges Gebäck, das die Taschen, Hüte oder abgeschnittenen Ohren des bösen Haman darstellen soll! Unsere Familie freute sich immer besonders auf die *Schelachmones*, die uns der Bruder unseres Vaters David schickte, der Jahre zuvor nach New York City ausgewandert war. Dann vertilgten wir exotische Ananas und andere »amerikanische« Leckereien.

* Die neunarmige *Chanukkia* unterscheidet sich von einer traditionellen siebenarmigen *Menora*, die seit der Antike ein Symbol des Judentums ist. Heute ist einer der wertvollsten Besitztümer unseres Volkes ein wunderschöner Leuchter aus Bronze, der von dem Künstler Erté entworfen wurde.

** Das Buch Esther ist ein Buch des *Tanach*, der hebräischen Bibel, die die Grundlage des christlichen Alten Testaments darstellt.

Einmal jedoch brachte das Purimfest keine glücklichen Erinnerungen hervor. Ich war gerade dabei, Geschenke an unsere Verwandten und Freunde auszuliefern. Während ich den Krakówska-Boulevard überquerte, eine belebte Hauptverkehrsader, die durch das historische jüdische Viertel Kazimierz führte, beobachtete ich die sorglosen Menschen, die sich bei der Purimfeier amüsierten. Plötzlich kamen einige maskierte Schläger aus dem Nichts, schlugen mich zusammen und nahmen mir alles weg. Diese Rowdys hatten bestimmt große Freude daran, die Leckereien zu stehlen, die in den jüdischen Küchen so liebevoll zubereitet worden waren – Leckereien, mit denen die Flucht der Juden vor einem anderen »Rowdy« gefeiert wurde, von dem sie jedoch sicher noch nie gehört hatten!

Abgesehen von gelegentlichen Schikanen, denke ich jedoch, dass sich mein Leben als kleiner jüdischer Junge wahrscheinlich nicht viel von dem anderer Kinder aus Familien der Mittelschicht unterschied. Wir waren privilegiert, wir hatten eine wunderbare Familie, zwei schöne Häuser, die Möglichkeit, unsere Religion zu praktizieren, uns zu bilden und an einem reichhaltigen kulturellen Leben teilzuhaben, zu dem auch Sommer- und Winterurlaube an beliebten Urlaubsorten gehörten. Wir standen uns innerhalb der Familie sehr nah, und unsere starken religiösen Überzeugungen waren tief in unserem Geist, unserer Seele, unseren Beziehungen und täglichen Aktivitäten verankert.

6. Wie konnte der Holocaust geschehen?

»Monster existieren, aber es sind zu wenige, um wirklich gefährlich zu sein. Gefährlicher sind … die Funktionäre, die bereit sind zu glauben und zu handeln, ohne Fragen zu stellen.«

Primo Levi*

Hitler war zwar der erste, der den Antisemitismus in eine Todesindustrie überführte, doch der virulente, irrationale Hass auf das jüdische Volk ist nicht erst mit den Nazis in den 1930er Jahren entstanden. Die Ereignisse, die zum Zweiten Weltkrieg und zum Holocaust führten, hatten ihre Wurzeln in der menschlichen Natur, der Geschichte und einer tödlichen Verzahnung von Religion und Wirtschaft. In wirtschaftlich verzweifelten Zeiten suchen Menschen häufig nach einem Sündenbock, dem sie die Schuld geben können. Aber warum? Warum wurde immer wieder das jüdische Volk verfolgt und verbannt?

Wenn man sich die Geschichte der Juden in Europa ansieht, die mindestens bis ins 8. bis 6. Jahrhundert v. Chr., also 3.000 Jahre zurückreicht, wird man sehen, dass das jüdische Volk eine Reihe von Kriegen gegen die Römer verlor, was dazu führte, dass die Juden ihre Heimat verloren und aus dem Gebiet, das wir heute den Nahen Osten nennen, fliehen mussten. Das so entstandene Exil, in dem sie nun lebten, nannten sie Diaspora. In der Folge waren sie in den verschiedenen Ländern, in denen sie nun leben mussten, meist eine unwillkommene Minderheit. Als Fremde, deren Religion, Sprache, Sitten und Kleidung den Nichtjuden fremd erschienen, wurden sie oft Zielscheibe von Verachtung, Beschimpfung und Verfolgung. Diskriminierungen, Schuldzuweisungen und tödliche Pogrome waren an

* Italienischer Chemiker und Schriftsteller (1919–1987). Seine Erfahrungen in Auschwitz hat er in seinem autobiografischen Bericht *Ist das ein Mensch?* niedergeschrieben.

der Tagesordnung. Eine wichtige und problematische Rolle spielte dabei das Geld.

Die christliche Religion verbot ihren Anhängern das Verleihen von Geld – eine Praxis, die jedoch für das Wirtschaften unerlässlich war und auch heute noch ist. Das Verbot hinderte die Christen jedoch nicht daran, Kredite aufzunehmen und zu investieren, denn im späten Mittelalter fanden die Juden, die »unerwünschten Außenseiter«, ein Gewerbe, das sie betreiben durften: den Geldverleih. Sie stellten den Christen die nötigen Geldmittel zur Verfügung und machten damit Geschäfte. Da diese Tätigkeit aus religiösen Gründen bei den Christen geächtet war, war es sehr bequem, diese Tätigkeit an die Juden auszulagern, denen die meisten anderen Berufe verboten waren.

So erfüllten die selbst geächteten Fremden nunmehr eine gesellschaftlich geächtete, aber notwendige und wertvolle Funktion. Ironischerweise kam das Kreditwesen der wirtschaftlichen Entwicklung der Länder, in denen Juden lebte, sehr zugute. Aber als sie zu erfolgreichen Bankiers und Geschäftsinhabern aufstiegen, ernteten sie wiederum Kritik für ihre wirtschaftliche Macht. Für schlecht informierte Menschen war es naheliegend zu glauben, dass Juden die wirtschaftliche Situation der Gemeinden und der Länder, in denen sie lebten, beeinflussten, ja sogar kontrollierten. Trotz der Vorteile, die die jüdischen Geldverleiher brachten, entstand ein gefährlicher Neid, der oft zu Feindseligkeit, Sondersteuern, Diskriminierung, Ausgrenzung, Vertreibung und Tod führte.

Schauen wir uns zum Beispiel Polen an, wo meine Familie seit Generationen lebte. Es gab in Polen viele blühende jüdische Gemeinden mit einer eigenen Sprache, Kultur und Bildung sowie sozialen Einrichtungen, die mindestens bis ins 11. Jahrhundert zurückreichten. Das war auf verschiedene Epochen zurückzuführen, in denen Juden toleriert und manchmal sogar willkommen waren, weil sie wertvolle Fähigkeiten besaßen – unter anderem aufgrund ihres hohen Alphabetisierungsgrads. Tatsächlich galt Polen als geistiges Zentrum der Juden in Europa und beherbergte lange Zeit die größte und bedeutendste jüdische Gemeinde der Welt.

Die Geschichte meiner Heimatstadt Krakau, nach Warschau die

zweitgrößte Stadt Polens, geht bis ins 7. Jahrhundert zurück. Krakau war eines der führenden Zentren des polnischen akademischen, kulturellen, künstlerischen und wirtschaftlichen Lebens und von 1038 bis 1596 auch die Hauptstadt Polens. Das jüdische Viertel in Krakau, das 1335 an der Weichsel gegründet wurde, war ursprünglich als Kazimierz bekannt, benannt nach seinem Gründer, Kasimir dem Großen. Die Legende besagt, dass Kasimir eine schöne jüdische Geliebte namens Esterka (Ester) hatte. Damit sie in seiner Nähe – aber nicht in seinem Wohnhaus im historischen Schloss Wawel* – leben konnte, gründete er eine jüdische Gemeinde. Ob diese Geschichte der Realität entspricht, ist unbekannt, aber sicher ist, dass er eine Gemeinde gründete und den Juden in Polen auch außergewöhnlich weitgehende Freiheiten und Rechte zusprach. Bis dahin waren sie extremen Einschränkungen und Verfolgungen ausgesetzt gewesen.

Wenig überraschend, wurden die polnischen Juden unmittelbar nach Kasimirs Tod erneut Zielscheibe eines grausamen Antisemitismus. Dennoch gelang es der jüdischen Bevölkerung, ihre Gemeinde und ihr kulturelles Leben wachsen und gedeihen zu lassen, sodass Krakau-Kazimierz zu einem Zentrum jüdischer Kultur und Bildung wurde. Um 1900 hatte Krakau eine jüdische Bevölkerung von fast 26.000 Personen – mehr als ein Viertel der Gesamtbevölkerung. Trotz der wichtigen gesellschaftlichen Beiträge der Juden war der kulturell und religiös begründete Antisemitismus in Polen jedoch tief verwurzelt. Und Polen stand damit nicht allein. Bösartige antisemitische Propaganda verbreitete sich in ganz Europa, besonders in Russland. Diese Hetze, die die Juden für alle Probleme Russlands, einschließlich der Russischen Revolution, verantwortlich machte, trug zu Wellen von tödlichen antijüdischen Pogromen im gesamten Ansiedlungsrayon bei.

Der Ansiedlungsrayon war das Gebiet, in dem die russischen Juden leben mussten, nachdem sie im späten 18. Jahrhundert aus

* Es ist interessant, dass Schloss Wawel wieder historische Prominenz erlangte, als es zum luxuriösen Hauptquartier der Nazi-Regierung des vormaligen Landes Polen bestimmt wurde.

Russland vertrieben worden waren. Der Rayon befand sich entlang der Westgrenze Russlands in den heutigen Ländern Litauen, Ungarn, Polen und der Ukraine. Von 1791 bis zum Fall des Russischen Reiches im Jahr 1917 verschoben sich die Grenzen des Rayons häufig, sodass die Juden nie Gewissheit hatten, wo sie leben und arbeiten durften. Sie konnten jederzeit vertrieben werden und mussten oft ohne Vorankündigung umziehen. Manchmal war es ihnen nicht erlaubt, in Städten zu leben. In anderen Fällen durften sie nicht auf Bauernhöfen leben. Viele Juden gründeten schließlich ihre eigenen abgelegenen Dörfer, *Schtetl** genannt, wo sie in Armut und ständiger Angst vor Angriffen lebten, denn allein die Konzentration der Juden in bestimmten Gebieten machte sie zu leichten Zielen für Pogrome.

1917 gelangte mit dem Fall des Russischen Reiches der größte Teil des Ansiedlungsrayons zu Polen. Der plötzliche Zustrom von fast fünf Millionen verarmten Juden verstärkte den Antisemitismus in Polen ins Unermessliche. Diese Situation verschaffte Hitler später einen Vorteil, denn sie erlaubte ihm, seinen Hass auf die Polen mit seinem Hass auf die Juden zu verbinden. Und schließlich würde er die Besatzung Polens zu einem wesentlichen Schritt in seiner »Endlösung der Judenfrage« machen.

In den späten 1930er Jahren wurde Polen der Ort für das Gedeihen von Hitlers barbarischer Todesindustrie. Bis zum Herbst 1939 waren fast 70.000 der etwa 240.000 Einwohner Krakaus Juden. Als Rabbiner, Ärzte, Anwälte, Bankiers, Lehrer, Geschäftsleute, Kaufleute, politische Aktivisten, Künstler, Schriftsteller, Entertainer und sogar Sportler waren sie ein wichtiger Teil dieser geschäftigen, hochentwickelten Stadt. Ihre Bedeutung verschwand jedoch in dem Moment, als die Deutschen am 1. September 1939 einmarschierten.

Hitler legte sein Weltbild 1925/26 mit der Veröffentlichung seines zweibändigen Werks *Mein Kampf* für alle sichtbar dar. Da sein Pro-

* Die *Schtetl*-Geschichten des berühmten Autors Sholem Alejchem wurden sowohl durch das preisgekrönte Broadway-Musical von 1964 als auch durch den Film *Fiddler on the Roof* von 1971 berühmt. Siehe auch: *Sholem Aleichem: Laughing in the Darkness*, ein Dokumentarfilm aus dem Jahr 2011.

jekt für alle so leicht zugänglich war, bleibt es für mich eine Quelle der Verwunderung, dass die Welt weder gegen seine Absichten noch gegen die unsagbar monströsen Ereignisse, die diesen folgten, protestierte. Es gibt ein altes Sprichwort, das die tragische Wahrheit dieses menschlichen Verhaltens perfekt zusammenfasst: »Alles, was für den Triumph des Bösen notwendig ist, ist, dass gute Menschen nichts tun.«*

Und nirgendwo hat sich das fatale Ergebnis des Schweigens der »guten Menschen« deutlicher gezeigt als im Holocaust. Ein einzelner Mann, und sei er noch so böse, hätte den Holocaust nie allein in die Realität umsetzen können. Es bedurfte der stillschweigenden, manchmal aktiven Komplizenschaft all der »guten Menschen« nicht nur in Deutschland, sondern in der ganzen Welt, die ihre Augen lieber abwendeten, ihre Ohren und Herzen verschlossen, die schwiegen und in einigen Fällen eine Art kollektive Amnesie entwickelten.

In der Menschheitsgeschichte gab es unzählige Ausrottungen ganzer Menschengruppen, und doch gab es das Wort »Völkermord« bis zum Holocaust nicht. Das lag daran, dass es nie zuvor eine so massive, systematische, von einer Regierung betriebene Todesmaschinerie gegeben hatte. In der Geschichte waren Völkermorde erwartbare Ergebnisse von Kriegen, deren Verlierer traditionell versklavt oder ermordet wurden. Dabei wurden sie mitunter als eine Spielart des »Survival of the Fittest« verstanden, der damals sehr populären Darwin'schen Theorie, die die Vorstellung stützte, dass eine überlegene Rasse sich durchsetzen und schließlich die Welt beherrschen würde – alle anderen würden versklavt oder eliminiert werden. Viele andere »zivilisierte« europäische Länder jener Zeit, darunter England, die Niederlande, Frankreich, Spanien und Portugal, waren den imperialistischen Weg gegangen. Sie eroberten »unterentwickelte« Länder und kolonialisierten sie. Dies entsprach der deutschen Theorie vom »Lebensraum im Osten«: der Vorstellung, dass die Deutschen das Recht hatten, in andere Länder zu expandieren,

* Das Zitat wird im Allgemeinen Edmund Burke (1729–1797) zugeschrieben, einem Politiker, Autor, Redner und Staatsphilosophen der Aufklärung.

wann immer sie mehr Raum für ihre wachsende Bevölkerung benötigten. Diese Strategie rechtfertigte die rücksichtslose Annexions- und Eroberungspolitik.

Wenn dieser brutale Prozess auch unzweifelhaft unmenschlich war, so war er doch vorhersehbar gewesen und wurde von den Beteiligten klar gesehen. Bei der Vernichtung des jüdischen Volkes durch die Nazis verhielt es sich anders: Sie war nicht das Ergebnis kriegerischer Auseinandersetzungen oder des Bedürfnisses nach Land. Die Nazis glaubten einfach, dass das jüdische Volk aufhören sollte zu existieren – nur weil es Juden waren.

Die rasanten elektronischen und technologischen Fortschritte in der Kommunikation, dem Transport, der Fotografie und der Waffenproduktion, die aus der Industriellen Revolution resultierten, hatten auch negative Folgen, denn sie erlaubten es der Kriegsmaschine der Nazis, sich noch weiter von vorherigen Tätern ethnischer Säuberungen in der Geschichte abzuheben. Diese industriellen Innovationen ermöglichten den Nazis den Aufbau der Infrastruktur, die sie brauchten, um ihre berüchtigte Industrialisierungsmaschine des Todes umzusetzen. Die Fortschritte in der Chemie, im Bergbau und im Transportwesen sowie die Fähigkeiten, Straßen zu bauen, direkt über Telefone und Funkgeräte zu kommunizieren und die damals neu verfügbaren Lochkartenmaschinen zu benutzen, um Daten über Gefangene zu speichern und zu organisieren, beschleunigten Hitlers Kampagne gegen die Juden. Die Nazis nutzten nicht nur ihre eigenen neue Technologien, sie waren auch Experten darin, die fortschrittliche Technologie großer westlicher Konzerne zu adaptieren.

Und aus ökonomischer Perspektive mussten die Vernichtungslager sowohl profitabel als auch effizient sein. Auch untereinander konkurrierten die Lager in Sachen Effizienz: Immer mehr jüdische Leichen mussten in immer kürzerer Zeit verarbeitet werden. Und die »Nebenprodukte« dieser Leichen wurden einer Verwendung zugeführt. Buchstäblich Tonnen von jüdischem Haar wurde zu strapazierfähigem Filz, Matratzen, Decken und Kleidung aufgearbeitet. Knochen wurden zermahlen, um als Düngemittel verwendet zu werden. Schuhe, Brillen und sogar künstliche Gliedmaßen wurden geflickt, gereinigt und zur Verwendung durch das deutsche Militär und die Zivilbevölkerung verschickt. Sogar die US-amerikanische Zeit der Großen Depression, die mit dem Zusammenbruch der New Yorker Börse im Jahr 1929 begann, verschaffte Hitler einen Vorteil. Er nutzte diese internationale, schwere Krise, um die Juden zum Sündenbock für die wirtschaftlichen Probleme Deutschlands abzustempeln, und versprach, dass sich die deutsche Wirtschaft rasch erholen werde, sobald die Juden beseitigt wären.

Ein weiteres Ereignis, das dazu beitrug, Hitler den Weg zur Umsetzung der »Endlösung« zu ebnen, war die berüchtigte Wannseekonferenz im Jahr 1942. Im Gegensatz zu den Schlägern, die anfangs, in den 1920er und 1930er Jahren, Hitlers Unterstützer gewesen waren, waren die fünfzehn hochrangigen Nazifunktionäre, die an dieser Konferenz teilnahmen, hochgebildete Gelehrte, Juristen und militärische Führungspersönlichkeiten. Das Ziel dieser Konferenz war es, jedem Teilnehmer seinen spezifischen Verantwortungsbereich für die Umsetzung von Hitlers Kampagne zur Ausrottung des jüdischen Volkes in Europa zuzuweisen.

Wir Kinder der Familie Leser aber wuchsen in den frühen 1930er Jahren arglos und privilegiert in Krakau und Munkács auf. Es wäre uns nicht in den Sinn gekommen, die Sicherheit unseres behaglichen kleinen Lebens in Frage zu stellen.

7. Sommer in Munkács

»Und wenn Sie selbst in einem Gefängnis wären, […] hätten Sie dann nicht immer noch Ihre Kindheit, diesen köstlichen, königlichen Reichtum, dieses Schatzhaus der Erinnerungen?«
Rainer Maria Rilke

Am Ende eines jeden Schuljahrs nahm meine Mutter uns Kinder mit nach Munkács, um die Sommer mit der Familie zu verbringen. Diese schöne Stadt war zu mehr als der Hälfte jüdisch, und alle kamen gut miteinander aus, sodass wir uns dort sehr wohl fühlten. Das große Haus der Familie befand sich in der Cukor Utca (Zuckerstraße) – ein passender Name für einen Ort, der so schöne Erinnerungen birgt! Dies war eine Hauptstraße, die am Stadtplatz begann und am Bahnhof endete, das Haus unserer Familie lag dazwischen. Von der Straße ging man durch ein beeindruckendes, riesiges schmiedeeisernes Tor, um Zugang zu dem Grundstück zu erhalten, auf dem das stattliche Haus meiner Großeltern stand.

Ich erinnere noch, wie ich mich an heißen Sommertagen abkühlte, indem ich barfuß auf der kunstvoll gefliesten Veranda auf und ab lief, die sich über die gesamte Länge des Gebäudes erstreckte. Und es gab viele wunderschön eingerichtete Zimmer, jedes mit einem eigenen Eingang, sodass wir oder andere Gäste, die zu Besuch kamen, in separaten kleinen Wohnungen unsere Privatsphäre hatten. Die Familie meiner Großeltern hatte das Haus gebaut, es gehörte also schon immer uns. Zusätzlich zu dem großen, schönen Haus, standen mehrere Nebengebäude auf dem Gelände. Das Grundstück war nicht besonders breit, dafür aber sehr tief. Ganz hinten auf dem Grundstück stand ein kleines Haus, in dem der Kutscher und der Hausmeister wohnten. Gleich hinter dem Haupthaus betrat man einen üppigen Rosengarten mit gepflegten Hecken.

Innerhalb dieses Rosengartens gab es einen exquisiten Pavillon, der ein einzigartiges Dach hatte, das sich im Sommer öffnen und im Winter schließen ließ. Vor den Buntglasfenstern des Pavillons waren wunderschöne Fensterläden angebracht. Die Wände waren aus bunten Glasflaschen gebaut, die sorgfältig zwischen Mörtelstreifen gelegt worden waren. Wenn man also die Wand betrachtete, sah man abwechselnd die runden Böden und die runden Hälse der Flaschen, die vom Mörtel umgeben waren – und auf der anderen Seite war es natürlich genau umgekehrt. Es war wirklich ein Kunstwerk – ein ganz erstaunliches Glasmosaik. Ich glaube nicht, dass es so etwas irgendwo anders gab! Wenn die Sonnenstrahlen durch die Fenster strömten und die Wände beleuchteten, funkelten sie in allen brillanten Farben eines Prismas – wie ein farbig leuchtender Kristallpalast.

Wenn wir das Dach öffneten, konnte der Pavillon auch als *Sukkah* fungieren: eine Art Hütte, die während des einwöchigen Festes *Sukkot* benutzt wird. Wir bauten dann ein traditionelles Dach aus *Schach* (Zweigen) und bastelten bunte Papierketten mit Vögeln, um die Decke zu schmücken und phantasievolle Bilder an den Wänden anzubringen. Ursprünglich ein Fest der Ernte, wurde *Sukkot* später zur Feier der temporären Unterkünfte, die die Juden während der vierzig Jahre, die sie nach ihrer Befreiung aus der ägyptischen Sklaverei in der Wüste wanderten, nutzten. Während *Sukkot* ist es Tradition, dass die Juden in der *Sukkah* essen, schlafen und auch sonst viele glückliche Stunden verbringen.

Hinter den Rosen versorgte uns ein Beerengarten mit vielen Sorten saisonaler Beeren. Dann kam der riesige Obstgarten, in dem fast jede erdenkliche Frucht in Hülle und Fülle wuchs. In der Mitte des Obstgartens verlief ein spalierförmiger Weg, der mit Weinstöcken und bunten Trauben bewachsen war. Wir saßen oft auf den Rotholzbänken entlang dieses Weges. Immer gab es köstliche Trauben und Beeren für uns Kinder zu pflücken.

Ich erinnere mich daran, wie ich mit meinen beiden Cousinen, Bobbiko und Alisko, in den Gärten Versteck spielte. Neben den üblichen Kinderspielen pflückten wir auch Birnen, wickelten sie in Seidenpapier und bildeten dann eine Menschenkette, indem wir die Birnen einzeln von einer Person zur nächsten reichten, um sie zum Reifen auf den Dachboden zu legen.

So viele Jahre später erinnere ich mich noch an unser kleines

Großvater Yosef Segal, Munkács (1939), Lesser Family Collection

menschliches Fließband, wenn ich die köstlichen Birnen vom Baum in meinem eigenen Garten ernte. Und die fleißige Frau, die diese ganze Anlage mit Stil und Anmut leitete, war meine Großmutter. Sie wurde von ihren Enkelkindern bewundert und liebevoll *Bubbiko* genannt. Außerhalb der Familie nannte man sie *Mimeh Rosheh* (Tante Rose). Sie war groß, schlank und immer ordentlich gekleidet – niemals lag auch nur ein Haar an einer falschen Stelle. Sie wurde von allen respektiert und geliebt. Sie war Präsidentin der Frauen-Hilfsgruppe, und zusammen mit ihrer besten Freundin Frau Spiegel, die gegenüber wohnte, war sie immer damit beschäftigt, Wohltätigkeitsveranstaltungen und Spendenaktionen zu organisieren. Man sah die eine selten ohne die andere, sodass sie manchmal als »Spiegel und Segal« bezeichnet wurden! Ihre Hingabe, anderen zu helfen, war weithin bekannt und wurde in der Gemeinde sehr geschätzt. Da sie für wohltätige Zwecke viel unterwegs waren, brauchten sie ein effizientes Transportmittel. So schlossen sie sich zusammen, um ein Pferd und eine Kutsche zu kaufen, und stellten auch einen Kutscher fest ein. Pferd und Wagen blieben im Haus der Spiegels, und der Kutscher wohnte in unserem Hausmeisterhaus.

Meine Großmutter betrieb auch ein kleines Nebengeschäft, indem sie filigrane Schmuckbroschen verpackte und verkaufte, die kunstvoll in Form von kleinen Schmetterlingen, Tieren und Insekten gestaltet waren. Sie bot ein starkes Vorbild für ein sinnvoll gelebtes Leben, das kreativ, produktiv und hilfreich für andere war. Mein Großvater, Yosef Segal, der verehrte Patriarch der Familie mütterlicherseits, erschien uns wegen seines schönen langen weißen Bartes uralt.

Er war ein prominentes Gemeindemitglied und leitete mehrere erfolgreiche Unternehmen. Insbesondere erinnere ich mich daran, dass er eine Sliwowitz-Fabrik besaß, in der er alkoholische Getränke aus Pflaumen oder Zwetschgen herstellte. Die Leute sagten, dass sie, wenn sie einmal seinen Sliwowitz probiert hatten, nie wieder einen anderen trinken wollten. Er fungierte auch als *Gabbai* der Synagoge, was bedeutet, dass er gewählt wurde, um die Gemeinde zu vertreten und sicherzustellen, dass die Bedürfnisse der Synagoge, einschließlich der Gebetsdienste, befriedigt und organisiert wurden.

Unsere Sommer in Munkács waren erfüllt von Liebe, Geborgenheit, Religiosität, Lachen, Spielen, wunderbarem Essen und einer Unschuld, die bald ausgelöscht sein würde.

8. 1939: Herbst in Krakau

»Dort wo man Bücher verbrennt, verbrennt man auch am Ende Menschen.«
Heinrich Heine

Im November 1938 annektierte Deutschland in Übereinstimmung mit dem Abkommen der Münchner Konferenz einen Großteil der Tschechoslowakei, während Ungarn Munkács annektierte. Dies setzte einige politische Ereignisse in Gang, die uns jedoch erst am Ende des Sommers 1939 betreffen sollten, als meine Mutter wie üblich meinen Bruder Tuli, meine Schwester Lola und mich nach Krakau zurückholte. Diesmal mussten wir abrupt abreisen, weil sich die Regierungen von Polen und Ungarn überworfen hatten. Und da Mammikos polnischer Pass auch für uns jüngere Kinder galt, mussten wir das damalige Ungarn innerhalb von 24 Stunden verlassen, andernfalls hätte man uns als illegale Ausländer eingestuft – eine äußerst brenzlige Situation. Glücklicherweise besaß Goldie noch den tschechoslowakischen Pass und konnte deshalb in Munkács bleiben, wo sie einige Jahre lang bei unseren Großeltern gelebt hatte und zur Schule gegangen war.

Leider war unser neues Haus in Krakau wegen der kurzfristigen

Besuch des ehemaligen Zuhauses in Krakau, Bens Zimmer befand sich hinter dem dritten Fenster links neben der Eingangstür, Polen (2006), Lesser Family Collection

Ankündigung noch nicht fertig, daher blieben wir in der winzigen Wohnung meiner Großeltern väterlicherseits. Unser Vater würde zu uns kommen, wenn er den Umzug erledigt hatte. Und da der Platz nicht für uns alle reichte, hatten meine Eltern arrangiert, dass Lola zunächst ein paar Wochen in einem Kurort in Krynica verbringen sollte.

Die Wohnung meiner Großeltern war sehr klein, deshalb schliefen Mammiko, Tuli und ich zusammen in einem Bett, das in einer Ecke des Arbeitszimmers meines Großvaters untergebracht war. Dieser winzige Schlafbereich war nur mit einem Bettlaken abgetrennt. Schlaf zu bekommen war eine echte Herausforderung, denn mein Großvater ließ das Licht bis spät in die Nacht brennen, um den Talmud zu studieren.

Wir waren erleichtert, als wir rechtzeitig zum Schulbeginn im Herbst 1939 in unsere große Krakauer Wohnung einziehen konnten. Ich war ein wissbegieriges Kind und freute mich auf meine neuen Lehrer und den Unterricht. Leider kam meine schulische Bildung nur wenige Tage nach Beginn des Schuljahres zu einem Stillstand. Aber an diesem hellen und glänzenden ersten Schultag 1939, der so vielversprechend war, ahnten wir Kinder nicht, dass die todbringenden Veränderungen, die seit 1933 in Deutschland stattfanden, nur noch wenige Tage von unserem schönen Zuhause in Polen entfernt waren.

Die Erwachsenen waren sich natürlich darüber im Klaren, dass das Leben für Juden in ganz Europa immer prekärer wurde. Sie hatten von den brutalen Verfolgungen der Nazis gehört, die mit Hitlers Machtübernahme in Deutschland 1933 begannen, von der Reichstagsbrandverordnung und den »Ermächtigungsgesetzen«. Sie wussten von den antisemitischen »Nürnberger Gesetzen«* von 1935, die jeden Aspekt des Lebens deutscher Juden einschränkten, einschließlich des Rechts auf Arbeit. Häuser, Geschäfte, Bankkonten, Wertgegenstände und Grundstücke in jüdischem Besitz waren in deutschen Besitz übergegangen. Jüdische Menschen in ganz Europa hatten auch von der berüchtigten »Kristallnacht« gehört – der Nacht der zerbrochenen Scheiben vom 9. auf den 10. November 1938. In dieser Schreckensnacht wurden jüdische Bücher aus Häusern und Synagogen geplündert und auf den Straßen verbrannt. Es waren so viele jüdische Häuser, Synagogen und Geschäfte, die in dieser Nacht geplündert und zerstört wurden, dass das Geräusch des zerbrochenen Glases als ein »Hagel von Kristallscherben« beschrieben wurde.

Viele Juden wurden ermordet, 25.000 bis 30.000 verhaftet und umstandslos in Konzentrationslager verbracht. Mehr als 250 Synagogen, von denen einige Jahrhunderte alt waren und Artefakte von unschätzbarem Wert enthielten, wurden zerstört. Auch die Gestapo (Geheime Staatspolizei), Hitlers Geheimpolizei, und seine berüchtigte Schutzstaffel, die SS, waren daran beteiligt, ebenso Mitglieder der Hitlerjugend. Im Jahr 1939 war es also kein Geheimnis mehr, dass die Nazis einen Feldzug gegen die Juden veranstalteten. Das monströse Ziel und Ausmaß dieser Verfolgung übertraf jedoch alles in der Geschichte der Menschheit und an menschlicher Vorstellungskraft. Was jedoch bis heute ein Rätsel bleibt, ist, warum die ganze Welt dabei zusah und nicht handelte.

Als es offensichtlich wurde, dass die Nazis im Begriff waren, in Polen einzumarschieren, begannen die jüdischen Einwohner, verschiedene Vorbereitungen zu treffen. Sie versteckten Geld, Kleidung,

* Die Nürnberger Gesetze entzogen 1935 allen Deutschen, die nicht als reine Deutsche galten, rechtlich die Staatsbürgerschaft. Das Vorhandensein »eines Tropfens« jüdischen Blutes beseitigte jede Möglichkeit der deutschen Staatsbürgerschaft.

Schmuck und nicht verderbliche Medikamente und Lebensmittel an Orten, zu denen sie später Zugang haben würden. Sie schufen Geheimverstecke hinter den Mauern ihrer Häuser, unter Falltüren, im Untergrund, ja sogar im Wald. Ich frage mich oft, wie viel von diesem unbezahlbaren Schatz noch in ganz Europa versteckt ist. Die Männer wussten, dass sie besonders gefährdet waren, da sie gehört hatten, dass die Nazis jüdische Männer zur Zwangsarbeit zusammentrieben. So hatte mein Vater gemeinsam mit vielen anderen jüdischen Männern versucht, nach Russland zu entkommen, wo sie hofften, das Ende der deutschen Besatzung abwarten zu können, bis sie nach Hause zurückkehren würden.

Es war gar nicht anders vorstellbar, als dass diese neueste Welle der antijüdischen Verfolgung nur vorübergehend sein könnte. Die Männer wussten, dass sie, wenn sie in Polen blieben, in die Zwangsarbeitergruppen der Nazis eingezogen würden, und das kam einem Todesurteil gleich. In die Sowjetunion – oder nach »Rusland« zu gehen, wie wir es auf Jiddisch nannten, war eine weit verbreitete Überlebensstrategie und wurde nicht als Verlassen ihrer Familien verstanden. Es schien das Pragmatischste zu sein, was man unter den gegebenen Umständen tun konnte.

Tragischerweise wurden von denen, die es bis nach Russland schafften, einige sofort getötet, andere wurden nach Sibirien verschickt, wo nur wenige die brutalen Bedingungen überlebten. Mein Vater jedoch musste nur wenige Tage, nachdem er sein Zuhause verlassen hatte, um nach Russland zu gelangen, umkehren, weil die Nazis die Grenze bereits geschlossen hatten. Damals waren wir alle erleichtert über seine Rückkehr. Doch bevor irgendjemand begreifen konnte, was geschah, überfielen die Deutschen am 1. September 1939 Polen, ohne eine Kriegserklärung abzugeben. Und die zivilisierte Welt, wie wir sie gekannt hatten, ging unter.

9. 1. September 1939: Die Deutschen besetzen Polen

Als ob es gestern geschehen wäre, erinnere ich sogar noch die genaue Uhrzeit: Es war gegen fünf Uhr morgens, an einem schönen, klaren, sonnigen Herbsttag. Unser solide gebautes Wohnhaus begann plötzlich zu beben und zu rumpeln – ich dachte, es müsse ein Erdbeben sein, sprang aus dem Bett und eilte zum Fenster, wo sich mir ein unglaublicher Anblick bot: Riesige Militärpanzer rollten unsere schöne Straße hinunter! Den Panzern folgten Halbkettenfahrzeuge, die vorne Räder und hinten Raupenketten hatten, darin saßen die Soldaten. Alle paar Meter sprang einer von ihnen mit seiner Waffe aus dem Halbkettenfahrzeug und stand bedrohlich auf dem Bürgersteig. Mit ihrer steifen, roboterhaften Haltung und den ausdruckslosen Gesichtern wirkten sie auf mich eher wie Maschinen als Menschen. Und genau das waren sie ja auch: Maschinen des Todes.

Auf die Halbkettenfahrzeuge folgten die Fußsoldaten, die mit ihren hohen, schwarz glänzenden Lederstiefeln geräuschvoll im Laufschritt marschierten. So furchtbar es auch war, eine echte Überraschung war die Ankunft der Deutschen an diesem Morgen nicht, schließlich hatten sie Österreich und die Tschechoslowakei bereits 1938 besetzt. Auch in unserem ruhigen, sehr kleinen Viertel gab es ein paar Bombeneinschläge. Aber da wir uns nicht vorstellen konnten, was auf uns zukommen würde, haben wir uns einfach von Tag zu Tag an die Veränderungen angepasst. Wir versuchten, so normal wie möglich zu leben, bis es wieder vorbei sein würde. Das war für uns Juden keine ungewöhnliche Reaktion, denn im Laufe der Geschichte hatte sich das jüdische Volk immer wieder an Unterdrückung angepasst und auf diese Weise überlebt. Dieses Verhalten erschien aus diesem Grunde vielen als naheliegend. Doch wir hatten nicht bemerkt, dass sich die Welt verändert hatte. So wurde diese jahrhundertealte, immer wieder erfolgreiche Anpassungsstrategie nun zur Basis für einen tödlichen modernen Wahn. Und trotzdem klammerten wir uns an diese Illusion: Wenn wir uns nur ruhig verhielten, die Anweisungen befolgten, so normal wie möglich lebten, dann würden wir auch diesen Feldzug gegen uns überleben.

So war es an diesem schönen Morgen, an dem die Deutschen kamen, um Polen zu besetzen. Jahre später würde ich lernen, dass diese Besatzung »Blitzkrieg« genannt wurde, weil sie so schnell und so überwältigend passierte. Für einen zehnjährigen Jungen war sie völlig surreal. Ich verstand nicht, was geschah, hatte weder die intellektuelle noch die emotionale Reife, um die Ereignisse zu verarbeiten, die auf uns einstürmten. Was wusste ich schon davon, dass ein Land ein anderes verschlucken und versklaven konnte? Am Schlimmsten für mich war der Schrecken, den ich in den Augen meiner Eltern sah – obwohl sie versuchten, ein Gefühl der Normalität im Haus aufrechtzuerhalten. Doch da war ein fast elektrischer Strom der Angst.

Nach ein paar Tagen wagte sich mein Vater trotz seiner großen Angst in sein Geschäft. Als er dort ankam, sah er sich mit unbeweglichen, bewaffneten Wachen konfrontiert, die nicht auf ihn reagierten und den Eingang blockierten. Es war, als ob sie einfach durch ihn hindurchgesehen hätten. Zu seinem großen Schock und Leidwesen war sein Geschäft, das er über Jahre hinweg mit seiner unermüdlichen, engagierten Arbeit aufgebaut hatte, umstandslos beschlagnahmt worden. Ein Mann, der so viel in seinem Leben geleistet hatte, wurde von uniformierten Schlägern von seiner prosperierenden Existenzgrundlage abgeschnitten. Als er zu uns zurückkehrte und langsam durch unsere Haustür schritt, sah er nicht mehr wie unser *Tattiko* aus. Wie hätten wir die Verwandlung verstehen sollen, die gerade stattgefunden hatte? Anstatt ihm entgegenzulaufen, wendeten wir schnell den Blick ab und hofften, dass unsere Mutter es richten würde.

In den nächsten Wochen wurden die Verordnungen gegen das jüdische Volk erlassen, schnell und voller Zorn. Alle Juden mussten sich bei den Behörden registrieren lassen; sie erhielten einen neuen Personalausweis, auf dem ein großes rotes »J« für JUDE aufgedruckt war. Jüdische Kinder durften nicht mehr in öffentliche Schulen gehen, und wir alle mussten Armbinden tragen, auf denen der sechszackige jüdische Davidstern aufgedruckt war. Sollte uns ein Nazi ohne unsere Armbinde erwischen, würde er uns auf der Stelle erschießen. Kann man sich vorstellen, ein Kind zu erschießen, weil es seine Armbinde verloren hatte? Es gab keine Richter, keine Geschworenen für Juden.

Wenn es schien, als ob wir gegen eine der neuen Verordnungen verstoßen hatten, auch wenn wir gar nichts davon wussten, würde die Gestapo uns einfach auf der Stelle hinrichten.

Schon bald nach Beginn der Okkupation erlebte die Familie Leser zum ersten Mal die Brutalität der Nazis. Gegen fünf Uhr morgens donnerte ein Militärlastwagen vor unser Haus. Nazis sprangen heraus und hämmerten an unser Tor, um den Hausmeister zu holen. Sie befahlen ihm, aufzuschließen und wollten von ihm wissen, wo Juden wohnten. Der Hausmeister kam der Aufforderung sehr schnell nach und zeigte auf unsere Wohnung und die der anderen jüdischen Familie auf der gegenüberliegenden Seite des Flurs. Dann traten die Nazis unsere Tür ein, stürmten herein und brüllten: »Schnell! Schnell! Jüdisches Schwein!«, dabei schlugen sie rasend vor Wut mit ihren Pistolen auf uns ein. Eben noch waren wir eine ganz normale Familie, die sicher in ihren Betten schlief. In der nächsten Minute wurden wir und unsere plötzlich hilflosen Eltern zusammengeschlagen. Die Nazis hatten Jutesäcke dabei, die sie füllten, als sie unser Haus durchwühlten. Sie verlangten, dass wir ihnen alle unsere Wertsachen wie Gold, Silber, Bargeld und Pelze aushändigen sollten. Meiner Mutter und meiner Schwester rissen sie sogar die Ringe von den zitternden Fingern.

Inmitten dieses gewaltsamen Chaos hörten wir furchtbare, fast unmenschliche Schreie aus der Wohnung auf der anderen Seite des Flurs. Der kleine Junge war von all dem Geschrei und der Aufregung aufgewacht. Meine Schwester und ich rannten hinüber, um zu sehen, was los war, und wir erblickten einen Nazi, der das Baby an den Beinen hielt, sodass es kopfüber baumelte, und die Mutter anbrüllte, es solle aufhören zu schreien. Natürlich schrien die Eltern: »Mein Baby, mein Baby!«, und plötzlich schwang dieser Barbar mit einem abscheulichen Grinsen im Gesicht das Baby mit voller Wucht mit dem Kopf voran gegen den Türpfosten, woraufhin sein winziger Schädel aufplatzte. Der Junge war sofort tot. Verständlicherweise stürzten sich die Eltern auf das Nazi-Monster, was zur Folge hatte, dass sie brutal getreten und mit der Pistole geschlagen wurden, bis beide bewusstlos waren. Und selbst dann hörte die Bestie nicht auf, auf sie einzuprügeln.

In der einen Minute waren sie noch eine normale, glückliche, liebende Familie, in der nächsten war ihr Leben auf brutalste Weise zerstört worden. Wir standen alle völlig unter Schock – es war unmöglich, zu begreifen, was geschehen war. Plötzlich war es zu Ende. Beinahe schien es so, als ob die Nazis von ihrer eigenen Barbarei schockiert waren – sie drehten sich einfach um und gingen. Vielleicht war der Adrenalinstoß abgeklungen. Wer weiß schon, warum solche Dinge beginnen und aufhören? In dieser unheimlichen Stille kauerte meine verstörte Familie in unserem verwüsteten Wohnzimmer und versuchte, sich gegenseitig Trost zu spenden. Heute, als Eltern- und Großelternteil, fühle ich körperliche Schmerzen bei dem Gedanken, dass meine Eltern hilflos zusehen mussten, wie ihre Kinder geschlagen wurden. Und den Gedanken an die Eltern auf der anderen Seite des Flurs kann ich gar nicht zulassen.

Bald schlossen die Behörden in ganz Krakau alle Synagogen und beschlagnahmten die heiligen Artefakte und Wertgegenstände. Wir hatten gehört, dass die Nazis ihre Pferde in den heiligen Stätten unterbrachten. Dann kam eine neue Direktive, die allen jüdischen Männern ab vierzehn Jahren befahl, sich in einem Regierungsgebäude zu melden, das die Nazis für ihre Zwecke übernommen hatten. Die Nazis ließen die jüdischen Männer durch die Stadt marschieren und zwangen sie, alle möglichen niederen Arbeiten zu verrichten, wie zum Beispiel Gräben auszuheben und Schnee zu schaufeln. Als diese Arbeiten abgeschlossen waren, zwangen sie die Männer dazu, die Bürgersteige mit kleinen Bürsten zu reinigen – sogar mit Zahnbürsten. Die Nazis hatten ihr Vergnügen daran – sie lachten, machten Fotos und traten gleichzeitig auf die Juden ein. Der einzige Zweck des Ganzen war es, die jüdischen Männer und ihre Familien zu erniedrigen und zu demoralisieren – und uns zu demonstrieren, dass wir völlig wehrlos waren.

Die Nazis hatten ebenso großen Spaß daran, jüdischen Männern ihre langen Bärte abzuschneiden. Manchmal versuchten sie, sich dabei »künstlerisch« zu betätigen und schnitten die Bärte in Formen, die sie für lustig hielten. Sie gingen dabei nicht besonders vorsichtig vor. Eines Abends kam mein Vater mit blauen Flecken und blutigen Händen nach Hause. Sie hatten sein Gesicht zerschnitten, als sie seinen Bart krumm und schief stutzten. Das war sowohl psychisch als auch physisch brutal, denn der Bart ist für einen orthodoxen jüdischen Mann sehr wichtig. So steht es in der Bibel: »Ihr sollt euer Kopfhaar nicht rundum abschneiden. Du sollst deinen Bart nicht stutzen.« (Levitikus 19, 27) An bestimmten Stellen im Gesicht oder am Kopf darf kein Rasiermesser angesetzt werden. Natürlich schlugen die Nazis meinen Vater dabei auch, sodass sein ganzer Körper grün und blau war. Nach diesem Vorfall rasierte er sich tieftraurig seinen Bart ganz ab. Es schien, als ob unser Vater nicht mehr da wäre. Ein trauriger, stiller Schatten hatte seinen Platz eingenommen.

Bald darauf kam eine weitere neue Verordnung, derzufolge die Juden nicht länger in ihren eigenen Häusern in Krakau leben durften. Viele dieser Häuser befanden sich seit Generationen in Familienbesitz. Die Nazis gaben uns zwei Möglichkeiten: Entweder konnten wir über den Fluss in ein neu errichtetes Ghetto im verarmten Bezirk Podgórze oder in kleine Dörfer am Rande der Stadt ziehen. So oder so waren alle Juden gezwungen, ihre Häuser, Geschäfte und Habseligkeiten zurückzulassen. Ihre ehemaligen polnischen Nachbarn zogen eifrig in diese plötzlich leerstehenden Häuser ein und nahmen alles in Besitz, was zurückgelassen worden war. Ist das nicht interessant? Die Juden selbst waren zu schmutzig, um als Menschen zu gelten, aber ihre Häuser und ihr Besitz waren es anscheinend nicht. Noch heute leben Polen in Häusern, die einst ihren jüdischen Nachbarn gehört hatten. Wie konnte etwas so Unvorstellbares in der zivilisierten Welt des 20. Jahrhunderts geschehen?

Die Frühphase von Hitlers »Endlösung« beinhaltete häufige, gut sichtbare, willkürliche Schikanen und enorme Brutalität. Beispiele dafür sind: die sofortige Hinrichtung jedes Juden, der ohne die erforderlichen Ausweispapiere aufgegriffen wurde; die Konfiszierung sämtlicher jüdischer Geschäftslizenzen, Bankkonten und Renten; das Verbot, Juden zu beschäftigen, einschließlich jüdischer Ärzte, die ihre nichtjüdischen Patienten nicht mehr behandeln durften; die Verbannung jüdischer Anwälte aus den Gerichten. In einigen Fällen verloren nichtjüdische Ehepartner ihre Arbeit, wenn sie sich nicht von ihren jüdischen Ehemännern oder Ehefrauen scheiden ließen. Raubüberfälle – oft gewaltsam – auf jüdische Häuser und Geschäfte waren an der Tagesordnung und wurden nicht strafrechtlich verfolgt. Juden mussten verschiedene Bußgelder zahlen und ihre Wertsachen abliefern. Unvorhersehbares Zusammentreiben zur Zwangsarbeit und völlig unprovozierte Tötungen waren die Regel. Diese Willkür war Teil des gewollten psychologischen Terrors – wo es keine Logik gibt, gibt es auch keine Sicherheit.

Die nächste Stufe der »Endlösung« war die Einrichtung von fünf großen jüdischen Ghettos in Polen, in die Juden aus ganz Europa geschickt wurden. Waren sie dort einmal konzentriert, wurden die Juden dem hocheffizienten Prozess der Selektion unterworfen, der darüber entschied, wer als Sklavenarbeiter am Leben bleiben, wer in Arbeits- oder Todeslager geschickt und wer sofort getötet werden sollte. Diese fünf großen Ghettos befanden sich in Warschau, Lódz, Lublin, Lemberg und in unserer Heimatstadt Krakau.

Das Krakauer Ghetto, das am 3. März 1941 eingerichtet wurde, befand sich auf der Südseite der Weichsel, im heruntergekommenen Industrieviertel der Stadt in der Nähe der Bahngleise. Vom Rest der Stadt war es durch den Fluss, riesige Kalksteinblöcke – von denen viele wie Grabsteine aussahen – und Betonmauern abgeschnitten. Wir stellten fest, dass alle Fenster und Türen, die zur »arischen« oder nichtjüdischen Seite zeigten, zugemauert waren. Die bewachten Eingänge erlaubten es nur autorisiertem Verkehr, hinein- und hinauszugehen. Ungefähr 17.000 Juden bekamen die »Option«, ihre Häuser und ihr Hab und Gut zurückzulassen und in dieses Ghetto zu ziehen, ein Gebiet, in dem zuvor 3.000 Juden unter damals schon erbärmlichen Bedingungen untergebracht waren. Die Menschen wurden auf engstem Raum zusammengepfercht, manchmal zwei oder mehr Familien in einem einzigen kleinen Zimmer. Sie schliefen auf dem Boden und teilten sich schmutzige und unzureichende Sanitäranlagen. Kriminalität, Hunger und Krankheiten waren alltäglich. Und im Winter war es so eiskalt, dass die Menschen tatsächlich verhungerten oder auf der Straße erfroren. Manchmal fand man ihre Leichen erst, wenn der Schnee geschmolzen war.

Im März 1942 wurde der erste Transport von Juden aus dem Krakauer Ghetto in das neu errichtete Todeslager Belzec zusammengestellt. An diesem höllischen Ort wurden fast 434.500 Juden ermordet. Zum Vernichtungslager gehörten Gaskammern und große rechteckige Gruben, die von Häftlingen ausgehoben wurden und als Massengräber dienten. Es sind bis heute nur drei Menschen bekannt, die Belzec überlebten, weil die Nazis keine Zeugen hinterlassen wollten, die von den Gräueln, die dort verübt wurden, berichten konnten. Jahre später erfuhr ich, dass die Neuankömmlinge in Belzec von einem jüdischen Orchester aus Krakau »begrüßt« wurden, das deutsche Marschmusik spielte. Die meisten Musiker wurden später ebenfalls vernichtet.

Bis 1942 war Polen die offizielle »Deponie« der Nazis für alle europäischen Juden. Viele weitere Ghettos entstanden, jedes mit einem Stadt- oder »Umschlagplatz«. Im Krakauer Ghetto war es der Zgody-Platz. Hier wurde entschieden, wer von unseren Familien und Freunden leben und wer sterben würde. Das ganze Prozedere war sehr gut durchorganisiert, um maximalen Terror zu erzeugen. Zum Surrealismus des Ganzen trug noch bei, dass viele der bösartigen Nazi-Anordnungen vom Judenrat ausgeführt werden mussten, einem von den Nazis ernannten jüdischen Komitee, das keine andere Wahl hatte, als die auferlegten Regeln durchzusetzen, auch gegen die eigenen Familien und Freunde.

Ein besonders obskures Ereignis, von dem ich Jahre später hörte, war, dass die Nazis eine inszenierte »Deportation« organisierten. Diese wurde speziell für die Weltpresse durchgeführt, und es wurden Fotografen auf den Platz gelassen, um Bilder zu machen, die die »humanen« Lebensbedingungen im Ghetto und den »respektvollen« jüdischen Umsiedlungsprozess dokumentierten. Die jüdischen Ghettobewohner reinigten den Platz zuvor sorgfältig und schmückten ihn mit Blumen. Allen wurde befohlen, glücklich und entspannt auszusehen. Die »ausgewählten« Juden, die ordentlich gepackte Koffer bei sich trugen, bestiegen in aller Ruhe die Pferdewagen – höfliche Fahrer unterstützten sie dabei. Als die Fotografen wieder weg waren, wurden die Juden von den Waggons gejagt, geschlagen und ihres Besitzes beraubt, und die Fahrer und machten sich ohne Passagiere auf den Weg. Es war alles eine reine Inszenierung, damit die Welt beruhigt sein konnte und die Nazi-Lügen glaubte.

10. 1941: Flucht aus Krakau

»Besser, man bringt seinem Sohn eine Fertigkeit bei, als ihm tausend Goldstücke zu vererben.«
Chinesisches Sprichwort

Durch eine glückliche Fügung des Schicksals gelangte meine enge Familie nicht ins Krakauer Ghetto. Die meisten unserer Verwandten, einschließlich meiner Großeltern, Onkel, Tanten und Cousins, landeten dort und kamen schließlich um. Allem Grauen, das uns umgab, zum Trotz kamen immer wieder auch die grundlegendsten, Hoffnung spendenden und menschlichen Instinkte an die Oberfläche. Zum Beispiel bei meiner Schwester Lola, deren junger Freier Mechel Lieber in sie verliebt war – ein Gefühl, das sie offensichtlich erwiderte. Er erklärte seine Absicht, Lola zu heiraten, und appellierte an meinen Vater: »Herr Leser, tun Sie mir einen Gefallen – Sie wissen, was ich für Lola empfinde. Meine Familie wird nicht in das Ghetto gehen. Wir verlassen Krakau, bitte ziehen Sie mit uns nach Niepołomice (was »unzerstörbar« bedeutet), ich werde alle Vorkehrungen treffen.« Das junge Paar flehte meinen Vater geradezu an, die Stadt zu verlassen und nichts ins Ghetto zu gehen. Angesichts unserer »Optionen« stimmte mein Vater zu. Und so wurden wir in einer Zeit des Grauens wegen eines jungen verliebten Paares vor dem nahezu sicheren Tod im Krakauer Ghetto bewahrt.

Vor der Abreise hatte unser Vater, ohne dass wir es wussten, alles Geld zusammengetragen, das er besaß – er hatte über Jahre hinweg für »Regentage« angespart. Es handelte sich um umgerechnet etwa 1.000 US-Dollar, in jenen Tagen ein kleines Vermögen. Jeden einzelnen Schein hatte er sorgfältig zwischen die Seiten eines *Sefer* geklebt, ein Buch mit hebräischen religiösen Kommentaren. Dieses Buch steckte er mit vielen anderen in einen Sack, den wir auf den von Mechel für uns organisierten Wagen luden. Nachdem wir so viele unserer persönlichen Sachen wie möglich zusammengepackt hatten, verließen wir Krakau, gemeinsam mit all den anderen jüdischen Familien, die sich auf eine ähnliche Reise begaben. Diese »Evakuierungsmaßnahme« war von den Nazis sorgfältig geplant worden, sodass wir uns wenigstens nicht in der Nacht davonstehlen mussten.

Unsere größten Befürchtungen bewahrheiteten sich, als wir, gerade als wir die Stadt verließen, von Nazis umzingelt wurden. Natürlich wussten sie, dass die Juden fliehen würden, daher warteten sie dort auf uns. Am Straßenrand lag bereits ein riesiger Bücherhaufen, der mir so groß wie ein Haus erschien. Als die Nazis auf unseren Wagen sprangen, hielten wir uns an den Händen, weil wir dachten, dass sie uns auf der Stelle umbringen würden. Aber sie wollten nur wissen, ob wir jüdische Bücher dabeihätten. Natürlich wussten sie, dass wir jüdische Bücher haben würden – alle jüdischen Familien hatten wertvolle Sammlungen jüdischer Bücher. Sie bilden die Grundlage unserer Religion. Sie zu rauben war Bestandteil des Plans der Nationalsozialisten, unsere Kultur und unseren Geist zu zerstören. Schnell griffen sie unsere Säcke, rissen sie auf und warfen den wertvollen Inhalt auf ihren schnell wachsenden Haufen, um ihn schließlich zu verbrennen.

Während wir ihnen entsetzt dabei zusahen und darauf warteten, getötet zu werden, schritt meine Schwester Lola anmutig auf einen jungen Soldaten zu. Sie flehte ihn in makellosem Deutsch an, was ihn beeindruckte: »Mein Vater ist Schriftsteller, er hat seine Autobiographie in einem Buch geschrieben, bitte lassen Sie es ihn behalten.« Wir waren wie erstarrt – was würde mit ihr geschehen? Völlig überraschend für uns stimmte er zu und gab uns fünf Minuten Zeit, das Buch zu finden. Natürlich wusste er, dass das unmöglich sein würde, und er genoss unseren rasenden Kampf. Wir Kinder versuchten verzweifelt, das Buch zu finden, aber leider sahen alle schwarzen und braunen in Leder gebundenen Bände gleich aus. Und so sehr wir auch versuchten, den instabilen Bücherberg hinaufzuklettern, wir rutschten doch immer wieder herunter. Nach etwa fünf Minuten dieser Raserei hatte der Soldat genug von seinem Spielchen und jagte uns davon. Zurück auf unserem Wagen war unsere einst angesehene Mittelklassefamilie mit kräftigen geschäftlichen, kulturellen, sozialen und familiären Wurzeln in Krakau nun völlig mittellos. Benommen, aber entschlossen, fuhren wir in unser nächstes »Zuhause« in Niepołomice.

Unter anderen Umständen wäre ein Ausflug in das hübsche historische Niepołomice ein Vergnügen gewesen. 25 Kilometer östlich von Krakau gelegen, wurde um 1300 das königliche Schloss Niepołomice inmitten eines üppigen Waldes erbaut. Wie in anderen Gegenden Polens gab es auch in dem nahegelegenen Dorf seit dem späten Mittelalter eine große jüdische Gemeinde. In dieser Nacht des Schreckens kümmerten uns die Geschichte oder die schöne Landschaft jedoch wenig – alles, was uns interessierte, war, dass unser Leben davon abhing, unser Ziel zu erreichen. Und schließlich kamen wir an – völlig erschöpft und mittellos. Eine Arbeitsstelle erhoffte sich unser Vater nicht, da niemand Juden einstellen durfte.

Das »Haus« mit zwei Zimmern, in dem Mechel uns untergebracht hatte, war ein kleiner, sehr alter Lehmbau mit einem Strohdach. Sanitäranlagen gab es keine, dafür ein Plumpsklo. Unsere Vermieter, ein polnischer Apfelbauer und seine Frau, bewohnten das andere Zimmer. Zu diesem Zeitpunkt durften die Polen noch an Juden vermieten. Leider durften Juden nicht arbeiten, daher mussten meine Eltern ihre allerletzten Wertsachen verkaufen, um die Miete zu bezahlen. Die Nazis gingen davon aus, dass die Juden das Geld schon irgendwie auftreiben würden. Obwohl diese Phase nicht lange andauerte, waren solche Arrangements sehr vorteilhaft für die Polen. Unsere Familie lebte zusammen in einem Zimmer, das ein Fenster hatte. Darin standen ein kleiner Ofen zum Heizen und ein paar sehr einfache Möbel. Zu unserem Glück befand sich im Flur zwischen den beiden Zimmern ein großer Steinbackofen. Dieser alte Ofen sollte für die Familie Leser noch sehr wichtig werden.

Die traditionellen jüdischen »Einweihungsgeschenke« zum Einzug in ein neues Haus sind Brot und Salz – Symbole für den Überfluss, den man der Familie wünscht. Als wir ankamen, schenkte mein sehr aufmerksamer zukünftiger Schwager Mechel meinem Vater einen Sack mit fünfzig Kilogramm Mehl und einen Vorrat an Salz, ganz im Sinne der Tradition und der Notwendigkeit. Er dachte sich, dass mein Vater damit wenigstens in der Lage sein würde, etwas Brot zu backen, um seine Familie zu ernähren. An diesem Punkt konnten wir fast sehen, wie der Geist meines Vaters zurückkehrte. Schon immer ein findiger Geschäftsmann, beschloss er, dass er mit dem Mehl und dem Salz etwas Besseres anfangen konnte. Anstatt also nur Brot für uns zu backen und damit das kostbare Mehl zu verbrauchen, machte er sich daran, Brezeln herzustellen, um sie an die benachbarten Wirtshäuser zu verkaufen. Brezeln waren damals eine lokale Neuheit und kamen bei den Dorfbewohnern sehr gut an. Und so begann mein Vater, etwas Geld zu verdienen.

Während sich dieses kleine Unternehmen also entwickelte, waren wir selbst so hungrig, dass meine Mutter die Frau des Wirtes anflehte, uns die Schalen zu überlassen, in denen sie ihr eigenes Weizenmehl gemahlen hatte. Die Rückstände wurden eigentlich als ungenießbar eingestuft und an die Schweine verfüttert. Es schmeckte fürchterlich, aber es war Nahrung. Als die Nachfrage nach Brezeln wuchs, fügte mein Vater nach und nach kleine Mengen seines kostbaren Mehls diesem Brei hinzu, den wir *Kascha* nannten. Er war immer darauf bedacht, nicht zu viel von dem guten Mehl zu verwenden, sonst reichte es nicht für die Brezeln. Natürlich halfen alle in der Familie beim Backen mit. Und als sich die Brezeln durchgesetzt hatten, erweiterte mein Vater sein kleines Geschäft um weitere Produkte: *Challot* (geflochtene jüdische Brote), *Matzos*, Kuchen und sein ganz spezielles *Mandlbroyt*,* die er im ganzen Dorf auslieferte. Ehe wir uns versahen, war er der Bäcker der Stadt! Und mit jedem neuen Kunden konnten wir uns besser ernähren – zumindest eine Zeitlang.

Bis heute sind meine Erinnerungen an das Backen mit meinem Vater so nah, dass es mir vorkommt, als könnte ich jederzeit in die Zeit zurückgehen und mit ihm diese warme, duftende alte Stube betreten – das Mehl sieben, den Zucker untermischen, mit Zimt bestreuen und vor allem die Mandelbrote zweimal backen, damit sie besonders knusprig werden. Er war immer bedacht, alles richtig

* *Mandlbroyt* oder »Mandelbrot« ist ein köstliches, mit Zucker bestreutes Gebäck, das oft Nüsse, Schokoladensplitter und Trockenfrüchte enthält. Es ähnelt den italienischen Biscotti, ist aber reichhaltiger und fester im Teig.

zu machen – keine Abkürzungen! Auch heute noch ist das Backen von *Mandlbroyt* ein wichtiger Teil meines Lebens geblieben. Ich backe es oft, und jedes Mal fühle ich mich dabei wie ein kleiner Junge. Ich kann noch den Stolz meines Vaters spüren: auf meine kindliche Entschlossenheit, helfen zu wollen, und darauf, dass ich nach und nach diese lebensspendenden Fertigkeiten beherrschte.

Eines Tages, gerade so als verliefe unser Leben ganz normal, gingen mein kleiner Bruder und ich hinaus auf ein nahegelegenes Feld, um ein besonderes Kraut zu suchen, das wild wuchs. Wir brauchten seine Wurzel *Chrayn* (Meerrettich) als wichtige Zutat für unser *Pessach*-Essen, genauer gesagt für den traditionellen *Maror*: die bitteren Kräuter, die gegessen werden, um uns an die Bitterkeit der Zeit der jüdischen Sklaverei in Ägypten zu erinnern.

Tuli und ich buddelten also nach dem Meerrettich, und plötzlich sah ich etwas funkeln. Ich war neugierig, was das wohl sein könnte, und grub es eifrig aus. Wie überrascht waren wir, als wir eine obere Zahnreihe mit Goldzähnen fanden! Sofort rannten wir aufgeregt zurück, um sie unseren Eltern zu zeigen, die von unserem wertvollen Fund begeistert waren. Mein Vater verkaufte das Gold, und mit einem Teil des Geldes kaufte er Schuhe für mich und ein Fahrrad für Tuli und mich. Welche Freude muss es ihm bereitet haben, seinen Söhnen diese doch eigentlich gewöhnlichen, aber nun geradezu exotischen Geschenke machen zu können. Mein Vater war ein außergewöhnlicher Mann, der alles für seine Familie tat und nie aufgegeben hat. Ich wünschte, ich hätte mehr Zeit mit ihm gehabt. Ich wünschte, er hätte die Familien sehen können, die sein überlebender Sohn und seine Tochter nach dem Krieg gründeten. Er wäre so stolz auf all seine Enkel und Urenkel gewesen.

Als weiterer Beweis dafür, dass das Leben weitergeht, egal was drum herum sonst passiert, heiratete mein älterer Bruder Moishe ein paar Monate später seine geliebte Frieda, und sie zogen in eine eigene Wohnung. Bald darauf wurden meine Schwester Lola und Mechel in einer wagemutigen kleinen Hochzeitszeremonie in unserem engen Hinterhof in Niepołomice getraut. Es war illegal, in die Synagoge zu gehen, es war aber auch nicht erlaubt und daher extrem

Herr und Frau Lieber, Niepołomice Polen (1941), Lesser Family Collection

gefährlich, uns im Hinterhof zu versammeln. Was die Gefahr noch vergrößerte, war unsere Entschlossenheit, dass Lola Fotos von ihrem Hochzeitstag haben sollte. So waren wir einem der Gäste zutiefst dankbar, der nicht nur die Fotos machte, sondern sie auch irgendwie gedruckt bekam. Und heute, wenn ich mir die verängstigten Blicke auf dem letzten gemeinsamen Foto unserer liebevollen Familie ansehe, von denen es einige um Lolas willen geschafft haben, tapfer zu lächeln, bin ich überwältigt angesichts des Gedankens, dass nur drei von uns den bevorstehenden Horror überleben würden.

Nun waren Tuli und ich also die einzigen Kinder, die noch in unserem kleinen Häuschen lebten. Und obwohl wir nun mehr Platz und mehr Essen für uns hatten, vermissten wir unseren großen Bruder und unsere große Schwester schmerzlich. Es schien, als sei ein Stück unserer Herzen mit ihnen gegangen. Aber wir bemühten uns, so zu tun, als sei alles in Ordnung, und das Leben schien sich irgendwie in eine Routine einzupendeln. Die nächsten zwei Jahre verliefen relativ ereignislos, abgesehen von der Tatsache, dass jüdische Kinder, genau wie die Erwachsenen, das gelbe Davidstern-Armband tragen mussten und dass sie nicht zur Schule gehen durften. Diese relative Normalität war jedoch nur eine vorübergehende Phase. Und so jung wir auch waren, spürten wir doch, dass es die Ruhe vor dem Sturm war …

Die Familie Leser bei Lolas und Mechels Hochzeit, Ben steht in der ersten Reihe, dritter von links, Niepołomice Polen (1941), Lesser Family Collection

11. 1943: Flucht aus Niepołomice nach Bochnia

»Was kann ein Mensch mir schon antun?«
Hebräer 13:5–6

Und nur allzu bald kam der Sturm. Eines Nachts wurde Mechels Vater, Herschel Lieber, zusammen mit anderen jüdischen Männern von den Nazis zusammengetrieben und in den Wald verschleppt. Man hatte ihnen Schaufeln in die Hand gedrückt und gesagt, dass sie arbeiten müssten. Wir haben ihn nie wieder gesehen. Später erfuhren wir, dass die Männer gezwungen worden waren, ihr eigenes Massengrab auszuheben. Anschließend wurden sie erschossen und fielen entweder direkt in die Grube hinein oder wurden hineingetreten. Ein traumatisierter Zeuge, der sich im Wald versteckt hatte, sagte aus, dass sich der Boden noch tagelang bewegt habe, nachdem die Nazis abgezogen waren – als würde er atmen –, weil viele der Opfer lebendig begraben worden waren.

Eines Tages erfuhr Mechel von seinem freundlichen Vermieter, der auch Bürgermeister der Stadt war, dass sich Grauenvolles zusammenbraute. Er war informiert worden, dass es ein Pogrom geben würde, bei dem die Nazis und ihre lokalen Kollaborateure jüdische Häuser zerstören und alle Juden, die noch arbeiten konnten, in Lastwagen verladen würden, um sie in Arbeitslager zu deportieren. Andere, vor allem diejenigen, die sich versteckt hielten, würden auf der Stelle getötet werden. Der Bürgermeister befahl Mechel, dass die Familie sofort die Stadt verlassen sollte. Daher verkleideten wir uns noch in derselben Nacht als Bauern, luden so viele Habseligkeiten wie möglich auf unseren Pferdewagen und schlichen aus der Stadt. Die nächstgelegene Stadt war Bochnia, eine mittelgroße Stadt, die für ihre historischen Salzminen bekannt war. Sie war aber auch für die antijüdische Brutalität innerhalb ihres Ghettos bekannt. Bochnia war besonders berüchtigt für Grausamkeiten gegen jüdische Kinder, sodass wir wirklich nicht dorthin gehen wollten, aber zu diesem Zeitpunkt hatten wir keine Wahl.

Da das ultimative Ziel der Nazis darin bestand, die Welt »judenrein« zu machen, hatten sie auch die jüngere Generation im Visier. Zudem waren sie der Ansicht, dass Kinder unproduktiv waren und ihre bloße Existenz die Produktivität ihrer Eltern minderte. In Bochnia gingen die Nazis besonders systematisch gegen jüdische Kinder vor. Während einer Reihe von »Aktionen« (tödliche geplante antijüdische Pogrome und Deportationen) im August 1942 hatten Hitlers Schergen in Bochnia so viele jüdische Kinder ermordet, wie sie derer habhaft wurden. Um den Terror zu maximieren, richteten sich diese Pogrome gezielt gegen Kinder; veranstaltet wurden sie mitten in der Nacht. Zuerst rumpelten große Kipplaster langsam durch jede einzelne Straße im Ghetto. Dann gingen die Nazis von Haus zu Haus, brachen die Türen auf, zerrten die unschuldigen schlafenden Kinder aus ihren warmen Betten und warfen sie in die Lastwagen. Wie Abfall.

Wenn die Wagen bis zum Rand gefüllt waren, rasten sie aus der Stadt. Vor den Augen der Kinder mähten die Nazis mit Maschinengewehren die vor Angst halb wahnsinnigen Eltern nieder, die schreiend hinter ihnen herliefen. Natürlich hat man von diesen Kindern nie wieder etwas gehört. Man sagte, dass sie in den Wald gebracht, erschossen und dann in eine riesige Begräbnisgrube geworfen wurden. Diejenigen, die nicht durch Kugeln starben, wurden lebendig begraben. Dieser Horror fand einen Nachhall in ganz Europa. Überall, in den großen Städten und den kleinen Dörfern, verbreitete sich die grausame Nachricht. Bochnia war ein Ort, den man um jeden Preis meiden wollte.

Unsere Optionen in dieser höllischen Nacht bestanden jedoch aus der Möglichkeit, noch ein paar Tage in Bochnia zu überleben, oder dem sicheren, sofortigen Tod in Niepołomice. Und es war ein »Glück«, dass wir zu diesem Zeitpunkt Niepołomice verließen, denn noch in dieser Nacht wurden alle Juden, derer die Nazis in Niepołomice habhaft werden konnten, zusammengetrieben, und niemand von ihnen wurde je wieder gesehen. Auch sie wurden in den Wald gebracht, erschossen und in den riesigen Gruben begraben, die sie selbst zuvor ausgehoben hatten. So wurden wir wieder einmal von Mechels Freund, dem uns wohlgesonnenen Bürgermeister von Niepołomice, gerettet. Darüber hinaus hatte Mechel irgendwie seine Freunde in Bochnia benachrichtigt, die ihm die Adresse einer Wohnung gaben, in der wir unterkommen konnten. Wir fuhren mit unserem Pferdewagen dorthin, ohne eine Ahnung zu haben, was uns erwartete. Alles, worauf wir hoffen konnten, war die Möglichkeit, noch ein paar Tage zu leben.

Nachdem wir schweigend und zusammengekauert durch die Nacht gefahren waren, erreichten wir schließlich das Ghetto von Bochnia. Als wir das armselige Wohnhaus fanden, zu dem uns Mechels Freund geführt hatte, waren wir schockiert von den erbärmlichen Lebensbedingungen. Wir vier gesellten uns zu acht anderen Menschen, die bereits in einem kleinen, ansonsten gespenstisch leeren Raum zusammengepfercht waren. Inmitten dieser Leere gab es jedoch ein einziges echtes Möbelstück – einen großen, kunstvoll geschnitzten Holzschrank. Er wirkte seltsam, dort an der Wand, so fehl am Platz, ganz allein. Wie eine einsame Erinnerung an die schönen Möbel, die den Raum einst füllten, und an die Menschen, deren geschmackvolles Heim es einst gewesen war. Als Vierzehnjähriger dachte ich nicht weiter darüber nach, außer dass wir dort unsere

Mäntel aufhängen konnten. Dieses Möbelstück sollte jedoch bald sehr wichtig für uns werden.

Nachts schliefen wir auf Decken, die über das Stroh auf dem Boden geworfen wurden. Tagsüber gingen wir alle zur Arbeit – die Männer schufteten beim Gräben Ausheben, und die Frauen nähten Kleidung für das deutsche Militär. Das einzige Essen, das wir bekamen, bestand aus den kaum genießbaren Rationen, die uns von den Nazis zugeteilt wurden. Da zwölf Personen ein Zimmer teilten, gab es natürlich keinerlei Privatsphäre.

Wir hörten jedes Gespräch und jedes persönliche Geräusch, egal wie intim es war. Die einzige sanitäre Einrichtung war ein Plumpsklo, das im Sommer einen entsetzlichen Geruch verströmte und im eisigen Winter schwer zu erreichen und zu benutzen war. Es erstaunt mich immer noch, dass wir trotz dieser unerträglichen Umstände alle miteinander auskamen. Wir hatten gegenseitiges Verständnis für den Stress, unter dem jeder von uns stand, und wir erkannten, wie wichtig es war, dass wir alle unseren Lebensmut behielten. Egoistisch zu sein oder in eine Depression zu verfallen, wäre für alle katastrophal gewesen, daher arbeiteten wir hart daran, immer verständnisvoll zu sein und uns gegenseitig zu unterstützen.

In Bochnia war jeder Tag wie der vorherige, was beweist, dass selbst das Unvorstellbare zur Routine werden kann. Jeden Morgen hatten wir uns bei den Behörden zu melden, und wenn wir körperlich in der Lage waren zu arbeiten, bekamen wir Lebensmittelrationen – andernfalls mussten wir plündern oder mit Schwarzhändlern verhandeln, die sich durch geheime Löcher in den Zäunen herausschlichen, um Lebensmittel und Vorräte zu beschaffen. Manchmal, ganz selten, riskierten hilfsbereite Polen ihr Leben, um nachts Lebensmittel an die Zäune zu bringen.

Zum Glück hatte Mechel seinen alten Freund, Farber, finden können, der sich selbst in große Gefahr begab, um uns zu helfen. Die Nazis hatten Farber das Amt des »Kapo«, eines jüdischen Ghettoaufsehers, aufgezwungen. Ihm blieb keine Wahl, und so musste er fortan im Ghetto bestimmte Aufgaben erfüllen. Die wichtigste davon war, seine jüdischen Mitbürger zu kontrollieren. Er war unbewaffnet und befand sich in einer äußerst verzweifelten Lage, weil er alles ausführen musste, was die Nazis ihm auftrugen, egal wie grausam es war. Manche Kapos waren grausam und wurden deshalb von ihren eigenen Leuten genauso gehasst wie die Nazis. Aber einige von ihnen taten tatsächlich ihr Bestes, um zu helfen. Besonders wenn sie Zugang zu Informationen hatten, die jüdisches Leben retten konnten.

Eines Tages informierte Farber unter großem persönlichen Risiko Mechel darüber, dass in der kommenden Nacht etwas sehr Schlimmes im Ghetto passieren würde und dass sich alle verstecken sollten. Aufgrund der Erfahrung, welche Grausamkeiten die Nazis zuvor den jüdischen Kindern der Stadt angetan hatten, hatten die meisten Menschen Verstecke in ihren Häusern – oder in deren Nähe – angelegt. Einige Verstecke befanden sich unter dem Fußboden, andere zwischen den Wänden, manche sogar im Freien, unter Hundehütten oder Hühnerställen. Diese Verstecke hatten die Menschen mit Nahrung, Kleidung, Decken, einigen Büchern, kleinem Spielzeug und allem, was an medizinischer Versorgung aufzutreiben war, ausgestattet. Ich war sehr überrascht, als ich herausfand, dass sich das geheime Versteck in unserem Haus direkt hinter dem großen Schrank befand. Es stellte sich heraus, dass es eine Öffnung in der Wand hinter der Rückwand des Schrankes gab. Zu zwölft konnten uns gerade so durch dieses Loch in einen winzigen Bereich zwischen den Außenwänden unseres Hauses und dem angrenzenden Haus quetschen. Da dieser Außenraum an beiden Enden von Mauern umgeben war, konnte man ihn von der Straße aus nicht sehen. Nach oben, zum Himmel, war er jedoch offen, sodass wir deutlich hören konnten, was vor sich ging. Außerdem war es sehr kalt.

In dieser Nacht kamen die Nazis mit ihren Bluthunden in rumpelnden Lastwagen und umstellten das Ghetto. Sie gingen von Haus zu Haus und forderten die Menschen auf, herauszukommen und in die Lastwagen zu klettern. Können Sie sich das vorstellen? Mitten in der Nacht wurden die Familien gezwungen, ihre Häuser zu verlassen und in diese Lastwagen zu steigen, um Gott weiß wohin zu fahren. Wer sich weigerte, wurde auf der Stelle erschossen. Anschließend gingen die Nazis in jedes Haus hinein. Sie stampften mit ihren großen schwarzen Stiefeln auf den Boden, um Hohlräume ausfindig zu machen, und mithilfe der Hunde konnten sie Menschen aufspüren, die sich in Bunkern und auf Dachböden verkrochen hatten. Die meisten Menschen wurden in ihren Verstecken schnell gefunden, herausgezogen und erschossen.

In verzweifelter Sorge um unser eigenes Schicksal standen wir die ganze Nacht schweigend und zitternd, Körper an Körper gedrängt beisammen in unserem erdrückend engen Versteck. Wir hatten Angst, dass selbst das Atmen uns verraten könnte. Bei jeder Maschinengewehrsalve, jedem Bellen der Killerhunde und jedem gequälten Schrei eines unschuldigen Juden unterdrückten wir unsere Schreie des Entsetzens. Als einzige Kinder standen der kleine Tuli und ich unter enormem Druck, denn wir mussten genauso vorsichtig sein wie die Erwachsenen. Es gab keinen Spielraum für Fehler. Hätte einer von uns einen Laut von sich gegeben, wären alle gestorben. Eine ziemlich große Verantwortung für einen Vierzehnjährigen und seinen kleinen Bruder. Gegen Morgen wurde es gespenstisch still. Wir bewegten vorsichtig unsere steifen Arme und Beine und riskierten es, zurück in die Wohnung zu kriechen. Nachdem wir uns vergewissert hatten, dass es uns allen, abgesehen von Hunger und Durst, gut ging, wagten wir uns ängstlich nach draußen.

Ein grausiger Anblick und völliges Chaos offenbarte sich uns. Überall lagen Leichen und Leichenteile verstreut, die von den Hunden zerfetzt worden waren. Man konnte kaum noch erkennen, dass es einmal Menschen gewesen waren. Noch gestern waren sie unsere Freunde und Nachbarn gewesen.

Überlebende mit gebrochenen Herzen umarmten und beweinten die Toten, die sie nicht begraben durften. Sie wären erschossen worden, hätten sie versucht, die Leichen wegzutragen. Der Judenrat ordnete an, die verstümmelten Leichen in Schubkarren zu laden und auf den Platz zu bringen, wo sie auf einen immer größer werdenden Haufen geworfen wurden. Schließlich übergossen die Nazis den Leichenhaufen mit Benzin und zündeten ihn an. Das Ergebnis war ein riesiger menschlicher Scheiterhaufen, den die Nazis im zivilisierten 20. Jahrhundert auf dem Marktplatz des Ghettos entfachten. Inmitten der Schreie, des Qualms, des Gestanks und der Asche gingen die Mörder wieder ihren alltäglichen Tätigkeiten nach.

Natürlich waren wir krank vor Sorge um Lola und Mechel. Hatten sie überlebt? Wir wussten, dass sie mit Mechels Familie draußen auf einem Feld, unter einem Hühnerstall, einen Bunker angelegt hatten. Der Boden des Stalls konnte entfernt werden, und eine Leiter führte hinunter in ein Loch, das zuvor ausgehoben worden war. Sieben Personen konnten sich dort verstecken. Lola erzählte später, dass sie sich kurz vor dem Pogrom zusammen mit Mechels Mutter, drei Schwestern und einer Nichte zu dem Bunker auf den Weg machten. Plötzlich stand ihnen Moishe Schiller gegenüber, begleitet von seiner Mutter und seiner Schwester. Er kam direkt auf die Liebers zu und drohte ihnen, er würde sie den Behörden ausliefern, wenn sie nicht seine Mutter und Schwester aufnähmen.

Immer wenn Lola von dieser Schreckensnacht erzählt, fragen wir uns: Woher wusste Schiller von dem Versteck? Das war eine unlösbare Situation. Was konnten die Liebers tun? Es war kaum genug Platz für sieben. Wie hätten sie zwei geliebte Menschen opfern sollen? Als Lola uns von der herzzerreißenden Entscheidung, wer in den Bunker gehen würde, erzählte, war ich von ihrer selbstlosen Entschlossenheit, andere schützen zu wollen, beeindruckt.

Mechels verwitwete Mutter und ihre ältere, unverheiratete Schwester hatten darauf bestanden, ihre Plätze im Bunker aufzugeben, damit das junge Paar gerettet werden konnte. Aber Lola und Mechel wollten davon nichts hören. Diese jungen Frischvermählten, die bis dahin alles hatten, was sie zum Leben brauchten, konnten also nirgendwo hin.

Als das Tageslicht schwand und die gefürchtete Nacht immer näher rückte, irrten sie durch die Straßen und fanden kein Versteck. Sie wussten, dass sie den nächsten Tag nicht erleben würden. Zufällig begegneten sie dem wohlgesonnenen Kapo, Farber, der verwundert fragte, warum sie sich nicht an einem sicheren Ort versteckten, woraufhin Mechel von Schillers Verrat berichtete. Farber beruhigte die beiden und gab ihnen eine Wegbeschreibung zu dem Ort, an dem sich seine Schwester und ihre beiden Kinder versteckten.

Lola und Mechel stapften also durch Eis und Schnee zu einer Ledergerberei, die Farbers Familie gehört hatte. Auf dem Dach befand sich ein großer, metallener Wassertank, der das Wasser lieferte, das zum Reinigen der Tierhäute benötigt wurde. Farbers Schwester, ihre kleine Tochter und ihr Baby versteckten sich in diesem Tank. Farber erklärte Mechel und Lola, sie sollten die Leiter hochsteigen, über die Oberkante klettern und dann an einem Seil in den Tank hinunterrutschen. Den Anweisungen folgend, ließen sie sich vorsichtig in den Tank hinab und landeten bis zu den Knien im dreckigen, eiskalten Wasser. Sie erschraken noch zusätzlich, als sie das schleimige Fell der Wasserratten spürten, die um sie herumschwammen und an ihren Beinen knabberten. Seit Stunden hielt die schwache und müde Mutter sowohl ihr Baby als auch das Kleinkind auf dem Arm. Lola griff sofort nach dem Säugling, und Mechel nahm das ältere Kind, das sicher ertrunken wäre, wenn es ins Wasser gefallen wäre. Die ganze Nacht hindurch unterbrachen Schüsse, Schreie, bösartige Rufe und das Bellen mörderischer Hunde die Stille. Irgendwann hörten sie die rohen Stimmen mehrerer Soldaten, die draußen darüber debattierten, ob sie den Wassertank überprüfen sollten, um zu sehen, ob sich dort jemand versteckt hielt. Einer sagte schließlich: »Nein, es ist kalt und es wird spät, da ist niemand drin. Kommt schon, lasst uns gehen.«

Schließlich war es Morgen, und mit großer Erleichterung hörten sie Herr Farbers »Entwarnungsklopfen«. Steif, nass, kalt und erschöpft halfen sie sich gegenseitig aus dem Wassertank und über die Leiter hinunter. Mechel und Lola machten sich sofort auf den Weg zum Hühnerstallbunker der Liebers, um zu sehen, was mit Mechels Familie passiert war. Dort bot sich ihnen ein unsagbar grausamer Anblick: Alle sieben Menschen waren erschossen worden. Genau in der Mitte ihrer süßen kleinen Stirn hatte Mechels dreijährige Nichte Marilka ein Einschussloch, das Mädchen hielt sich immer noch an ihrer Puppe fest.

Lola brach auf dem Boden zusammen, ihr Gesicht verzerrt von einem stummen Schrei. Mechel eilte zu ihr und flehte sie an: »Bitte, Lola, wir müssen leise sein, sonst hören uns die Nazis. Wir haben

»Aftermath of the Pogrom« (1950), Gemälde von Lola Lieber, Lieber Family Collection

noch eine Aufgabe.« Gemeinsam nahmen sie ihre ganze Selbstbeherrschung zusammen, hielten sich aneinander fest und schluchzten leise. Damals war meine Schwester noch keine 18 Jahre alt! Bis heute bin ich beeindruckt von Lolas Selbstdisziplin und ihrer Fähigkeit, sich darauf zu konzentrieren, was ansteht. Bei allem Elend und aller Trauer war ihr bewusst, dass das jüdische Gesetz eine schnellstmögliche Beerdigung vorschreibt, möglichst innerhalb von 24 Stunden. Daher machten sich meine Schwester und mein Schwager daran, das zu tun, was sie tun mussten. Sie fanden eine rostige alte Schubkarre, die Mechel wackelig auf Eis und Schnee balancierte.

Dann luden sie die steifen, geschundenen und blutigen Körper ihrer ermordeten Liebsten auf die klapprige Schubkarre. Lola passte auf, dass die Toten nicht heruntterglitten auf ihrer tragischen Reise. Rutschend und schlitternd schoben Lola und Mechel die alte Schubkarre, so schnell es ging, den eisigen Hügel hinauf zum jüdischen Friedhof von Bochnia. Mechel fand dort eine Schaufel, und ohne

»To the Cemetery« (1950), Gemälde von Lola Lieber, Lieber Family Collection

Handschuhe gruben sie sich abwechselnd durch den gefrorenen Boden. Nach vielen Stunden in dieser bitterkalten Nacht war es ihnen gelungen, ein Grab auszuheben. Gerade hatten sie diese zermürbende, herzzerreißende Arbeit beendet, als Schiller plötzlich auftauchte. Sie waren fassungslos und angewidert, wussten sie doch, dass er keine guten Nachrichten bringen würde. Wenig überraschend rief er, dass es nicht seine Schuld war.

Er berichtete, die Hunde hätten den Bunker aufgespürt und die verängstigten eingeschlossenen Menschen dort entdeckt. Er fuhr fort: »Wie kann es meine Schuld sein? Sie haben meine eigene Mutter und Schwester ermordet.« Nachdem er über sein eigenes Elend geschluchzt hatte, kam er zur Sache und drohte ihnen: »Dieses Grab, das ihr gerade gegraben habt, wird jetzt für meine Mutter und meine Schwester sein. Gebt es mir – sonst …!«

Wieder einmal in eine unmögliche Situation gezwungen, trat Mechel zur Seite und winkte Lola zum Zaun des Friedhofs. Abermals

»Burying Our Murdered Family« (1950), Gemälde von Lola Lieber, Lieber Family Collection

flüsterte er ihr zu, dass sie nicht aufgeben durften. Dass sie keine andere Möglichkeit hatten, als stark zu sein und noch einmal von vorne anzufangen.

Und so ignorierten sie die bittere Kälte, ihren Kummer, ihre Erschöpfung, die Schmerzen und die blutigen Hände voller Blasen. Sie hatten keine Wahl, sie mussten an einer anderen Stelle neu anfangen. Schließlich, die Gesichter waren schon steif vor gefrorenen Tränen, hatten sie es geschafft und konnten die Überreste ihrer Lieben pietätvoll ins Grab senken.

Als diese herzzerreißende Aufgabe beendet war, blickten sie noch einmal zurück und beobachteten Schiller, der damit beschäftigt war, seine Toten zu begraben. Gerade als er die letzte Handvoll Erde aufgefüllt hatte, sahen sie einen Nazi-Jeep den Hügel hinauf in Richtung Friedhof fahren und versteckten sich schnell hinter einem Busch. Die Nazis riefen: »Schiller!«, worauf dieser schnell mit »Jawohl!« antwortete und pflichtbewusst zu seinen Herren rannte. Sie zogen ihre Pistolen, und einen Moment später ertönten zwei Schüsse. Dann herrschte Stille.

Erst als Lola und Mechel das sich entfernende Motorengeräusch des Jeeps hörten, wagten sie sich aus dem Gebüsch hervor. Sie sahen Schiller tot am Boden liegen. Das war das Schicksal der jüdischen Kollaborateure, die die Nazis nicht mehr brauchten.

Körperlich und seelisch wie betäubt, fanden Mechel und Lola von irgendwoher die Kraft, die Beerdigung ihrer Familie zu beenden. Dann schleppten sie sich langsam zurück in ihre Wohnung im Ghetto. Als sie dort angekommen waren, hielten sie sich fest und weinten hemmungslos. Und versuchten, nicht daran zu denken, welches neue Grauen über sie hereinbrechen würde …

12. Eine moderne Königin Esther

»Esther aber hatte ihre Herkunft und ihr Volk nicht verraten.«

Esther 2:20

Am frühen Morgen des nächsten Tages schwelte der Leichenhaufen noch auf dem Stadtplatz, und die stinkende Luft war dunkel von Rauch und Asche. Verängstigte Überlebende krochen nach und nach aus ihren Verstecken. Sie vernahmen Lautsprecherdurchsagen aus einem Lastwagen und erblickten neu gedruckte Nazi-Schilder, die jeden aufforderten, sich beim Judenrat zu melden, um neue Ausweise zu erhalten. Die Nazis wollten wissen, wie viele von uns überlebt hatten. Wer sich nicht meldete, bekam keine Lebensmittelrationen. Wenn wir also etwas zu essen haben wollten, mussten wir wohl oder übel Folge leisten.

So stand unsere Familie hungrig, frierend und verängstigt in einer langsam länger werdenden Schlange. Meine Schwester Lola, deren einst so schöne Augen nun voller Leid waren, kam als erste von uns an die Reihe. Der Beamte stellte ihr viele Fragen: nach ihrem Alter, wo sie lebte, wo sie geboren war. Sie antwortete, sie sei in Munkács geboren, das damals zu Ungarn gehörte. Hinter diesem Beamten stand der neue Chef der örtlichen Gestapo, Hauptmann Schomburg, der den ganzen Vorgang schweigend und aufmerksam beobachtet hatte. Dieser Nazi-Beamte, der erst kürzlich nach Bochnia versetzt worden war, sollte einen starken Einfluss nicht nur auf die Familie Leser, sondern auch auf viele andere jüdische Familien nehmen. Als er hörte, dass Lola in Munkács geboren worden war, hellte sich sein Gesicht auf, und er wies, zu unserem großen Schrecken, den Beamten an: »Geben Sie dieser Lola keinen neuen Ausweis. Ich will sie morgen um 10 Uhr in meinem Büro sehen. Sie müssen sie unbedingt mitbringen.« Wir konnten kaum atmen. Sie können sich vorstellen, zu welchem Zweck er sie haben wollte.

Die ganze Nacht über blieben wir wach, hielten uns fest und weinten. Keiner konnte schlafen. Früh am nächsten Morgen, wie befohlen, kam ein Kapo, um Lola zu holen. Wir folgten weinend, baten Lola, tapfer zu sein, und versicherten ihr, dass wir alle für sie beten würden. Als sie durch das Tor des Ghettos gingen, rief mein Vater seiner kostbaren Tochter zu, dass sie, wenn es nötig sein würde, *»al Kiddush Haschem«* sterben solle, also als eine geehrte Märtyrerin, die für ihren Glauben starb – ohne heilige jüdische Gesetze zu brechen. Wir blieben am Tor zurück und sahen, wie sie das Ghetto verließen und zu einem prächtigen, ehemals jüdischen Haus gingen, in dem sich nun das Büro der Gestapo befand.

Wir waren fassungslos, als Lola uns später erzählte, was passiert war. Als sich Schomburgs Tür öffnete, zwang Lola ihre Knie, nicht mehr zu zittern, und ging ruhig und würdevoll hinein. Der uniformierte Schomburg saß hinter einem großen Schreibtisch am Ende eines riesigen Büros. Als er Lola sah, tat er etwas völlig Untypisches: Er verhielt sich wie ein Mensch und nicht wie ein Nazi. Er trat hinter seinem Schreibtisch hervor und zog ihr einen Stuhl herbei, damit sie sich setzen konnte. Diese gentlemanhafte Höflichkeit war absolut unvorstellbar. Tatsächlich musste in jenen Tagen ein Jude, der sich einem Nazi näherte, vom Bürgersteig weichen und auf der Straße gehen. Lola war weiß wie ein Laken, zitterte und hatte große Angst. Er sagte ihr sanft: »Setz dich hin und sei ruhig.«

Als nächstes, als ob sie ein normales Gespräch führen würden, fragte er: »Bist du wirklich in Munkács geboren?« Als sie mit dem deutschen »Ja« antwortete, fragte er: »Können Sie auch Ungarisch sprechen?« Da sie perfekt Ungarisch sprach, antwortete sie: »Igen.« Die Unterhaltung wurde noch seltsamer, als er anfing, sich mit ihr über ungarische Musik zu unterhalten, und sogar über ungarische Gerichte scherzte, wie zum Beispiel Gulasch. Sie verstand diese Unterhaltung nicht. War es ein Trick? Dann hob er ihren Arm an und zog ihr sanft das Armband ab. Erschrocken darüber, was als nächstes passieren würde, hörte sie ihn sagen: »Sie sind eine glückliche junge Dame – Sie sind eine Ausländerin. Munkács ist jetzt in Ungarn. Wir haben keinen Konflikt mit Ungarn, die Ungarn sind unsere Verbündeten. Wir haben keine Gerichtsbarkeit über dich, du solltest nicht einmal im Ghetto sein. Du hast das Recht zu leben, wo du willst.«

Trotz der Gefühle, die sie zu überwältigen drohten, antwortete Lola schnell und geistesgegenwärtig: »Aber was ist mit meinem Mann und meiner Familie?« Schomburg dachte einen Moment nach und fragte dann: »Wo sind sie geboren?« Ohne zu zögern, sagte Lola: »Munkács« – und hielt den Atem an. Dann befahl er seiner Sekretärin, Papiere für alle Familienmitglieder auszustellen. Und plötzlich, Lolas Mut und schnellem Denken sei Dank, galten wir alle als ungarische Staatsbürger und hatten die Erlaubnis, das Ghetto zu verlassen!

Dann wandte er sich an den Kapo, der die ganze Szene fassungslos und schweigend beobachtet hatte, und gab die Anweisung: »Bringen Sie die Verwandten dieser jungen Frau morgen früh um 9 Uhr zu mir.« Lola erzählte, es schien fast, als ob Schomburg sich tatsächlich dafür schämte, was die Nazis den Juden antaten. Wer weiß? Vielleicht hatte er, obwohl er ein Nazi war, noch ein menschliches Gewissen. Zitternd wiederholte sie leise »Danke schön« und küsste sogar seine Hand. Niemand hatte je von so etwas gehört, geschweige denn es überlebt. Eine jüdische Frau, die die Hand eines Nazis küsst? Weinend flüsterte Lola noch ein letztes »Danke schön« und taumelte hinaus. Die ganze Tortur hatte weniger als zwanzig Minuten gedauert. (Jahre später fanden wir heraus, dass Hauptmann Schomburg von den Nazis hingerichtet worden war.)

Der erstaunte Kapo begleitete Lola zurück ins Ghetto, wo sie alle Bewohner – sogar den verehrten Bobover-Rabbi Shlomo Halberstam – an das Tor und die angrenzenden Mauern gepresst vorfand.

Alle hatten sich darauf vorbereitet, so lange wie nötig auf ihre Rückkehr zu warten. Als wir sie sahen, trauten wir unseren Augen nicht! Lola wirkte weder versehrt noch gebrochen. Ihre Kleidung war in perfektem Zustand. Sie sah sogar gut aus – fast so, als ob sie glücklich sei! Wie konnte das sein? Wir waren davon ausgegangen, dass wir sie nie wieder sehen würden. Nachdem sie uns atemlos erzählt hatte, was geschehen war, hoben wir sie hoch über unsere Köpfe und tanzten mit ihr! Wir fühlten uns geehrt, als der Rabbi sich uns anschloss, um sie nach Hause zu begleiten. Der Rabbi, ein gelehrter, warmherziger Mann, der für seine Erzählkunst bekannt war, hatte mehr als einmal sein Leben riskiert, um Juden bei der Flucht aus dem Ghetto zu helfen. Mitunter hatte er sich dabei als Nonne verkleidet. An diesem Tag, als wir Lola zujubelten, pries er sie als eine moderne »Königin Esther«.

Zuerst verstand sie nicht, was er ihr damit sagen wollte. Sie war bescheiden und dachte immer, dass sie alles, was ihr gelungen war, nur mit Gottes Hilfe geschafft hatte. Mit seiner sanften Stimme und all seiner Überzeugungskraft sprach der Rabbi zu meiner Schwester: »Lola, so wie die Königin Esther die Juden vor dem bösen Haman gerettet hat, werden deine Taten heute viele jüdische Leben retten.« Wir hörten alle aufmerksam zu, als er ausführte, was er damit meinte. Er erzählte ihr, dass sie und Königin Esther beide ihren Verstand und ihren Mut eingesetzt hatten, um die Freiheit für ihr Volk zu erlangen. Blitzschnell hatte der Rabbi erkannt, dass die ungarischen Staatsbürgerschaftspapiere, die unsere Familie gerade dank Lola erhalten hatte, als Vorlage für weitere Staatsbürgerschaftspapiere dienen konnten. Und da er eine Schreibmaschine und hochwertiges Papier besaß, konnte man sofort mit der Urkundenfälschung beginnen. Viele weitere Juden würden so das Ghetto verlassen können und sich auf den Weg nach Ungarn machen, das zu dieser Zeit ein freies Land war.

Und so entstand dank eines kreativen Rabbiners, der sich weigerte, die Opferrolle anzunehmen, dank der Tapferkeit meiner Schwester Lola sowie des Geschäftssinns ihres Mannes Mechel und der künstlerischen Talente meines Bruders Moishe eine außergewöhnliche Fluchtaktion für viele Bochnier Juden. Diese waghalsige Aktion sollte einen tiefgreifenden Einfluss auf nachfolgende Generationen nehmen. Sie bestand in der detaillierten Fälschung von Geburtsurkunden und Staatsbürgerschaftsdokumenten. Mithilfe eines Gummiballs, der akribisch mit speziellen Gravuren versehen war und als offizieller »Stempel« diente, und mit sorgsam gefälschten Unterschriften richteten Moishe und Mechel ein Fließband ein, an dem sie die lebenswichtigen Papiere anfertigten, die es den Juden erlauben würden, das Ghetto zu verlassen.

Jeder in der Familie war letztlich daran beteiligt. Lola half bei der Gestaltung, und sogar meine Mutter hatte eine wichtige Aufgabe – sie färbte das Papier mit Tee, damit die Dokumente abgenutzt aussahen. Natürlich begehrte jeder in der Gemeinde diese unbezahlbaren Papiere, und obwohl sie große Geldsummen angeboten bekamen, weigerten sich Moishe und Mechel, irgendeine Bezahlung anzunehmen. Das ganze Unternehmen wurde auf der Basis eines Handschlags durchgeführt. Das Ziel war es, jüdisches Leben zu retten, nicht sich selbst zu bereichern. Die ersten vier Familien, die die Dokumente erhielten, erklärten sich bereit, ein oder zwei Mitglieder unserer Familie mitzunehmen, wenn sie entkamen.

Dank dieses Familienunternehmens entkamen viele Menschen. Darunter auch unser geliebter Bobower Rabbi Shlomo Halberstam und seine Familie. Sie gelangten zunächst nach Ungarn und später nach England. Tragischerweise war Rabbi Halberstam nicht in der Lage, seine eigenen Eltern, Rabbi und Frau Ben Zion Halberstam, oder viele andere Verwandte zu retten. Zusammen mit Tausenden anderen wurden sie in den Wäldern außerhalb von Lwów in Polen, dem heutigen ukrainischen Lwiw, ermordet. Als er endlich in die Vereinigten Staaten auswandern konnte, arbeitete der Rabbiner unermüdlich daran, die historische Bobower-Dynastie* in Borough Park, Brooklyn, wieder zu etablieren. Für den Rest seines langen und erfüllten Lebens, bis zu seinem Tod im Jahr 2000, blieb es Rabbi Halberstam ein Anliegen, Lola öffentlich im Namen des jüdischen Volkes von Bochnia und der Bobower-Dynastie dafür zu danken, dass sie und ihre Familie sich so mutig in dieser Zeit engagierten.

Zu diesem Zeitpunkt konnten wir dank Lola in eine kleine Wohnung außerhalb des Ghettos ziehen. Wir mussten die gelben Davidstern-Armbinden nicht mehr tragen, konnten uns also freier bewegen. Das ermöglichte es Mechel und Lola, unsere Flucht nach Ungarn zu organisieren. Mechel hatte einen Kohlewagenfahrer aufgetrieben und bot ihm an, ihm jeden Preis zu zahlen, um einen doppelten Boden in seinem Wagen einzubauen und uns in kleinen Gruppen hinauszuschmuggeln. Als die erste Gruppe von zehn Flüchtlingen, wie vorher vereinbart, bereit war, Bochnia zu verlassen, waren Mechel und Lola dabei. Sie wollten unter den Ersten sein, falls man dem Fahrer nicht trauen konnte. Das war ein besonders gefährlicher Vorgang, weil die Nazis Nichtjuden dafür bezahlten, Flüchtende und ihre Helfer zu verraten. Somit waren alle Nichtjuden potentielle Kopfgeldjäger. Es war ausgesprochen schwierig und heikel, einen Fahrer zu finden, der nicht nur unter dem Radar der Spione blieb, sondern der auch am Ende nicht das Geld nehmen würde, nur um anschließend seine versteckten Passagiere zu verraten.

Dass Nichtjuden dies überhaupt in Betracht zogen, grenzte an ein Wunder. Sie setzten ihr Leben und das ihrer Familien aufs Spiel, weil sie das Richtige tun wollten. Ich habe mich oft gefragt, welche Eigenschaften es ihnen ermöglichten, das Richtige zu tun, wo doch so viele andere es nicht taten. Und allzu viele von ihnen bezahlten dafür mit ihrem Leben. Diese Helden werden als »Gerechte unter den Völ-

* Die Bobower-Dynastie ist eine chassidische Gruppe (ein Zweig des orthodoxen Judentums), die Ende des 17. Jahrhunderts Jahren in Südpolen entstanden ist. Seit dem Ende des Zweiten Weltkriegs hat sie ihr Hauptquartier in der Nachbarschaft von Borough Park in Brooklyn (wo Lola immer noch lebt).

kern« von der Gedenkstätte Yad Vashem in Jerusalem für ihre Selbstaufopferung im Namen des jüdischen Volkes geehrt.

Um zu bestätigen, dass eine Flucht geglückt war, war es notwendig, ein geheimes Passwort festzulegen, das dem Fahrer nach Beendigung der Fahrt mitgeteilt wurde. Nach seiner Rückkehr übermittelte der Fahrer dieses Passwort einem Mitglied unserer Familie. So würden wir Gewissheit haben, dass alles gut gelaufen war. Bevor Lola und Mechel abreisten, klammerten wir uns an sie und versicherten ihnen, dass wir sie liebten und für sie beten würden. Unter Tränen baten wir sie, »mit Gott zu gehen«. Keiner von uns schlief in dieser Nacht. Sie können sich vielleicht unsere Erleichterung vorstellen, als am nächsten Tag der Fahrer mit dem richtigen geheimen Passwort zurückkam! Ausnahmsweise war alles gut! Wir wagten sogar, ein wenig Hoffnung zu haben. Vielleicht würde unser Leben doch gerettet?

13. Flucht aus Bochnia

»Wenn du keine Wahl hast, mobilisiere den Geist des Mutes.«
Altes jüdisches Sprichwort

Nun war es an der Zeit für die zweite Fuhre, und der kleine Tuli und ich wurden ausgewählt. Da waren wir nun, im jungen Alter von vierzehn und sieben Jahren, und konnten uns überhaupt nicht mehr daran erinnern, wie es gewesen war, eine sichere, geborgene Kindheit zu verleben. Stattdessen fragten wir uns, ob wir es erleben würden, Männer zu werden. Wir begaben uns ohne unsere Eltern auf eine gefährliche Flucht in die Freiheit. Der klapprige alte Kohlewagen hielt in dieser Nacht in einer nahegelegenen Scheune. Kurz vor Tagesanbruch schlüpften wir zusammen mit den acht anderen verängstigten Reisenden in das geheime Abteil. Wir krochen hinein und legten uns wie die Sardinen auf den Rücken. Dann, zur gewohnten Zeit, fuhr der Lastwagen los, um seine Runden zu drehen und Kohle zu liefern.

Etwa eine Stunde später, als wir den Ortsrand von Bochnia erreichten, hörten wir ein lautes »Halt!«. Der verängstigte LKW-Fahrer hatte keine andere Wahl, als diesem Befehl zu folgen. In unserem beengten, staubigen Versteck schienen unsere Herzen aufzuhören zu schlagen. Durch die Ritzen konnten wir die deutschen Soldaten mit ihren Gewehren sehen. Als wir uns wieder in Bewegung setzten, waren wir überrascht und unendlich erleichtert. Diese Erleichterung währte jedoch nur kurz, denn schnell wurde uns bewusst, dass die Soldaten nun mit uns auf dem Lastwagen fuhren. Da ich mich am nächsten an der Vorderseite des Lastwagens befand, konnte ich tatsächlich einen der Soldaten sehen, der auf dem Trittbrett, nur wenige Zentimeter von mir entfernt, stand. Er war so nah, dass ich ihn hätte berühren können. Wir hörten, wie sich die anderen Soldaten mit dem Fahrer unterhielten. Wegen des Dröhnens des Motors konnten wir nicht verstehen, was sie sagten, aber wir waren sicher, dass uns jemand verraten hatte und dass die Soldaten uns entweder in einen Wald oder auf einen Friedhof bringen würden, um uns dort zu erschießen. Andere liefen auf der Ladefläche auf der Kohle herum – und der Staub sickerte zu uns durch. Ich sah, dass Tuli im Begriff war zu niesen, doch glücklicherweise konnte ich meine Hand über sein kleines Gesicht halten, um zu verhindern, dass wir entlarvt wurden. Wir hielten alle den Atem an und beteten, bis der Lastwagen plötzlich zum Stehen kam und die Soldaten sich freundlich vom Fahrer verabschiedeten. Und dann – einfach so – waren sie weg, und wir waren noch am Leben. Offenbar waren sie nur per Anhalter unterwegs. In der kurzen Zeit waren wir alle um zehn Jahre gealtert.

Der Lastwagen brachte uns bis zum Wald in der Nähe des Berggipfels an der Grenze zwischen Polen und der Tschechoslowakei, wo uns der nervöse Fahrer auf einer trostlosen Straße aussteigen ließ. Wir waren ganz schwarz vor Staub, und unsere Beine zitterten, weil wir so lange in ein und derselben Position eingepfercht gewesen waren. Der Fahrer gab uns Anweisungen, in welche Richtung wir klettern sollten, damit uns ein Förster, der auch Flüchtlinge schmuggelte, in Empfang nehmen konnte. Zu dieser Zeit diente es einer guten Sache, ein »Schmuggler« zu sein! Nach einem anstrengenden Aufstieg fanden wir ihn, und er brachte uns zu seiner Hütte im Wald. Seine Frau, die sehr freundlich zu uns war, zeigte uns, wo wir uns waschen konnten, und führte uns danach zu einem schönen Tisch, an dem sie eine wunderbare warme Mahlzeit für uns vorbereitet hatte. Gegen drei Uhr morgens, nachdem wir ein wenig geschlafen hatten, verließen wir dieses warme, sichere Haus, um die nächste Etappe unserer Flucht in die Freiheit anzutreten. Wir bewegten uns lautlos durch den Wald, bis wir die Wachen an der tschechischen Grenze erblickten. Wir sahen auch Patrouillenhunde, Stacheldraht und grelle Suchscheinwerfer, die das Terrain absuchten. Auf Händen und Knien kletterten wir langsam näher und warteten darauf, dass die gnadenlosen Scheinwerfer ausgeschaltet würden. Zum Glück wusste der Förster, dass es bei Schichtwechsel der Wachposten eine kleine Ablösungszeremonie gab. Und während einer dieser Pausen schlichen wir uns den Hügel hinauf, quetschten uns durch den Stacheldraht und krochen auf die andere Seite.

Der Förster hatte uns darauf vorbereitet, dass wir auf der anderen Seite des Hügels an eine große Schlucht gelangen würden. Wir sollten uns jedoch keine Sorgen machen: Wenn wir uns vorsichtig nach unten rollten, würden wir uns nicht verletzen. Inzwischen war es stockdunkel – kein Mond, keine Sterne –, was zwar bedeutete, dass wir nicht gesehen werden würden, aber eben auch, dass wir selber nichts sehen konnten. Es schien, als rollten wir über den Rand der Erde. Das würde eindeutig einen Vertrauensvorschuss in mehr als einer Hinsicht benötigen. Ich nahm die Hand meines Bruders, und wir rutschten so lautlos wie möglich die Schlucht hinunter, wobei wir uns an Felsen und Ästen aufschürften. Als wir endlich zum Stehen kamen, versuchten wir zu Atem zu kommen, unseren Herzschlag wieder zu beruhigen und herauszufinden, was nun zu tun war. Plötzlich, wie aus dem Nichts, spürte ich ein sanftes Klopfen auf meiner Schulter. Obwohl ich darin geübt war, keinerlei Geräusche zu machen, fuhr ich fast aus der Haut. Eine tiefe, weiche, fürsorgliche Stimme fragte: »Binesh?« Ich spürte, wie sich mein Körper entspannte. Es kam mir wie eine Ewigkeit vor, seit ich zuletzt eine weiche, fürsorgliche Stimme gehört hatte.

Es war die Stimme von Onkel Belo, dem Bruder meiner Mutter. Er wusste, wo wir zu finden waren, weil er in engem Kontakt mit Lola und Mechel gestanden hatte, die genau dort gelandet waren! Onkel Belo schmuggelte uns über die Grenze in die Slowakei. Sein Bruder, unser Onkel Beri, war kurz zuvor dorthin gezogen, um flüchtenden Juden zu helfen. Wir wurden in seinem Haus herzlich empfangen, wo wir etwas aßen, aber nur eine Nacht blieben. Am Tag darauf fuhren wir mit dem Zug in die Stadt Košice und bereiteten uns darauf vor, eine weitere Grenze zu passieren: nach Ungarn – und in die Freiheit.

Verglichen mit dem, was wir bereits hinter uns hatten, war dieser letzte Grenzübergang relativ mühelos. Unser Führer kannte einen Ort, an dem es keine Wachen gab. Und obwohl wir einige ungarische Soldaten mit ihren leuchtend roten Jacken und Helmen mit Straußenfedern sahen, konnten wir sie komplett umgehen. Man kann sich vorstellen, wie groß unsere Erleichterung war, als wir es nach Ungarn geschafft hatten.

Wir bürsteten uns ab und versuchten, einigermaßen passabel auszusehen. Und dann, als ob wir nur einen kleinen Spaziergang gemacht hätten, anstatt uns nachts über die Grenze zu schleichen, liefen wir lässig durch eine kleine Stadt, fanden den Bahnhof und nahmen den Zug nach Budapest. Dort angekommen, geschah etwas sehr Merkwürdiges. Mein Onkel Belo brachte uns zum Polizeirevier, wo wir ins Gefängnis gesteckt wurden. Es stellte sich heraus, dass dies nur ein bürokratischer Vorgang war, der es erforderlich machen sollte, dass die »Erziehungsberechtigten« kamen und ihre Kinder aus dem Gefängnis holten. Als Onkel Belo also »kam«, um uns zu holen, musste er einige Papiere unterschreiben, in denen er erklärte, dass er unser Vormund sei. Es dauerte nicht lange, denn er war ja bereits da. Das ganze Prozedere war nur eine Scharade. Doch obwohl er uns vorher erklärt hatte, was passieren würde, war es trotzdem sehr beängstigend. Als die Tür der Gefängniszelle ins Schloss fiel, bekam ich Angst, dass meinem Onkel etwas Schlimmes passieren könnte und dass Tuli und ich für immer dort festsitzen würden. Als sich die Tür nach nur etwa 15 Minuten wieder öffnete und wir freigelassen wurden, atmete ich erleichtert auf. Und bald stürmten wir mit großer Aufregung in die Wohnung von Lola und Mechel, die uns mit Tränen, Umarmungen, Küssen und viel liebevoll zubereitetem Essen erwarteten!

14. Ein glückliches Munkács-Wiedersehen!

»Der große Feind der Wahrheit ist sehr oft nicht die Lüge, absichtlich, erfunden und unehrlich, sondern der Mythos, hartnäckig, überzeugend und unrealistisch.«
John F. Kennedy*

So wundervoll dieses Wiedersehen in Budapest auch war, wir mussten uns auf den Weg nach Munkács machen, konnten also nicht einmal über Nacht bleiben. Wieder nahmen wir den Zug, als seien wir zwei ganz normale kleine Jungen auf einem Ausflug mit ihrem Onkel! Wir konnten unsere Aufregung kaum zurückhalten, bis wir in unserem sicheren Familienhaus mit meiner Schwester Goldie und unseren Großeltern, Tanten, Onkeln und Cousins wieder vereint waren: mit der gesamten Familie mütterlicherseits. Es erschien beinahe vorstellbar, dass unser Leben an Normalität zurückgewinnen könnte.

Munkács schien von dem Schrecken, der seine Nachbarn verschlang, unberührt geblieben zu sein, und zu meiner großen Überraschung war es eine echte Herausforderung für mich, mich an das »normale« Leben zu gewöhnen, das dort noch existierte. Nach allem, was wir gesehen und durchgemacht hatten, erschien mir diese unbeschwerte Normalität sehr fremd, fast schon beleidigend. Mein Bruder und ich zogen zu meinem Onkel Hershel, der ein sehr erfolgreiches Textilgeschäft besaß. Ich hatte immer zu seinem Sohn, meinem Cousin Isaac, aufgeschaut, der ein paar Jahre älter war als ich. Isaac war sehr klug und gebildet, aber er nahm sich trotzdem Zeit für seine jüngeren Cousins.

* Aus der Abschlussrede an der Yale University, 11.6.1962.

Ich schätzte es, dass ich mal nicht der verantwortungsvolle ältere Bruder sein musste. Überall um uns herum ging das Leben weiter, als sei der Holocaust ein fernes Schauermärchen und nicht die unvorstellbare Realität, die sich nur ein paar Kilometer entfernt abspielte. Es fiel uns schwer, das, was wir gerade durchgemacht hatten, mit dem, was wir nun erlebten, in Einklang zu bringen. In der einen Nacht waren wir im doppelten Boden eines Kohlelasters versteckt worden, und ein paar Tage später lebten wir hier draußen unter scheinbar sorglosen Menschen, die auf einer schönen, belebten Straße flanierten. Fröhliche jüdische Kinder spielten draußen und gingen in die *Cheder*-Schule. Mütter versammelten sich im Park mit ihren kleinen Kindern und ihren Haustieren. Bärtige jüdische Männer in orthodoxer Kleidung führten tiefgründige Diskussionen, und es war ihnen möglich, völlig unbehelligt verschiedene Gebetsstätten zu besuchen. Die Menschen zogen sich schick an, gingen ins Kino, ins Theater oder in Restaurants und tranken Kaffee in Straßencafés. Ganz normale Teenager, die sich für die neuesten Moden, Sportarten, Filmstars und andere Berühmtheiten interessierten, flirteten miteinander und gingen auf schicke Bälle.

Überall herrschte das ganz gewöhnliche Treiben – das für uns höchst ungewöhnlich geworden war. Ich hatte einen solchen Anblick in den letzten vier Jahren nicht mehr gesehen. Als ich den Leuten von den Gräueltaten erzählte, die sich in Polen zutrugen, dachten viele, ich sei nur ein Kind mit einer wilden und morbiden Fantasie. Und selbst diejenigen unter ihnen, die mir glaubten, meinten süffisant, dass so etwas in Ungarn niemals passieren könnte – nicht bei ihnen. Das ungarische jüdische Volk sei hochgradig assimiliert, also in jeden Winkel der ungarischen Kultur integriert. Und schließlich, am wichtigsten, seien Deutschland und Ungarn Verbündete. Es sei undenkbar, dass Deutschland sich gegen seinen eigenen Verbündeten wenden würde. Nein, die ungarischen Juden hatten nichts zu befürchten.*

* Dabei verfolgte Ungarn bereits seit 1938 eine antisemitische und gewalttätige Politik gegenüber der jüdischen Bevölkerung. Ausländische Juden, die nach Ungarn geflohen waren, wurden bereits ab 1941 deportiert. In diesen Zeitraum fallen auch die ersten Massaker. Mit dem Überfall und der Besatzung Ungarns 1944 wurden die Deportationen in großem Maßstab organisiert und umgesetzt. (Anm. d. Übers.)

Nachdem wir nun endlich in Sicherheit und bei unserer Familie angekommen waren, warteten Tuli und ich sehnsüchtig auf unsere Eltern, die mit dem nächsten Transport eintreffen sollten. Sie hatten darauf bestanden, die letzten Familienmitglieder zu sein, die fliehen konnten. Wir freuten uns so sehr darauf, sie zu sehen, sie in die Arme zu schließen und unser normales Familienleben in dieser belebten kleinen Stadt wieder aufzunehmen. Doch es schien, als ob wir ewig warten müssten. Ein Monat verging. Zwei Monate. Wir hörten nichts von ihnen und machten uns immer größere Sorgen. Wir wussten es noch nicht, aber es war das Schlimmste eingetreten, was man sich vorstellen kann.

Wir erfuhren, dass mein Bruder Moishe von den Nazis entdeckt und gefangen genommen worden war. Offenbar hatte jemand die Behörden über ihn informiert, und so erfuhren die Nazis, dass er für die Fälschung von Dokumenten verantwortlich war. Sie verhafteten ihn und verbrachten ihn ins Konzentrationslager Płaszów, ein Ort, der für die unsäglichen Gräueltaten und Morde berüchtigt war, die dort begangen wurden. Wir sahen meinen Bruder nie wieder. Erst Jahre später erfuhren wir, dass er wie durch ein Wunder aus zwei Konzentrationslagern geflohen war, nur um schlussendlich von Bomben der Alliierten getötet zu werden. Da das Lager nach dem Krieg mit Bulldozern abgerissen wurde, ist heute außer einem kleinen Denkmal nichts mehr übrig. Trotz der niederschmetternden Nachrichten über Moishe hielten wir an der Hoffnung fest, dass unsere Eltern es schaffen würden, zu uns zu gelangen. Woche für Woche warteten wir voller Angst und zwangen uns, so normal wie möglich zu leben.

Zwei Monate später trafen wir einen Bekannten aus Bochnia, der gerade über die Grenze geschmuggelt worden war, und er setzte uns über die traurige Wahrheit in Kenntnis. In der Nacht, als unsere Eltern in den Boden des Kohlewagens kletterten, sah ein benachbarter Bauer, was vor sich ging, und informierte die Behörden. Da Denunzianten dafür entlohnt wurden, ihre Nachbarn zu verraten, war das immer eine große Gefahr. Die Gestapo kam sofort in Begleitung eines verängstigten Kapos, Herrn Roth, der aufpassen sollte. Alle

»A Failed Escape« (1950), Gemälde von Lola Lieber, Lieber Family Collection

mussten sich in einer Reihe aufstellen, alle, auch der mutige nichtjüdische Fahrer, wurden erschossen.

Die Nazis wiesen anschließend Herrn Roth und ein paar andere Männer an, die elf Leichen zu vergraben. Die Toten wurden zum jüdischen Friedhof in Bochnia gebracht und angemessen in einem Massengrab beerdigt. Herr Roth war ein außergewöhnlicher Mensch, dem Ehre gebührt. Er ging das Risiko ein, gefoltert oder getötet zu werden, und doch entschied er sich stets, das Richtige zu tun. Seine Güte und seine Taten haben nicht nur unzählige Leben gerettet. Er ging noch darüber hinaus, indem er sich auch um die Körper und Seelen derer kümmerte, die nicht gerettet werden konnten. Er hat nie seine Menschlichkeit verloren.

Herr Roth überlebte den Krieg, und da er Mechel und Lola kannte, respektierte und sich sehr um sie sorgte, war er entschlossen, herauszufinden, ob auch sie überlebt hatten. Als er sie schließlich ausfindig machen konnte, war es ein bittersüßes Wiedersehen. Sie waren alle glücklich, einander lebendig zu sehen, und Lola und Mechel waren Roth für alles, was er getan hatte, aus tiefstem Herzen dankbar. Aber diese Nachrichten waren herzzerreißend. Er erzählte ihnen von den Hinrichtungen und dem anschließenden Massenbegräbnis. Und dann vollbrachte Roth eine weitere *Mitzvah* (würdige Tat) für die Familie Leser. Er beschrieb detailliert die Stelle, an der sie begraben wurden. Lola machte sich genaue Notizen und zeichnete eine einfache Karte. Sie und Mechel versprachen Roth und einander, dass sie eines Tages nach Bochnia zurückkehren und einen Gedenkstein an der Grabstätte errichten würden.

Zwanzig Jahre später kamen Lola und Mechel tatsächlich nach Polen zurück und lösten dieses Versprechen ein. Lolas Notizen von Herrn Roth ermöglichten es ihnen, die Grabstätte dem Friedhofswärter zu beschreiben, der ihnen behilflich war, sie zu finden. Obwohl Jean und ich nicht dabei sein konnten, trug die ganze Familie dazu bei, ein schönes Denkmal zu schaffen, auf dem alle Namen aufgeführt wurden.

Trotz der grausamen Inhaftierung meines Bruders und des brutalen Todes meiner Eltern hatte ich keine Zeit zum Trauern. Es schien, als ob meine Erfahrungen mich irgendwie älter gemacht hatten als meinen Cousin Isaac. Meine Verantwortung für mein eigenes Überleben und das meines Bruders Tuli war noch tiefgreifender geworden als ohnehin schon. Und jetzt, da unser Überleben von der Familie meines Onkels abhing, fühlte ich mich auch verantwortlich für deren Sicherheit.

Da ich gesehen und erlebt hatte, was mit dem jüdischen Volk in Polen geschehen war, drängte ich meinen Onkel, einen Teil seines Vermögens in Diamanten zu tauschen. Ich wies ihn darauf hin, dass, wenn etwas Dramatisches passieren sollte, die Diamanten klein genug wären, um sie im Futter seiner Kleidung zu verstecken. Auf diese Weise wäre sein Vermögen wenigstens mobil und könnte überall mit hin genommen werden. Ich fühlte mich geehrt, dass er mir zuhörte, als sei ich erwachsen. Anders als viele andere ungarische Juden verstand mein Onkel die Realität dessen, was ich durchgemacht hatte, und respektierte meinen Vorschlag. Dieser Respekt würde sich unter den schrecklichsten Umständen erneut zeigen …

15. 1944: Die Nazis marschieren in Ungarn ein

»Eine große Menge an Intelligenz kann in Unwissenheit investiert werden, wenn das Bedürfnis nach Illusion tief ist.«
Saul Bellow*

Eines Tages, im Frühjahr 1944, kam Onkel Herschel von der Arbeit nach Hause und brachte kistenweise nagelneue, robuste schwarze Lederschuhe für jedes Familienmitglied mit. Das war eine sehr willkommene Überraschung! Sodann erzählte er uns, dass in den Absätzen der Schuhe Diamanten versteckt seien. Er hatte meinen Rat befolgt, den Großteil seines Vermögens transportabel zu machen. Diese kostbaren Steine sollten natürlich nur im Falle einer Abschiebung oder eines anderen Notfalls zum Einsatz kommen. Und tatsächlich, bereits ein paar Wochen später, im März, marschierten die Deutschen in Ungarn ein. Da Ungarn ein Verbündeter Deutschlands war, geschah dies kampflos; beinahe schien es, als hätte Ungarn die Nazis eingeladen. Und natürlich war der erste Befehl des neuen Regimes, Ungarn »judenfrei« zu machen.

Rückblickend erscheint es offensichtlich, dass Hitler bereits geahnt haben muss, dass Deutschland den Krieg verlieren würde. So bleibt es ein Rätsel, warum er sich entschied, dringend benötigte Ressourcen von seiner eigenen Armee abzuziehen, um einen befreundeten Verbündeten wie Ungarn zu besetzen. Die tragische, offensichtliche Antwort ist, dass Hitlers Besessenheit, so viele der 750.000

* In Kanada geborener, jüdisch-amerikanischer Schriftsteller, Pulitzer- und Nobelpreisträger (1915–2005). Zitat aus *To Jerusalem and Back: A Personal Account* (1967). (Anm. d. Übers.)

jüdischen Einwohner Ungarns wie möglich zu töten, wichtiger als sein Wunsch war, eine drohende Kriegsniederlage noch abzuwenden. Er war bereit, seine eigene Armee, sein eigenes Land zu opfern, um seine kranke Besessenheit zu befriedigen. Für Hitler war es wichtiger, wehrlose Juden zu töten, als den Krieg zu gewinnen. Manchmal frage ich mich, ob der ganze Krieg nicht nur ein Teil seiner grandiosen und verderbten »Endlösung« war.

Als sie Ungarn erreichten, hatten die Nazis bereits viel Übung darin, andere Länder zu besetzen. Dank der neuen Administrationstechnologien waren sie minutiös durchorganisiert und erfassten schnell die gesamte jüdische Bevölkerung Ungarns. Mit enormer Geschwindigkeit und Präzision richteten sie Judenräte ein, als ob sie in jedem Viertel eine Außenstelle hätten. Die Routinen waren eingespielt – alle jüdischen Geschäfte wurden sofort beschlagnahmt, neue Ausweispapiere mit dem großen »J« für »Jude« ausgestellt, und die Order wurde ausgeteilt, Armbinden mit einem Davidstern zu tragen. Bankkonten wurden eingefroren, Reisen für das jüdische Volk verboten. Dabei hätte gar keine Notwendigkeit bestanden, Geschäfte oder Häuser zu beschlagnahmen, denn sehr bald würden ihre jüdischen Besitzer und Bewohner sowieso nicht mehr am Leben sein. Tatsächlich begann die SS am nächsten Morgen unter Mithilfe ungarischer Polizisten vor Ort mit der Ausweisung der gesamten jüdischen Gemeinde. Wir hatten unsere Befehle erhalten. Alle schienen sich in einem Stadium schockierter Benommenheit zu befinden. Nach einer schlaflosen Nacht ohne viel Konversation zogen wir uns an. Auch die neuen Schuhe. Dann versammelten wir uns, wie befohlen, mit allen anderen Juden vor unseren Häusern.

Was für ein Anblick! Man stelle sich eine schöne Wohngegend an einem frischen Aprilmorgen vor. Die Bäume, die die Straße säumten, zeigten die ersten Knospen des Frühlings. Und außerhalb ihrer gepflegten Häuser, entlang der Bürgersteige, wo Kinder noch vor kurzem mit Murmeln spielten und Dreirad fuhren, standen sie aufgereiht, sprachlos vor Schrecken und Unglauben, ein unerträglicher Anblick: all die jüdischen Familien, Alte und Neugeborene, Kranke und Behinderte, Gesunde und Starke. Es war ein weiteres Ereignis, das nicht einmal die Menschen, die es miterlebten, glauben konnten. Und nur die wenigen Menschen, die unseren verzweifelten Warnungen Glauben geschenkt hatten, waren vorbereitet.

Die Nazis versicherten uns, dass wir in ein Arbeitslager kämen und dass wir unsere Wertsachen mitnehmen sollten. Was wir tragen konnten, durfte mit – alles andere mussten wir zurücklassen. Also zogen wir unsere Kleidungsstücke übereinander und stopften Taschen und versteckte Beutel mit Wertsachen voll. Dann wurde allen befohlen, die mit ihren Reisetaschen, Bündeln, Koffern und auch Lebensmitteln beladen waren, in Gleichschritt mit der verschreckten marschierenden Menge zu verfallen. Unser Ziel war die Ziegelfabrik, deren großer Hof, direkt neben den Bahngleisen gelegen, zum Sammelplatz für eine Reise wurde, die, ohne dass wir es ahnten, nur wenige überleben würden.

Wir sahen die schmutzigen Güterwaggons, die uns erwarteten, aber statt ängstlich zu sein, waren wir eigentlich hoffnungsvoll. Wir glaubten, man deportierte uns in ein Arbeitslager, wo unsere Familie zusammenbleiben würde. Es hieß, die arbeitsfähigen Männer und Frauen würden in verschiedenen Berufen für die Deutschen arbeiten, die Kinder würden versorgt und sogar zur Schule gehen. Das erschien uns plausibel, denn das deutsche Militär brauchte Arbeitskräfte. Manchmal ist es leichter, einer Lüge zu glauben als der Wahrheit. An diesem Punkt war es für uns einfacher, die Lüge zu glauben, da die tatsächliche Wahrheit uns unglaubwürdig erschien.

Die Nazis teilten uns in Gruppen von achtzig Menschen pro Waggon ein. Ich stand da mit meinem Bruder Tuli, meiner Tante, meinem Onkel und meinem Cousin Isaac. Wir wussten nicht, wo unsere anderen Verwandten waren. Während ich ruhig darauf wartete, verladen zu werden, sah ich zwei Männer, die eine Bahre trugen, auf der eine schrecklich zugerichtete Person lag. Sie legten diese Bahre vorsichtig zu unseren Füßen ab. Als ich genauer hinsah, war ich schockiert, als ich erkannte, dass diese Person meine wunderschöne Schwester Goldie war. Ihre blutgetränkten Kleider waren in Fetzen, sie war schwarz und blau, und ihr geschwollenes Gesicht war fast bis zur Unkenntlichkeit zertrümmert. Ich beugte mich hinunter und fragte sie unter Tränen: »Goldie, was ist mit dir passiert?«

Mit rissigen Lippen, die kaum noch Worte bilden konnten, flüsterte sie, dass sie versucht hatte zu fliehen, aber von einer ehemaligen Schulkameradin entdeckt und verraten worden war. Die Nazis erwischten sie und schlugen und traten sie, bis sie das Bewusstsein verlor.

Bald befahlen die Behörden uns allen, in die Güterwaggons zu steigen. Uns war klar, dass wir es so aussehen lassen mussten, als ob Goldie alleine gehen könnte, daher hielten wir sie irgendwie zwischen uns aufrecht. Die Nazis schoben und schrien uns alle brutal an. Männer, Frauen mit Babys, Teenager, Großeltern. Alle. Als die schweren Türen zuschlugen, hörte und fühlte es sich an, als seien wir lebendig begraben. Und wir alle schauten verwundert auf die zwei Eimer mit Wasser, die unter einem kleinen Lüftungsschacht aus Stacheldraht standen. Als sich der klapprige Zug langsam in Bewegung setzte, hatten wir jedoch zu viel Angst, um darüber nachzudenken, was vor uns lag.

Diese Güterwaggons waren nicht für menschliche Passagiere konzipiert worden. Die Bedingungen während der sich anschließenden dreitägigen Fahrt waren so unmenschlich, dass ich in keiner der Sprachen, die ich spreche, angemessene Adjektive finden kann, um sie zu beschreiben. Wegen der vielen Bündel von Habseligkeiten war es zu eng, als dass sich alle gleichzeitig hätten setzen können. Wenn sich einer hinsetzte, musste ein anderer aufstehen. Die einzigen Lebensmittel und Wasservorräte, die wir besaßen, waren die, die wir selber mitgebracht hatten. Vielleicht kann man sich die Spannungen und Aggressionen vorstellen, die sich entwickelten, als einige Leute, die ihr Essen bereits aufgegessen hatten, die anderen beobachteten, die mit ihren eigenen Portionen sorgfältiger umgegangen waren. Da die menschliche Natur so ist, wie sie ist, würden manche Leute alles tun, um zu essen oder ihre hungrigen Kinder zu füttern. Und Menschen, die von Natur aus großzügig waren, lernten schnell, ihr eigenes Essen zu schützen, indem sie es heimlich und in kleinen Stücken zum Mund führten. Natürlich brachen Feindseligkeiten aus. Wir kauerten uns zusammen, um uns vor unseren eigenen Leuten zu schützen.

Noch unerträglicher wurde die Situation durch das völlige Fehlen sanitärer Anlagen. Gestern noch hatten wir in unseren eigenen komfortablen Zimmern in schönen Häusern mit modernen Sanitäranlagen gelebt, und heute wurden wir in Güterwaggons gepfercht, wo die einzigen Sanitäranlagen aus diesen zwei Eimern bestanden, die ursprünglich mit Wasser befüllt waren. Als das Wasser verbraucht war, wurden die Eimer für menschliche Ausscheidungen verwendet. Unnötig zu erwähnen, dass sich diese Eimer sehr schnell füllten und überliefen. Bald war der gesamte Boden mit Urin, Exkrementen und Erbrochenem bedeckt. Es gab keine Möglichkeit, dem auszuweichen. Jetzt wussten wir unsere sperrigen Bündel zu schätzen, weil wir, wenn wir auf ihnen saßen, ein wenig über dem Dreck schwebten. Der Gestank, der Lärm und das Chaos nahmen von Minute zu Minute zu. Männer, Frauen, Kinder, Säuglinge, ältere Menschen – alle wurden krank. Und das machte das Problem natürlich nur noch größer. Zu den ständigen Geräuschen und Gerüchen von Körperfunktionen gesellten sich die gequälten Gebete, das Stöhnen, Schreien und Kreischen von Menschen mit unsäglichen körperlichen und seelischen Schmerzen. Zu atmen, ohne an der verdorbenen Luft zu ersticken, fiel schwer.

Als wir drei höllische Tage später durch eine Stadt fuhren, erkannte jemand durch die kleine, mit Stacheldraht verschlossene Lüftungsöffnung, dass der Name des Bahnhofs Oświęcim (Auschwitz) war: Nun wussten wir, dass wir in Polen waren. Schließlich fuhren wir in einen Gleisanschluss ein, und jemand entdeckte das Schild über den Toren, auf dem stand: »Arbeit macht frei«. Dieser Spruch erschien uns schlüssig für ein Arbeitslager. Noch wussten wir nicht, dass Auschwitz ein Vernichtungslager war, daher waren die meisten von uns erleichtert, dass wir endlich aus den Güterwaggons aussteigen, uns einrichten und an die Arbeit gehen würden. Wir erblickten einige Baracken und dachten, dabei handelte es sich um unsere Unterbringungen. Als sich jedoch auch nach einer Weile die Türen immer noch nicht öffneten, sank unsere instabile Laune. Der Zug fuhr langsam wieder an und rumpelte noch ein paar Kilometer weiter. In dieser Nacht glaubten wir immer noch, dass dies der Ort sein würde, an dem wir wohnen und arbeiten würden. Rückblickend scheint mir, dass wir, sobald wir die große Lüge einmal geglaubt hatten, alles andere so interpretierten, dass es dazu passte. Und wir hingen an dieser Lüge, als wäre sie das Leben selbst …

16. Auschwitz-Birkenau & Dörnhau

Schließlich, sehr spät in der Nacht, wurden die Türen abrupt aufgerissen. Es herrschte völlige Panik. Wir wurden aufgefordert, unsere Habseligkeiten im Zug zu lassen. Nach frischer Luft japsend und uns an unseren Lieben festhaltend, versuchten alle, sich durch die Türen zu zwängen. Draußen wurden wir von brüllenden, waffenschwingenden Nazis und ihren Bluthunden »begrüßt«. Andere Häftlinge, die später gezwungen wurden, unsere Bündel zu durchstöbern, nahmen uns ebenfalls in Empfang. Sie suchten nach den Wertsachen, die wir hatten mitbringen sollen. Alles, was sie fanden – Kleidung, Schuhe, Brillen, Schmuck, Töpfe und Pfannen, Konserven – wurde in riesige Lagerhäuser* gebracht. Diese Häftlinge waren auch unsere Dolmetscher. Wenn jemand nicht oder nicht schnell genug verstand, was die Deutschen schrien, übersetzten sie es in viele verschiedene Sprachen. Die Nazis gaben uns eigentlich keine Anweisungen, sie schlugen uns brutal zusammen und schrien dabei: »Raus! Schnell, schnell!«

Frauen und Kinder wurden überwiegend nach rechts dirigiert, Männer nach links. Gerade noch hielt ich mich an meinem kleinen Bruder Tuli und an meiner Schwester Goldie fest. Und plötzlich – waren sie weg. Wir wurden einfach auseinandergerissen und sollten uns nie wieder sehen. Es erfüllt mich immer noch mit großer Traurigkeit und Schuldgefühlen, wenn ich daran denke, dass ich Goldie und Tuli nicht beschützen konnte. Das war der Moment, in

* Diese Lagerhäuser befanden sich in einem Bereich des Lagers, der als »Kanada« bekannt war, weil jeder dachte, dass Kanada ein Ort großen Reichtums sei.

dem ich meinen Glauben verlor. Wie konnte ein Gott zulassen, dass so etwas geschieht?

Mein Onkel Hershel, Cousin Isaac und ich wurden anschließend mit den anderen männlichen Gefangenen in einer Reihe aufgestellt. Wir sahen uns um und waren wir schockiert von dem, was wir erblickten. Dieses Lager, von dem wir inzwischen erfahren hatten, dass es Birkenau hieß, war eine seltsame, völlig fremdartige Welt. Wie ein Science Fiction. Und als wir still aufgereiht in der unheimlichen Dunkelheit standen, nahmen wir einen unbeschreiblich ekelerregenden Gestank wahr. Wir sahen vier riesige Schornsteine, aus denen Flammen emporstiegen. Aus diesen Schornsteinen stiegen unablässig dichte Aschewolken auf – wie bei einem Vulkan. Diese Asche rieselte auf uns herab und bedeckte den Boden vollständig mit weißem Staub. Mit jeder Bewegung hinterließen wir geisterhafte Fußspuren darin. Wir ahnten noch nicht, dass es die Asche unserer Liebsten war, auf der wir gingen. Die meisten neu Angekommenen dachten, dass die flammenden Schornsteine zu Schmelzfabriken gehörten, in die wir wahrscheinlich bald zum Arbeitseinsatz geschickt würden. So standen wir still in unserer gespenstischen Reihe und warteten ruhig darauf, zu unserem neuen »Zuhause« geleitet zu werden.

Noch einmal wurde darüber entschieden, wer nach links und wer nach rechts gehen sollte. Uns war völlig unklar, was das bedeutete. Wachsam und aufmerksam wie ich war, bemerkte ich jedoch, dass am Kopf der Schlange ein Mann stand, der wie ein Arzt aussah, da er einen strahlend weißen Laborkittel und makellose weiße Handschuhe trug. Wir fragten uns, ob wir medizinisch betreut würden. Er stand einfach nur da, völlig ausdruckslos, und deutete mit einer kleinen Bewegung des Zeigefingers, ob die Leute nach links oder rechts gehen sollten.

Ab und zu stellte er jemandem eine Frage. Als ich näherkam, konnte ich hören, wie er manche Männer fragte, ob sie fünf Kilometer zu Fuß laufen könnten oder ob sie lieber mit dem LKW fahren würden. Als er dies einen meiner Einschätzung nach jungen und gesunden Mann fragte, antwortete dieser ihm fast erleichtert, dass er Probleme mit seinen Knien habe. Woraufhin der »Arzt« schnell nach rechts zeigte. Der armen Seele war nicht klar, dass dies den sicheren Tod bedeutete. Zu diesem Zeitpunkt wusste ich es auch nicht, aber da wir uns in einem Arbeitslager befanden, fand ich es naheliegend, dass es keine Verwendung für Leute gab, die nicht arbeiten konnten. Ich hatte zu dieser Zeit bereits eine wichtige Lektion gelernt, die mich für den Rest meines Lebens begleiten sollte: Wenn du eine Herausforderung erfolgreich meistern willst, finde als Erstes heraus, was dazu notwendig ist, und dann tu es einfach. Natürlich ahnte ich nicht, dass die »Arbeit«, die uns zugewiesen werden würde, darauf ausgelegt war, uns zu töten.

Als wir uns weiter näherten, erkannte ich, dass es wichtig war, nach links geleitet zu werden. Vielleicht ahnte ich unwillkürlich, dass dieser monströse Arzt Fragen stellte, um die schwachen von den starken Menschen zu trennen. Ich flüsterte meinem Onkel zu: »Was auch immer er dich fragt, entscheide dich auf jeden Fall für den starken Teil: Sag Ja, du kannst laufen, wenn er dich das fragt.« Zu dieser Zeit war ich gerade 15 ½ Jahre alt und nicht besonders groß. Ich war noch kein richtiger Mann, und es war schon lange her, dass ich ein Kind gewesen war. Ich war jedoch immer sehr aufmerksam gewesen und wusste von dem, was ich um mich herum wahrnahm, dass mein Überleben davon abhing, den Nazis nützlich zu sein. Und starke Männer würden nützlicher sein als ein Junge.

Als ich an der Reihe war, machte ich mich daher so groß wie möglich und salutierte vor dem Mann im weißen Kittel, bevor er mir überhaupt eine Frage stellte. Und mit der tiefsten Stimme, die ich zustande brachte, sagte ich: »Achtzehn Jahre alt, gesund und arbeitsfähig.« Dann fragte er mich, ob ich fünf Kilometer laufen könne, und ich antwortete rasch: »Jawohl!« Also schickte er mich nach links. Mein Onkel und mein Cousin gaben ebenfalls die richtige Antwort und folgten mir. Später fand ich heraus, dass es sich bei diesem »Arzt« um Dr. Mengele, den »Todesengel«, handelte, der dafür berüchtigt war, grausame medizinische Experimente durchzuführen, insbesondere an Zwillingen. Mit einer sachten Bewegung des weiß behandschuhten Zeigefingers entschied er, wer leben und wer sterben würde. Wir wussten noch nicht, was uns bevorstand. Wir konnten es nicht wissen. Keiner konnte es sich vorstellen. Auch heute noch gibt es Menschen, die es nicht glauben.

Wir hätten nicht fassungsloser sein können, wenn wir auf einem anderen Planeten gelandet wären. Keiner hatte eine Vorstellung, was es mit dieser Hölle auf Erden auf sich hatte. Nach einer Weile ließen uns die Nazis in ein riesiges einstöckiges Backsteingebäude, in einen sehr großen Raum marschieren, der so groß wie eine Schulsporthalle war. Sie befahlen uns, uns auszuziehen und alle unsere Sachen dort zu lassen – unsere Kleidung, und natürlich unsere Schuhe! – und uns anschließend in die Schlange zu stellen, die zu den »Barbieren« führte – Funktionshäftlinge mit Schermaschinen, die für diese Arbeit eingeteilt waren.

Ich zog mich also aus und ließ das Wenige, das ich noch besaß, auf dem Boden liegen. Alles, das heißt, außer meinen schönen schwarzen Schuhen mit den Diamanten in den Absätzen. Mein Onkel und mein Cousin taten, was ihnen befohlen wurde, sie ließen also auch ihre Schuhe zurück, aber ich beschloss, es zu riskieren, meine anzubehalten. Ich versuchte unauffällig auszusehen, ging direkt auf die Friseure zu und sah gleich, dass dies kein gewöhnlicher Haarschnitt sein würde. Offenbar zum Schutz vor Läusen, die das tödliche Typhusfieber übertrugen, rasierten sie uns eine Glatze und den ganzen Körper. Überall.

Und sie gingen dabei nicht besonders sanft vor. Wahrscheinlich konnte man sogar sehen, dass mein Herz in meiner schmalen Teenagerbrust wild pochte, während ich während des gesamten Vorgangs den Atem anhielt. Ich weiß nicht, was furchterregender war: die entwürdigende Prozedur oder die Gefahr, dass meine Schuhe entdeckt werden würden. Wie durch ein Wunder nahm jedoch niemand Notiz von meinen Schuhen. Ich verstehe bis heute nicht, wie dieses Wunder – oder die noch folgenden – geschehen konnte. Ich betrat also mit den anderen Häftlingen die Duschen – immer noch mit meinen Schuhen an den Füßen! Nach dem Duschen reihten wir uns wieder in eine Schlange ein, in der wir von Funktionshäftlingen mit DDT (Dichlordiphenyltrichlorethan) eingesprüht wurden, einem starken Pestizid, das die tödlichen, krankheitsübertragenden Läuse abtöten sollte, was uns nur schwer atmen ließ. Und weiterhin verlor niemand ein Wort über meine Schuhe! Da stand ich also inmitten von Hunderten verängstigter, erschöpfter, geschorener, nackter Männer und Jungen, und niemand bemerkte meine schwarzen Schuhe! Wenn ich heute darüber nachdenke, denke ich, dass sie es alle nicht sehen wollten. Ich kann es mir nur als ein weiteres Wunder erklären, für das ich immer noch dankbar bin.

Bald darauf wurden wir in eine weitere Reihe geleitet, an deren Spitze ein Häftling stand, der jedem ein Bündel dieser gestreiften KZ-Kleidung in die Hand drückte. Sie war nicht neu, aber sauber und daher eine Verbesserung gegenüber dem, was ich bis dahin getragen hatte, und ich zog sie schnell an. Die Kleider waren mir allerdings viel zu groß, also bat ich, wie bei einem Herrenausstatter, um eine andere Größe. Kaum zu glauben, dass meiner Bitte entsprochen wurde.

Zusammen mit der Kleidung bekamen wir ein paar Holzschuhe mit Segeltuchaufsätzen. Ich zog die Clogs an und versteckte die völlig durchnässten, aber immer noch unbezahlbaren schwarzen Schuhe unterm Arm, wo ich sie mit meiner Jacke bedecken konnte. Wir verließen gehorsam das Gebäude, und immer noch sagte niemand ein Wort über die Schuhe.

Schließlich beendeten die Wachen den Prozess unserer Entmenschlichung, indem sie jedem von uns eine kleine runde Holzplakette an einer Schnur überreichten. Wir wurden angewiesen, dieses »Halsband« immer zu tragen. Wie Hunde. Darauf stand eine Nummer, meine neue, nichtmenschliche Identität. Ich war die 41212.* Einen Namen hatte ich keinen mehr.

Als nächstes wurden wir in unsere Baracken mit dreistöckigen Kojen, die aufgereiht an den beiden langen Seitenwänden standen, geführt. Doch das waren eigentlich keine Kojen im üblichen Sinne. Es waren grob gezimmerte Holzgestelle, die dünn mit schimmeligem, von Ungeziefer befallenem Stroh und Lumpen bedeckt waren. Mein

* Im Gegensatz zu früheren Gefangenentransporten hatten die Nazis beim Zusammenpferchen der ungarischen Juden keine Zeit mehr, unsere Nummern auf die Arme zu tätowieren, daher gaben sie uns diese nummerierten Scheiben.

Onkel, mein Cousin und ich nahmen zusammen eine obere Koje, weil wir dachten, dass wir besser atmen könnten, wenn niemand über uns lag. In der Mitte des Raumes stand ein kleiner, dickbäuchiger Ofen. Tatsächlich diente dieser Ofen mehr dazu, Läuse zu töten, als zu wärmen. Jeden Morgen zogen wir unsere befallenen Kleider aus und spannten sie außen um den runden Ofen, als wollten wir sie bügeln. Aber Bügeln war das Letzte, woran wir dachten. Das war unsere einzige Möglichkeit, die Läuse zu entfernen. Wir beobachteten, wie sie hüpften, knisterten und schließlich durch die Hitze explodierten – es hörte sich an wie Popcorn.

Auch unsere sogenannte »Sanitäranlage«, die Latrine, war äußerst primitiv. Sie befand sich in einem eigenen Gebäude und wurde von den Häftlingen aller Baracken gemeinsam genutzt. Sie bestand aus Reihen von langen Zementkästen, in die Löcher eingelassen waren. Inzwischen verhielten wir uns wie Tiere – wir hatten nicht mehr den Luxus, uns zu schämen. Unser tägliches Dasein hatte sich auf geistlose, emotionslose Körperfunktionen reduziert. Bald teilte uns der Stubenälteste (der Häftling, der für unsere Baracke verantwortlich war) selbstgefällig eine grausige Nachricht mit. Er verkündete in unkultivierten Deutsch: »Ihr großkotzigen ungarischen Juden denkt, ihr seid hier auf Urlaub? Nun, denkt noch einmal nach. Seht ihr diese Schornsteine? Seht ihr diese Schornsteine, die pausenlos Rauch ausstoßen? Das ist der Rauch eurer verbrannten Großeltern, Mütter, Väter, Brüder, Schwestern und Kinder.«

Dann erzählte er uns von dem elektrischen Stacheldraht, der das Lager umgab, von den Gaskammern, Krematorien, Tötungsfeldern und Feuergruben. »Wenn ihr euch nicht benehmt, wenn ihr nicht genau das tut, was man euch sagt, werdet ihr hier enden: als Asche, die aus all diesen Schornsteinen kommt.« Wir hörten seine Worte, aber wir konnten ihre grausame Bedeutung einfach nicht begreifen. Wollte er uns mit einem schrecklichen Scherz verhöhnen? Wie konnte diese Asche, die aus den Schornsteinen aufstieg, auf der wir schritten, unsere geliebte Familie sein?

Trotz des Grauens, das wir bereits gesehen und ertragen hatten, lähmte diese Information unsere Gehirne vollständig. Wir begriffen immer noch nicht, dass ein zivilisiertes, kultiviertes Volk wie das deutsche tatsächlich in der Lage war, Todesfabriken zu betreiben. Aber bald gab es weitere Beweise für die monströsen Taten. Was hat sich diese Welt dabei gedacht?

Eines Nachts hörten wir in der Ferne seltsam dumpfe Schreie, wie eine dämonische Hintergrundmusik. Als wir durch die Ritzen in der Wand spähten, konnten wir sehen, dass die dunkle Nachtluft jenseits unserer Baracken von einem seltsam flackernden, orangefarbenen Schein erleuchtet wurde. Die nervenaufreibenden Schreie und die orange durchzogene dunkle Nacht ließen uns denken, wir befänden uns nun tatsächlich am Eingang der Hölle. Noch immer versuchte ich, diese surreale Situation zu verstehen, ging auf den Stubenältesten zu und fragte ihn auf Polnisch, was sich dort abspiele. »Hah! Ihr ignoranten ungarischen Juden habt keine Ahnung. Sie haben euch erwartet! Noch bevor sie in Ungarn einmarschiert sind, waren sie mit den Vorbereitungen beschäftigt. Sie haben die Feuergruben extra für euch ausgegraben, damit keine Zeit damit verschwendet wird, eure Leichen in ein Krematorium zu bringen. Als die Nazis anfingen, euch hierher zu transportieren, planten sie, hier mindestens 12.000 bis 15.000 von euch pro Tag zu verarbeiten.« Er ließ keine Gelegenheit aus, seine Abscheu gegenüber den ungarischen Juden zu zeigen. Was er mit »verarbeiten« meinte, verstand ich nicht. Doch auch das wurde schnell geklärt. Es bedeutete, dass die Nazis in Auschwitz-Birkenau versuchten, bis zu 15.000 jüdische Menschen pro Tag zu töten.

In der Tat hatten sie, wie alle guten Produktionsbetriebe, eine Quote zu erfüllen, und diese obszöne Quote vervielfachte sich mit den neu gebauten, geräumigeren Gaskammern. Die Vernichtungslager standen sogar in Konkurrenz zueinander: Wer konnte die meisten Juden »verarbeiten«? Die Eliminierung des jüdischen Volkes war die Aufgabe der Teams in dieser monströsen Liga. Später lernte ich, dass diese Todeshändler stolz darauf waren, herausgefunden zu haben, wie sie die mörderische Kapazität ihrer ursprünglichen Gaskammern noch erhöhen konnten. Dabei bedienten sie sich eines Produkts der IG Farben,* eines tödlichen Gases namens Zyklon B.

Je nachdem, wo der Häftling in den Gaskammern stand – wie nah an den Deckenlöchern, aus denen die Kügelchen geschüttet wurden –, konnte es fünf bis zwanzig Minuten dauern, bis das Gas einen Menschen tatsächlich tötete. Anschließend musste fünfzehn Minuten lang gelüftet werden, bevor die Funktionshäftlinge hineingehen und die Leichen entfernen mussten. Da die Nazis nach immer größerer Effizienz strebten und die neuen Transporte aus Ungarn nun ohne Unterbrechung eintrafen, beschlossen sie, den Tötungsvorgang zu optimieren. Um daher mehr Menschen in kürzerer Zeit zu töten, zwängten sie mehr Menschen in die Kammern, indem sie den Häftlingen befahlen, ihre Arme hoch über den Kopf zu halten. Und sie minimierten die Dauer, die die Opfer in den Gaskammern verbringen mussten. Während die Juden im Todeskampf nach Luft rangen, beobachteten die Nazi-Wächter diesen grotesken Todestanz bequem von ihrem Beobachtungsstand aus. Sobald alle Leichen regungslos auf dem Boden lagen, schickten sie die Spezialeinheiten der jüdischen Sonderkommandos los, damit diese die Drecksarbeit erledigten, das Herausziehen der Leichen. Einige dieser »Leichen« lebten noch.

Für die Nazis waren diese Leichen verwertbarer Abfall. Funktionshäftlinge wurden beauftragt, Haare abzuschneiden, Goldzähne herauszuziehen und Körperöffnungen auf versteckte Wertgegenstände zu untersuchen. Anschließend wurden fünf oder sechs Leichen auf einen Karren gestapelt, wie Baumstämme zusammengebunden, damit sie nicht herunterrollten, und schließlich zum Krematorium gebracht.

* Die IG Farben war einer der größten und erfolgreichsten deutschen Konzerne. Es wird behauptet, dass der Holocaust ohne die für beide Seiten vorteilhafte Partnerschaft zwischen Farben und Hitler nicht hätte stattfinden können. Das tödliche Zyklon B (mit Blausäure als Wirkstoff) beschleunigte nicht nur Hitlers »Endlösung«, sondern brachte durch den Einsatz von Tausenden von Zwangsarbeitern auch massive Gewinne ein. Nach dem Krieg wurden bei den Nürnberger Prozessen mehrere Farben-Manager als Kriegsverbrecher verurteilt.

Immer bestrebt, die »Produktivität« zu erhöhen, kam die Lagerleitung zu dem Schluss, dass auch dieser Prozess noch unnötig viel Zeit in Anspruch nahm, und man ging dazu über, die Leichen einfach in Kipplaster werfen zu lassen. Diese Lastwagen fuhren ihre menschliche Fracht zu einer riesigen Feuergrube, nicht allzu weit von unserer Baracke entfernt. Diese Grube war die Quelle dieser ständigen unheimlichen Schreie und des orangefarbenen Glühens, das nie erlosch. Ich fragte den Stubenältesten, der es zu genießen schien, eine so wichtige Informationsquelle zu sein: »Und was sind das für seltsame Schreie?«

Er lachte und antwortete: »Das sind die Babys!«

Offenbar hatten die Nazis beschlossen, dass die Babys in den Gaskammern zu viel Platz einnahmen. Babyhaare waren wertlos, und Goldzähne waren hier auch nicht zu erwarten. Also luden die Häftlinge einfach diese kostbaren kleinen Lebewesen zusammen mit den vergasten Toten in die Müllwagen und warfen alle gemeinsam in die Feuergruben. Diese Nachricht war für meinen 15½-jährigen Verstand nicht zu verarbeiten. Obwohl ich diese Gruben nie gesehen habe, war ich mir ihrer stets bewusst – und ich werde diese Geräusche, den Anblick und den Geruch dieser Hölle auf Erden nie vergessen.

Sie hielten uns etwa zwei Wochen lang in Birkenau fest, unter den elendsten Bedingungen, die man sich vorstellen kann. Trotz der einmaligen Behandlung mit DDT wurden wir von den Läusen, Parasiten und dem Ungeziefer, das auf und in unseren Körpern lebte, regelrecht aufgefressen. Zweimal täglich, wenn wir den Befehl »Zum Appell!« hörten, stellten wir uns rasch in Reih und Glied auf – manchmal stundenlang, im glühenden Sommer wie im bitterkalten Winter. Ich vermute, dass dies dazu diente, die Schwachen von den Stärkeren zu trennen.* Wer nicht durchhielt, perfekt stramm stand, wurde herausgezogen und entsorgt. Wer nieste oder zur Seite schaute – oder auch gänzlich ohne Grund –, wurde erschossen. Die Nazis schienen sich besonders an einem kleinen Spiel zu erfreuen: Sie befahlen uns,

* Im Frauentrakt war es üblich, dass sich die Häftlinge in die Finger stachen und sich dann die Blutstropfen auf die Wangen rieben, um gesünder auszusehen.

unsere Mützen abzunehmen, und wir mussten sofort reagieren, wobei das Geräusch der gegen die Beine schlagenden Mützen auf den Punkt sein musste, sonst wurden wir auf der Stelle erschossen. Aber auch wenn wir keinerlei Vergehen begangen hatten, kam es vor, dass sie einen von uns erschossen, einfach zum Vergnügen.

Unsere Verpflegung bestand aus Ersatzkaffee, einem Stück Brot, das mit Sägemehl gestreckt wurde, und manchmal einem mysteriösen Aufstrich, der »Margarine« genannt wurde. Manchmal erhielten wir auch eine kleine Portion von dem, was einmal Leberwurst gewesen sein könnte. Es gab auch einen großen Topf mit etwas, das sich »Suppe« nannte, aber eigentlich nur aus Wasser bestand, in die man Küchenabfälle und wer weiß was sonst noch hineingeworfen hatte.

Manchmal teilte man uns sogar Rattenfleisch oder Schuhleder aus. Können Sie sich vorstellen, für eine Ratte dankbar zu sein? Alles, was schwerer als Wasser war, sank auf den Grund des Topfes. Wenn wir uns mit dem Häftling, der unsere Metallbecher befüllte, gut verstanden, ließ er die Schöpfkelle am Boden entlang gleiten, damit wir auch etwas Nährstoffhaltiges bekamen. Unsere jämmerlichen Portionen hätten nicht einmal einen Vogel am Leben gehalten – und das war natürlich beabsichtigt: Wir wurden ausgehungert. Verhungern ist unerträglich schmerzhaft. Der Körper baut seine eigenen Organe und Gewebe ab, um daraus Energie zu gewinnen. Hautausschläge, Durchfall, Herzversagen und unbeschreibliche Schmerzen bei jeder Bewegung aufgrund von Muskelschwund, Dehydrierung … die Liste ließe sich fortsetzen.

Nach etwa zwei Wochen wurden wir in ein Arbeitslager in einem Steinbruch in Dörnhau, nahe der tschechischen Grenze, verbracht. Es war ein Außenlager des KZ Groß-Rosen. Die Zwangsarbeiter mussten dort Dynamitladungen in den Berg transportieren. Das Dynamit wurde dann gesprengt, sodass riesige Felsbrocken herabstürzten. Unsere Aufgabe war es, diese Brocken mit Vorschlaghämmern in handliche Stücke zu brechen und in Karren zu werfen. Die vollen Karren fuhren wir den Berg hinab zu den Schleifmaschinen, wo die Stücke zu Schotter gemahlen wurden. Die leeren Grubenwagen mussten wir wieder den Berg hinaufschieben und den ganzen Vorgang wiederholen. Wieder und wieder. Es war eine brutale, staubige und schmutzige Arbeit, und ich befürchtete, dass mein Onkel nicht mehr lange durchhalten würde. Ich arbeitete daher einen Plan aus, um ihn zu retten – oder ihm zumindest etwas Zeit zu verschaffen. Doch dieser Plan bedeutete, ein großes Risiko einzugehen und unter Umständen einen hohen Preis zu zahlen.

Da der Küchenchef in unserer Baracke wohnte, kannte ich ihn ein wenig, und ich hatte das Gefühl, dass man ihm vertrauen konnte. Mit den Diamanten, die mein Onkel so sorgfältig in meinen Schuhen versteckt hatte, konnte ich den Koch bestechen, meinem Onkel eine Arbeit in der Küche zu verschaffen. Es war eine Ironie des Schicksals, dass diese Diamanten am Ende meinem Onkel halfen – zumindest für eine kurze Zeit. In der Küche war er relativ sicher und konnte dort sogar anständig essen. Etwas von diesem guten Essen herauszuschmuggeln war leider nicht möglich, weil er täglich durchsucht wurde. Da er aber schon gegessen hatte, konnte er seine regulären Tagesrationen mit Isaac und mir teilen. Natürlich verlangte der Koch immer mehr Diamanten, bis sie schlussendlich alle aufgebraucht waren.

Immerhin erlaubte er meinem Onkel, auch ohne weitere Zahlungen in seinem Stab zu bleiben. Es ist erstaunlich, wie einige der Erfahrungen, die ich in den Lagern machte, mir Lektionen beibrachten, die mir mein ganzes Leben lang geholfen haben. Dieses Mal hatte ich gelernt, wie wichtig es ist, gute Beziehungen zu knüpfen. Ein Unterstützungssystem zu haben. Und Geld oder Wertsachen anzusparen, für, wie mein Vater immer sagte, »Regentage«.

Gerade als unser Leben wieder so etwas wie eine Routine zu bekommen schien, passierte etwas Neues. Und in einem Lager bedeutete »etwas Neues« nie etwas Gutes. Eines Abends mussten wir uns, wie immer, wenn wir aus dem Arbeitsdienst zurückkehrten, in Fünferreihen zum Appell aufstellen. Dieser Abend war jedoch anders als die anderen. Nach der Zählung wurden wir nicht entlassen. Die Wärter zählten einfach weiter und wieder von vorn, anstatt uns unsere Rationen holen, uns waschen und schlafen gehen zu lassen. Verdreckt, erschöpft und ausgehungert konnten wir kaum noch stehen. Nach einer sehr langen Zeit kam der Kommandant schließlich herunter und verkündete: »Ich werde euch Schweinehunden eine Lektion erteilen, die ihr nie vergessen werdet.«

Entsetzt fragten wir uns, was passiert sein könnte – und was nun mit uns geschehen würde. Es stellte sich heraus, dass es drei Häftlingen gelungen war zu entkommen. Diese Flucht würde sicherlich einen hohen Preis haben. Und wir waren diejenigen, die ihn bezahlen mussten. Die Bestrafung von Häftlingen für die Ausbrüche anderer war eine wirksame Abschreckung für potentielle Ausbrecher. Nur sehr wenige Insassen wollten die Ursache für Folter und Tod anderer sein. Doch die heutige Bestrafung war selbst für Nazi-Verhältnisse extrem.

Kommandant Wolf erschien und befahl seinen Untergebenen, jede zehnte Person herauszuziehen, damit diese 25 Peitschenhiebe als Strafe für die Ausbrecher erhielt. Noch während sie zählten und die Leute aus der Reihe zogen, erkannte ich, dass mein Onkel, der vor mir stand, die Nummer Zehn sein würde. Mir war klar, dass er in seinem Alter eine solche Prügelstrafe niemals überstehen würde, und ich beschloss, mit ihm den Platz zu tauschen, damit ich die Nummer Zehn war. Sie brachten mich und alle anderen »Zehner« in die Mitte des Hofes, wo wir auf unser Schicksal warteten.

Sie befahlen zwei Häftlingen, Bündel von drei mal zwei Zentimeter dicken Hartholzpfählen herunterzubringen, die etwa siebzig Zentimeter lang waren, messerscharfe Kanten hatten und garantiert maximale Schmerzen verursachten. Uns »Zehnern« stand eine ganz besondere Tracht Prügel bevor. Der hoch gewachsene, brutal aussehende und unendlich sadistische Kommandant kam zu uns herüber, mit einem Drink in der einen Hand und seinem zierlichen kleinen Fräulein am anderen Arm. Er befahl den Wachen, einen Sägebock zu holen und ihn in der Mitte des Hofes aufzustellen. Dann bekamen wir unsere ausführlichen Befehle.

War man an der Reihe, musste man sich ganz nah an den Sägebock stellen, auf die Zehenspitzen, die Knie in die Öffnung des Sägebocks und den Körper über den Sägebock beugen, ohne dabei die

Querstange zu berühren. Kein Teil des Körpers durfte das Holz berühren, es musste genug Platz zwischen unseren Oberkörpern und der oberen Kante des Bocks sein, damit eine Hand hindurchpasste. Zwei Funktionshäftlinge, Lagerkapos, wurden ausgewählt, um die Schläge zu verabreichen. Einer von ihnen zog uns die Hosen hoch, bis sie an der Taille so gespannt waren wie eine Trommel. Dann mussten wir laut zählen, während der andere Häftling uns mit den Pfählen auspeitschte. Wenn wir uns verzählten, wurde wieder bei Eins angefangen. Wenn eine Ferse den Boden oder irgendein Körperteil den Sägebock berührte, mussten wir ebenfalls wieder von vorne anfangen zu zählen.

Die erste Person, ein Mann von etwa dreißig Jahren, der aber aussah wie ein alter Mann, stieg hinauf, brachte sich in Position, und Sekunden nach dem ersten Schlag sahen wir eine Blutspur durch seine Hose sickern. Vor Schmerz und Schrecken verlor er den Überblick beim Zählen, und sie fingen von vorne an und schrien: »Lauter! Wir können dich nicht hören!« Immer und immer wieder ... bis er schließlich zusammenbrach. Den Zusammenbruch schien der Kommandant als persönliche Beleidigung aufzufassen, denn er pirschte sich blitzschnell heran, trat dem Bewusstlosen mit den brutalen, glänzenden Nazistiefeln ins Gesicht und brüllte: »Du verfluchtes Judenschwein!« Dann zog er seinen Revolver und schoss dem hilflosen Mann in die Schläfe. Nach dieser grässlichen Aktion beugte sich Wolfs lächelndes, kicherndes Fräulein verführerisch zu ihm herüber, umarmte ihn und gab ihm einen Kuss. Als hätte er gerade eine Heldentat vollbracht.

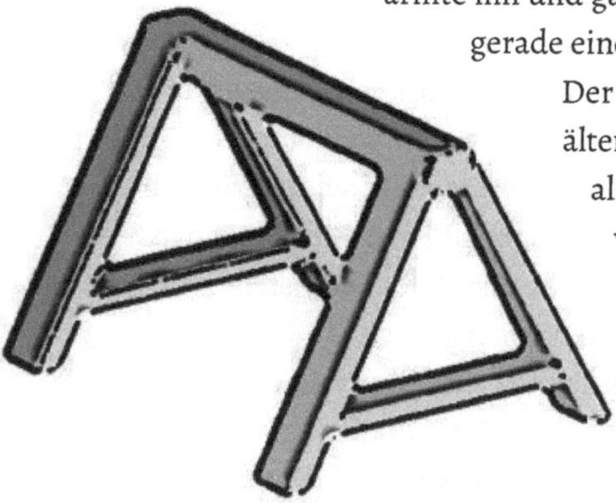

Der nächste Gefangene war noch älter, vielleicht Anfang vierzig, und als er sich nach zehn Schlägen verzählt hatte, begann er zu weinen und um Gnade zu flehen. Das machte den Nazi natürlich nur noch rasender. Nach ein paar weiteren Schlägen, bei denen

Blut und Fleischstücke durch den zerrissenen Stoff seiner Hose spritzten, fiel auch er zu Boden. Der Kommandant befahl diesem gebrochenen Überrest eines menschlichen Wesens, aufzustehen und sich ihm zu stellen. Als der Mann nicht schnell genug aufstehen konnte, zückte der Kommandant erneut seinen Revolver und schoss auch ihm in den Kopf.

Mit dem dritten Gefangenen schien der Kapo, der ihn verprügelte, Mitleid zu haben – vielleicht waren sie Freunde oder Verwandte – und ließ ein wenig nach. Das erzürnte natürlich den Kommandanten, der daraufhin einen neuen, noch schärferen Pfahl aussuchte – den er über dem Kopf des Kapos zerbrach und ihm befahl, weiter mit aller Kraft zuzuschlagen. Als es schien, dass dem Kapo die Kraft ausging, übernahm ein zweiter Kapo. Bald verlor auch dieser Gefangene das Bewusstsein und wurde erschossen.

Jetzt war ich also an der Reihe. Drei brutal ermordete Leichen lagen vor mir auf dem Boden, ihr Blut sickerte in den Staub. Ich war 15 ½ Jahre alt, aber trotz allem, was ich durchgemacht hatte, war ich immer noch entschlossen zu überleben. Ich muss eine Art Selbsthypnose entwickelt haben, um meinen Verstand für eine Weile aus meinem Körper zu entlassen, denn ich ging ohne zu zögern und ohne darüber nachzudenken zum Sägebock hinüber und »in Stellung«. Ich beugte meinen Körper über die Kante, verlagerte mein Gewicht auf die Zehen, damit ich meine Knie darunter anwinkeln konnte, und stellte sicher, dass kein Teil meines Körpers den mit menschlichem Fleisch und Blut besudelten Sägebock berührte.

Ein frischer, neuer Häftling zog das Oberteil meiner Hose fest, und dann begann sein Partner mit aller Kraft auf mich einzuschlagen, als sei ich eine Karnevalsattraktion und als wollten diese »Männer« einen besonderen Eindruck auf die Menge machen. Mit jedem Schlag und obwohl ich spürte, wie es mir das Fleisch vom Körper riss, blieb ich auf meine Aufgabe konzentriert und zählte so laut und kräftig, wie ich konnte. Die letzten drei Zahlen bellte ich fast: 23 … 24 … 25 …

Zur großen Überraschung aller Anwesenden – vor allem mir selbst – hatte ich es geschafft. Eine schockierte Stille breitete sich aus, als hätten alle aufgehört zu atmen. Niemand hatte erwartet, dass es einen Überlebenden dieses schaurigen Schauspiels geben würde. Und diese unerwartete Wende im Spiel war wiederum ein Grund zur Beunruhigung. War der Kommandant beleidigt, dass jemand überlebt hatte? Würde ich dafür noch zusätzlich bestraft werden? Dann, zur allgemeinen Erleichterung, durchbrach der Kapo, der die Situation schnell begriffen hatte, die Stille, indem er mich aufforderte, ich solle hinübergehen und dem Kommandanten danken. Also richtete ich meinen verkrampften, gefolterten Körper auf, stand auf und ging auf wackeligen Beinen, an denen das Blut hinunterlief, zu ihm, salutierte und sagte: »Dankeschön, Herr Kommandant.«

Ich tat einfach, was ich tun musste, um zu überleben. Und ich beschloss, es so würdevoll wie möglich zu tun. Obwohl es schien, als sei ich ein Roboter geworden, der keine menschlichen Gedanken oder Gefühle mehr besaß, erschrak ich zutiefst, als der Kommandant seine Hand mit dem weißen Handschuh auf meine Schulter legte. Es war fast zärtlich. Ich hörte auf zu atmen. Wollte er mich umbringen, weil ich die Dreistigkeit besessen hatte, ihm den Spaß zu verderben? Weil ich überlebt hatte?

Nein, er wollte an mir ein Exempel statuieren. Da es mir irgendwie gelungen war, sein kleines Spiel zu überleben, sollte ich nun seine Trophäe sein. Er drehte mich zu den Gefangenen, die noch darauf warteten, geschlagen zu werden, und verkündete ihnen: »Jetzt seht ihr ein perfektes Beispiel dafür, wie es gemacht werden sollte. Dieser Junge hat die Anweisungen perfekt befolgt. Ich habe euch gesagt, dass es machbar ist. Wenn der Rest von euch seinem Beispiel folgt, habt ihr nichts zu befürchten.« Das sollte wohl ein kleiner Scherz sein, denn der einzige Grund, warum ich überlebt hatte, war, dass ich so viel jünger war als die anderen.

Mitten in seinem Vortrag vor jenen, die noch auf ihre Schläge und ihren wahrscheinlichen Tod warteten, gab es plötzlich einen rasenden Aufruhr am Tor. Wieder einmal fragten wir uns, was passiert war und wie wir am Ende darunter leiden würden. Wir erfuhren bald, dass die Wachen die drei Ausbrecher gefangen hatten und sie hineinschleppten – buchstäblich zu blutigem Brei geschlagen. Ihre Gesichter sahen aus wie zertrümmerte Pflaumen. Als der Kommandant sie sah, huschte ein Ausdruck teuflischer Freude über sein Gesicht. Er hatte jetzt wohl ein aufregendes neues Projekt. Nun interessierte er sich nicht weiter für uns und wandte sich ab, wie ein verwöhntes Kind, das ein langweilig gewordenes Spielzeug wegwarf. Es stellte sich heraus, dass ich der letzte war, der an diesem Tag verprügelt wurde. Ich weiß, dass ich nicht der Einzige war, der wütend war, dass die Geflohenen ihre eigene Flucht über das Wohl der anderen Insassen gestellt hatten. Und natürlich hätte ich mir gewünscht, dass sie dreißig Minuten früher gefunden und zurückgebracht worden wären.

Der Kommandant befahl nun, einen Galgen zu bringen. Dieser bestand aus einem Holzrahmen, einem Querbalken auf zwei jeweils drei Meter hohen Pfosten, an dem ein Verurteilter hingerichtet werden konnte. Und genau das geschah. Die Männer wurden einer nach dem anderen gehängt. Wir waren erschüttert, als wir hörten, wie der letzte das *Schma* rief, das hebräische Gebet, das gesprochen wird, wenn alle Hoffnung auf Leben verloren ist. Während der ganzen Tortur hatte er seine Religion nicht vergessen. Wir wurden gezwungen, den langsamen, grausamen Prozess mit anzusehen. Erneut gelang es mir trotz meines geschwächten Zustands und mit einem Rücken, der aussah wie Hackfleisch, auf Autopilot zu schalten und mich zu zwingen, während dieser abscheulichen Demonstration von Züchtigung durch die Nazis nicht zusammenzubrechen. Diese vermeintlich überlegene deutsche »arische Herrenrasse« bewies wieder einmal aufs Abscheulichste ihre eigene Unterlegenheit als menschliche Wesen.

Nach dieser grausamen Vorführung wurden wir entlassen, und natürlich gingen wir daraufhin zur Essensausgabe und dann zurück in unsere Baracken. Ist das vorstellbar? Nach allem, was wir gerade gesehen und erlebt hatten, gingen wir einfach wie gewohnt zum Essen.

Diese Nacht war die erste von vielen, in denen ich auf dem Bauch liegen musste. Es dauerte lange, bis ich es ertragen konnte, dass irgendetwas meinen geschundenen Rücken berührte. Ich konnte mir gar nicht vorstellen, jemals wieder auf dem Rücken zu schlafen. Was für ein kleiner, aber wunderbarer Sieg war es für mich, als ich mich endlich im Schlaf umdrehen konnte, ohne schreiend vor Schmerz aufzuwachen. Wenn ich zurückblicke, bin ich erstaunt, wie selbst die furchtbarsten Verletzungen – sowohl körperliche als auch seelische – heilen können, wenn wir jung sind. Ich habe gelernt, dass ich mich niemals von Widrigkeiten oder Verletzungen brechen oder vom Erreichen meiner Ziele abhalten lassen darf.

Kurze Zeit darauf lag eine seltsame Stimmung in der Luft. Eines Nachts bekamen wir sehr wenig Schlaf, weil ein seltsames Grollen in der Luft lag – fast wie Kanonenfeuer. Wir hatten das Gefühl, dass bald etwas passieren würde. Wie gewöhnlich standen wir auf, um unseren Ersatzkaffee und ein kleines Stück Brot mit der sogenannten Margarine und einen Löffel Leberwurst zu erhalten. Und wir standen wie immer bereit zum Arbeitseinsatz. Doch nun kam eine Durchsage, die uns mitteilte, dass wir heute nicht zur Arbeit gehen würden. Natürlich waren wir neugierig und besorgt über diese Änderung im routinierten Ablauf. Änderungen bedeuteten in aller Regel, dass es noch schlimmer würde als das, woran wir uns gewöhnt hatten. Vielleicht hing es mit dem dröhnenden Kanonenfeuer zusammen, das wir in der Nacht zuvor gehört hatten?

Über die Lautsprecheranlage wurde uns mitgeteilt, dass das gesamte Lager evakuiert würde. Jetzt! Wer noch gehen konnte, musste aus dem Lager marschieren. Was mit den anderen geschah, konnten wir erahnen. Mein Onkel war bereits in der Küche. Wir anderen stellten uns in einer Reihe auf und begannen hinauszumarschieren. Ich habe meinen Onkel nie wieder gesehen. Anscheinend war entschieden worden, dass die Küchengruppe woanders hingehen sollte, wo selbst Diamanten ihm nicht hätten helfen können. Mein Cousin und ich waren trotz allem dankbar, dass immerhin wir noch zusammen waren, und wir brachten es irgendwie fertig, zu hoffen, dass unsere nächste Reise uns an einen besseren Ort führen würde. Wir wussten nicht, dass wir uns auf den berüchtigten Todesmarsch begeben würden.

17. Der Todesmarsch von Dörnhau nach Buchenwald

»Ich bitte nicht um leichtere Last, sondern um breitere Schultern.«
Altes jüdisches Sprichwort

Sie nannten ihn aus gutem Grund »Todesmarsch«: Der Zweck war es, uns zu töten. Wer das Tempo über unwegsames Gelände nicht halten konnte, wurde umstandslos erschossen und auf der Straße liegen gelassen. Manchmal kamen wir durch Dörfer, in denen die Menschen die Augen abwandten, während sie ihren Alltagsgeschäften nachgingen. Es war Winter, aber wir besaßen keine wärmende Kleidung oder feste Schuhe, um uns vor den endlosen Graupeln, dem Schnee und Eis zu schützen, und wir bekamen kaum etwas zu essen. Einige Häftlinge hörten einfach auf zu laufen, fielen hin und starben auf der Stelle. Und natürlich war der ganze Sinn dieses »Marsches«, dass wir alle sterben sollten.

Mein Cousin wurde jeden Tag schwächer, und ich stützte ihn immer wieder und flehte ihn an, nicht aufzugeben. Er fühlte sich schuldig, dass er so eine Last für mich war, und bat mich sogar, ihn zurückzulassen, aber er war mir keine Last – vielmehr fühlte ich mich schuldig, dass ich nicht besser für ihn sorgen konnte. Ich war so dankbar, ihn noch bei mir zu haben. Denn die Wahrheit ist, dass er mich inspirierte, stark zu sein. Irgendwann jedoch konnte sogar ich sehen, dass er allen Lebenswillen verloren hatte. Mit rauer, kaum hörbarer Stimme flehte er mich an, ihn einfach liegen zu lassen und ihn von seinem Elend zu erlösen.

Ich werde nie wissen, ob es das Richtige war, aber ich weigerte mich, ihn sterben zu lassen. Ich hatte das Gefühl, dass er, wenn er schon sterben musste, etwas Respekt, etwas Würde verdient hatte. Meine Entschlossenheit, Isaac zu schützen und ihn am Leben zu erhalten, gab mir selbst die Motivation, am Leben zu bleiben. Ich weiß nicht, ob ich allein überlebt hätte.

Entlang dieses tödlichen Wegs war die Straße übersät mit grotesk verzerrten und entblößten Leichen jener Menschen, die erschossen und wie Hunde am Straßenrand zurückgelassen worden waren. Die SS-Wachen und sogar die Wehrmacht, die mit uns marschierten, beschäftigten sich mit ihrem grausamen Spiel der Schießübungen und ließen nicht davon ab, die Hilflosen am Straßenrand hinzurichten. Bald war ich mir nicht mehr sicher, wie viel Zeit vergangen war. Vielleicht drei oder vier Wochen.* Zeit hatte keine Bedeutung mehr – Tage, Nächte, sie gingen dahin. Wir starrten auf die Straße und setzten einen gequälten Schritt vor den anderen.

Es war Frühling, als wir endlich an einem Ort namens Buchenwald ankamen. Dieses Konzentrationslager, das 1937 in der schönen Gegend von Weimar errichtet worden war, war eines der ersten und das größte auf deutschem Boden. Lagerhäftlinge aller Nationalitäten kamen aus ganz Europa und der Sowjetunion, um sich in den dortigen Rüstungsbetrieben zu Tode zu arbeiten. Wie der Slogan über den Toren von Auschwitz hatten auch hier die Tore einen Slogan: »Jedem das Seine.« Für das jüdische Volk bedeutete das natürlich, dass es den Tod verdient hatte.

Auf den ersten Blick schien dieses Lager anders zu sein als die, die wir kannten. Zum einen stand direkt vor den Toren, im krassen Gegensatz zum staubigen, kargen Grau des Lagers, eine uralte, sehr gepflegte Eiche, umgeben von einem kleinen, üppigen, ordentlich gemähten smaragdgrünen Rasen und sicher geschützt durch einen Zaun. Jahre später erfuhr ich, dass dieses prächtige Beispiel für die Schönheit des Lebens zu Ehren des berühmten Dichters und Naturforschers Johann Wolfgang von Goethe als »Goethes Baum« bekannt war. Dieses weltberühmte Genie, dieser Humanist hatte nur etwas mehr als ein Jahrhundert, bevor Deutschland in die Verderbt-

* Im online-Archiv liest man heute: Am 15. Februar 1945 wurden in Dörnhau mehrere Tausend Häftlinge von denumliegenden Arbeitslagern evakuiert. Die vorderen Häftlinge hatten Glück und konnten von Gleiwitz aus mit einem Güterzug bis Flossenbürg fahren. Am 25.Februar wurden Ben Lesser und Isaak Segel dort in dem neu angelegten Nummernbuch registriert. Am 10. März 1945 wurden sie nach Buchenwald –Ohrdruf SIII übertragen. Mit dem Todesmarsch aus Ohrdruf nach Buchenwald kamen sie Anfang April an und stiegen am 7. April in den Güterzug „vor dem Tor des Lagers" auf der Strecke der Buchenwaldbahn ein.

heit des Holocausts hinabsteigen würde, häufig unter diesem majestätischen Baum gesessen, geschrieben oder dort Freunde getroffen. Es entbehrt nicht einer gewissen Ironie, dass die Nazis diesen Baum, der am Eingang eines ihrer berüchtigtsten Konzentrationslager stand, schützten. Er wurde bei der Bombardierung des Lagers durch die Alliierten zerstört, aber sein Stumpf blieb erhalten und ist heute Teil der Gedenkstätte Buchenwald.

Wir waren überrascht, im Lager etwas Brot und Suppe zu bekommen. Dieser »Luxus« fand noch eine Fortsetzung, als sie uns in unsere Baracken schickten, uns duschen ließen und saubere Kleidung gaben. Wir durften sogar in Kojen schlafen, statt auf dem gefrorenen, blutverkrusteten Boden. Aber auch wenn es schien, als würde es hier weniger brutal zugehen, hatten wir gelernt, uns keinen Illusionen hinzugeben. Und wie sich herausstellte, währten unsere »Annehmlichkeiten« nicht einmal 24 Stunden.

Früh am nächsten Morgen des 7. April 1945 wurde uns befohlen, uns auf dem zentralen Hof des Lagers zu versammeln. Wieder einmal sollten wir evakuiert werden. Unverzüglich. Wir hatten keine Ahnung, was in der Welt außerhalb unseres Gefängnisses vor sich ging. Wir wussten ja nicht einmal, ob die Welt außerhalb dieser tödlichen Zäune überhaupt noch existierte.

Aber anscheinend kamen die Alliierten den deutschen Truppen nun von allen Seiten immer näher. Und während die Entschlossenheit, das jüdische Volk zu liquidieren, stärker war als je zuvor, gab es doch zwei Gründe, uns zu vertreiben. Erstens hatten die Nazis Angst, dass Tausende von hungrigen, wütenden und halbtoten Juden durch die Dörfer ziehen und sich an den Deutschen rächen könnten. Zweitens wollten sie nicht, dass die Alliierten, und damit die Welt, zu Gesicht bekamen, was in den Lagern vor sich ging. Aber natürlich wussten wir nichts von alledem.

18. Der Todeszug von Buchenwald nach Dachau

»Es ist eine tapfere Tat, den Tod zu verachten; aber wo das Leben schrecklicher ist als der Tod, da ist es die wahrste Tapferkeit, zu leben zu wagen.«
Thomas Browne*

Wieder einmal wurden wir durch die Tore zu einer langen Reihe von wartenden Güterwaggons geführt. Wir waren nahezu erleichtert, dass wir wenigstens nicht auf einen weiteren Todesmarsch gehen würden. Wir hatten gelernt, auch die geringste Erleichterung unserer Qualen zu schätzen. Sie teilten uns in Gruppen von achtzig Personen pro Waggon ein, und ich half meinem Cousin beim Einsteigen. Ich sagte ihm, er solle ans hintere Ende gehen, damit wir uns an der Wand abstützen konnten.

Ich wusste aus früherer Erfahrung, dass dies besser war, als in der Mitte des Wagens zu sein. Ich blieb dicht hinter ihm und achtete darauf, dass er nicht stürzte. Als sich unsere Augen an das schummrige Licht gewöhnt hatten, bemerkten wir zwei Eimer mit Wasser. Nach einer Weile knallten die Türen zu und schlossen uns ein. Als der Zug jedoch nicht anfuhr, erfüllte eine bleierne Stille den versiegelten Waggon. Sollte dies unsere Todeskammer sein?

Etwa eine halbe Stunde später wurden die Türen plötzlich aufgestoßen und Brotlaibe in den Waggon geworfen, angeblich einen pro Person. Das war wirklich ein Experiment der darwinschen Theorie vom *Survival of the Fittest*, denn die Leute, die nahe an der Tür waren, nahmen zwei oder mehr Brote, wir hinten blieben ohne. So viel zu meiner »guten« Idee, uns an die Rückwand zu lehnen. Da ich mich schuldig fühlte und wusste, dass ich etwas tun musste, kletterte ich sofort über die anderen Leute, um zur Tür zu gelangen und ein oder zwei Brote zu ergattern. Während ich mich abmühte, diese wabernde Masse aus wütenden und verängstigten Menschen zu überqueren, spürte ich einen Stich unter meinem Kinn. Ich ignorierte das und kämpfte mich wei-

* Englischer Philosoph und Dichter (1605–1682). Zitat aus der *Religio medici*.

ter, bis ich tatsächlich das letzte verbliebene Brot ergattert hatte. Ich schnappte es und steckte es unter meine Jacke, dann kletterte ich zurück zu Isaac. Ich trat auf Schultern, Köpfe, schlüpfte zwischen Körpern hindurch – als wären sie gar keine echten Menschen, sondern nur noch Hindernisse eines grotesken Parcours, den ich auf dem Weg zurück zu meinem Cousin absolvieren musste. Meine Sorge um Isaac hielt mich völlig davon ab, mir um mich selbst Sorgen zu machen.

Plötzlich fühlte sich mein Gesicht nass an – ich berührte es und stellte fest, dass Blut an meinem Kinn herunterlief. Offenbar hatte mich jemand mit einem Messer verletzt, als ich über die anderen Gefangenen hinwegkletterte. Als ich zu meinem Cousin zurückkam, legte ich meinen Finger auf die Stelle der Stichwunde. Ich stand unter Schock, als ich bemerkte, dass mein Finger direkt durch mein Kinn und meine Zunge hindurchstieß! Da war ein klaffendes Loch in meinem Gesicht! Isaacs entsetzter Blick verriet mir, wie ernst meine Verletzung war. Ich riss ein Stück schmutzigen Stoff aus meiner Hose und verband mein Kinn. Es war wirklich ein Wunder, dass ich mir unter diesen hygienischen Bedingungen keine Infektion zuzog. Auch wenn es gut verheilt ist, kann ich heute noch die Stelle fühlen, an der das Messer mein Kinn durchstoßen hat ... ein weiteres Wunder, für das ich ewig dankbar sein werde.

Über circa drei Wochen wurden wir immer wieder von einem Anschlussgleis zum nächsten geschoben. Während dieser ganzen Zeit bekamen wir nichts zu essen. Von Zeit zu Zeit wurde das Wasser nachgefüllt, aber die meisten Gefangenen starben an Hunger und Krankheit. Der einzige Grund, warum Isaac und ich noch am Leben waren, war meine disziplinierte Zurückhaltung, nicht das ganze Brot auf einmal zu essen. Es war schwer, es ihm vorzuenthalten, aber ich wusste, dass unser Überleben davon abhing, das Brot gut einzuteilen. Jeden Tag portionierte ich ein Stück von der Größe eines halben Eies für jeden von uns. Das war alles. Mehr nicht. Wir mussten es heimlich essen, damit es keiner sah und uns dafür umbringen würde. Jene, die ganz am Anfang der Fahrt schnell zwei oder drei Brote verschlungen hatten, waren inzwischen alle gestorben. Grausame Tode. Ihre dehydrierten Körper konnten so viel Nahrung auf einmal nicht mehr verkraften. Ihr Verdauungssystem hatte versagt.

Wir machten mehrere Male Halt auf unserer dreiwöchigen Reise in die Hölle. Züge und Lastwagen mit Juden wurden auf verschiedene Routen geschickt, um diejenigen von uns zu töten, die noch am Leben waren. Die Nazis wollten nicht, dass irgendjemand mitbekam, was sie getan hatten. Sogar vor den deutschen Soldaten wurden die Zielorte geheim gehalten. Wir fuhren auf den Schienen hin und her, während der deutschen Führung angesichts der vorrückenden Alliierten die Optionen ausgingen. Am 19. April hielt der Zug dann im niederbayerischen Nammering an.

Niemand hatte damit gerechnet, dass diese Reise so lange dauern würde – nicht einmal die Nazis selber. In der Tat wusste selbst das Wachpersonal nichts über unser Ziel. Das lag daran, dass noch niemand darüber entschieden hatte. Die Wehrmacht war in völliger Unordnung, und die vorher so effizienten »Entscheidungsträger« waren nun mit anderen Aufgaben beschäftigt. Zugladungen mit sterbenden Juden gehörten nicht dazu. Und da niemand Entscheidungen traf oder Befehle erteilte, pendelten wir einfach weiter hin und her. Schließlich, als einige Häftlinge völlig durchdrehten und die Schwächeren töteten, kam es sogar zu Kannibalismus. So unvorstellbar schlimm die Bedingungen in den Güterwaggons auch schon zu Beginn waren, sie wurden täglich schlimmer, bis fast alle tot waren. Die wenigen von uns, die noch lebten, waren den steifen und verwesenden Leichen um uns herum zahlenmäßig weit unterlegen. Wir schienen in einem stinkenden Meer des Todes zu treiben. Auf wundersame Weise schaffte ich es, obwohl ich so schwach war, entweder stark genug auszusehen, um die anderen von uns fernzuhalten, oder Isaac und ich waren einfach zu ausgelaugt, als dass man uns beachtete.

Nach vielleicht drei Wochen Tortur erreichten wir mittags am 27. April endlich einen Ort namens Dachau. Tote und lebendige Körper waren im Zug zusammengezwängt, und als sich die Zugtüren öffneten waren befanden sich 2.310 Tote darin. Ich war einer von achtzehn Menschen in meinem Waggon, die diese Qualen überlebt hatten.

In Dachau war 1933 das erste richtige Konzentrationslager von den Nazis errichtet worden, um politische Gefangene zu inhaftieren, darunter Ärzte, Anwälte, Lehrer, Journalisten, Geistliche und viele andere.

Todeszug vor dem KZ Dachau, Blau Sidney 020-75-002 02

Als die Türen zu unseren Güterwaggons endlich geöffnet wurden, wurden wir wieder einmal auf brutale Weise ins Lager gescheucht. Können Sie sich vorstellen, dass man mit solcher Brutalität noch mit lebenden Toten umgeht? Nur etwa eine Handvoll Skelette, darunter mein Cousin und ich, kletterten durch die Leichen hindurch aus dieser Hölle heraus. Aber im Inneren des Lagers wartete nur die nächste Hölle auf uns: Das erste, was wir sahen, war ein Berg von skelettierten Leichen, in grässlich unnatürlichen Posen und aufgestapelt wie uralte Treibholzstücke.

Unsere Baracke befand sich direkt neben diesem Leichenberg. Es gab keine Kojen, wir wurden angewiesen, uns auf den Boden zu legen. Später erfuhren wir, dass der einzige Grund, warum wir nicht sofort verbrannt wurden, der Kohlemangel war, der die Nazis daran hinderte, die Öfen zu betreiben. Eine seltene Gelegenheit, bei der sich der Kohlemangel als Vorteil herausstellte. Zu diesem Zeitpunkt schien es allerdings keine Frage mehr, ob wir sterben würden, sondern nur noch: Wie lange würde es dauern?

19. 29. April 1945: Befreiung!

»Freiheit ist der Sauerstoff der Seele.«
Mosche Dajan*

Drei Tage später, in denen wir uns nicht vom Boden bewegt hatten, dachten Isaac und ich, wir würden uns die Jubelgeräusche lediglich einbilden, die vom Hof herüberschallten. Es klang, als ob die halbtoten Häftlinge in vielen verschiedenen Sprachen »Befreiung! Befreiung!« riefen. Die Sprache, die wir am deutlichsten verstanden, war Jiddisch: »Bafreiung!« Verwirrt und neugierig, warum so viele »Muselmänner«** dieses Wort so ekstatisch ausriefen, hielten mein

* Israelischer General und Politiker (1915–1981).

** Die vielen verschiedenen Nationalitäten der Häftlinge in den Konzentrationslagern haben zu einer Mischsprache geführt, die zur Kommunikation der Häftlinge untereinander genutzt, aber auch von der SS in offiziellen Befehlen verwendet wurde. Diese Mischsprache wird in der Forschung »Lagerszpracha« genannt. »Muselmann« war dabei die Bezeichnung für einen Häftling, der sich im letzten Stadium der Entkräftung befand und dem Tode nahe war. Diese Bezeichnung schaffte es von der Kommunikation der Häftlinge untereinander sogar bis in die offizielle SS-Korrespondenz. (Anm. d. Übers.)

Cousin und ich uns aneinander fest, zwangen uns irgendwie aufzustehen und humpelten auf wackeligen Beinen nach draußen. Wir erblickten einen freudige Menge von Häftlingen, die unsere Retter umarmten. Doch wir beobachteten auch, dass viele von ihnen einfach umfielen und starben, bevor sie ihre Befreier berühren konnten. Wie so oft in diesen abscheulichen Jahren waren wir wieder einmal schockiert von dem Anblick, der sich uns bot. Aber dieses Mal war es anders. Es sah so aus, als würde in dieser Hölle auf Erden etwas Gutes geschehen.

Wie seltsam, dass dieser so ersehnte Anblick noch schwerer zu begreifen war als all die Gräueltaten, die wir gesehen und ertragen hatten. Für uns fühlte es sich an wie eine Art Delirium, als wir sahen, wie ein amerikanischer G. I. (»Government Issue«) den Lagerwachturm hinaufkletterte. Oben angekommen, warf er den Wachposten wie einen Sack Müll einfach in den Hof zu den Häftlingen hinunter. Der Wärter machte sich nicht einmal die Mühe, sich zu verteidigen.

Die Gesichter unserer Befreier drückten gleichermaßen Entsetzen wie Genugtuung darüber aus, dass nun endlich Gerechtigkeit geübt wurde. Die Amerikaner waren so schockiert und auch angewidert von dem Anblick der abgemagerten, wandelnden Skelette und der überall herumliegenden und aufgetürmten Leichen, dass viele von ihnen auf die Knie fielen, schluchzten und sich übergaben. Später erläuterten einige von ihnen, sie hätten einfach das Gefühl gehabt, dass sofort jemand bestraft werden musste – und dass der Wachmann ihr erstes Ziel war.

Rabbi Eli A. Bohnen, dem *Assistant Chaplain* der 42. Regenbogen-Division, die Dachau befreite, zufolge sahen er und seine Männer zuerst die Güterwaggons vor den Toren. Seine Worte beschreiben sowohl den Todeszug, dem mein Cousin und ich am 26. April 1945 entstiegen waren, als auch das Innere des Lagers treffend:

*Nichts, was man in Worte fassen könnte, würde adäquat beschreiben, was ich dort sah. Der menschliche Verstand weigert sich zu glauben, was die Augen sehen.**

Diese umherirrenden, gespenstischen Häftlinge, die fast nicht mehr als Menschen zu erkennen waren ... diese hohläugigen, verrohten, sich kaum auf den Beinen haltenden, kaum noch atmenden, mit Narben überzogenen, von Ungeziefer befallenen und kranken Skelette, bei deren Anblick sich die traumatisierten und schluchzenden GI-Befreier übergeben mussten ... diese schmerzhaften und unvergesslichen Beispiele für das Böse, das Menschen anderen Menschen zufügen können – waren wir. Isaac und ich standen einfach nur da und hielten uns aneinander fest, zu betäubt, um uns zu bewegen, und zu fassungslos, um einen klaren Gedanken zu fassen. Wir sahen zwei junge, saubere und gesunde amerikanische Soldaten auf uns zukommen. Wir dachten nichts und fühlen nichts. Sie versuchten, ihr Entsetzen über unseren Anblick mit einem freundlichen Lächeln zu überspielen. Sie streckten ihre Hände aus und gaben uns Dose *Spam* (in Konservendosen eingemachtes, püriertes und gewürztes Schweinefleisch), die sie aus den deutschen Lagerhäusern geholt hatten.

Natürlich meinten es die Soldaten gut, als sie uns dieses Essen gaben, aber die Wirkung auf unsere Körper waren grässlich. Und tödlich. Wir waren so ausgehungert, dass wir, obwohl wir es besser wussten, einen großen Fehler machten: Wir aßen davon.

Tragischerweise erkrankten die meisten von uns daraufhin an einer schweren, schmerzhaften *Ruhr*. Auch Isaac und ich erkrankten, aber ihm ging es noch schlechter als mir. In dieser lang ersehnten Nacht der Befreiung, nachdem er so viel Grauen überlebt hatte, erkrankte mein gebrechlicher Cousin Isaac, der bereits am Rande des Todes stand, heftig. Als sein armer Körper sich vor Schmerzen

* Eli A. Bohnen trat der US Army 1943 und war Chaplain, also ein Militärgeistlicher, der 42. Infanteriedivision (*Rainbow*) bei der Befreiung von Dachau am 29. April 1945. Diese Erinnerung stammt aus einem Brief an seine Frau Eleanor vom 1. Mai 1945. Quelle: Jewish Virtual Library, http://www.jewishvirtuallibrary.org. (Anm. d. Übers.)

krümmte, hielt ich ihn fest und flehte ihn leise an, er solle durchhalten, weil wir endlich frei seien – auch wenn ich nicht so recht wusste, was das bedeuten mochte. Es war vorbei. Wir würden wieder ein Leben haben, mit unserer Familie wieder vereint sein. Wir würden Feiertage begehen und essen, lachen, tanzen.

Ich redete und redete, als ob meine Stimme ihn am Leben erhalten könnte. Ich erzählte ihm alles, was mir in den Kopf kam. Ich zwang meine eigene, leiser werdende Stimme, lauter zu sprechen, während ich spürte, wie Isaac schwächer und schwächer wurde. Als könnte ich ihm so befehlen, weiterzuleben. Ich glaubte, dass jeder Verlust, jede Folter, jede Demütigung, die wir in den letzten sechs Jahren erlitten hatten, eine Bedeutung erlangen würde, wenn ich ihn nur am Leben erhalten könnte. Ich schaukelte ihn die ganze Nacht sanft in meinen Armen. Auch noch nachdem er gestorben war. Ich wollte ihn nicht loslassen. Ich sprach einfach weiter mit ihm, während mir die Tränen über das Gesicht liefen. Morgens, als sie seinen Körper wegtrugen, versuchte ich verzweifelt, mich an ihn zu klammern, mit ihm zu gehen. Aber ich verlor das Bewusstsein und brach zusammen. Aus irgendeinem Grund bin ich nicht gestorben, aber mein Cousin Isaac. Warum? Immer wieder habe ich mich gefragt, ob er vielleicht versucht hat, auf mich aufzupassen. Vielleicht hatte er sich erst frei gefühlt zu gehen, als er wusste, dass ich frei sein würde.

TEIL II

»Überlebender«

20. Holocaustüberlebender

»Ich hätte mir nie träumen lassen, dass solche Grausamkeit, Bestialität und Unizivilisiertheit auf dieser Welt wirklich existieren könnten.«

Dwight D. Eisenhower*

Nur wenigen Menschen ist bewusst, dass die amerikanischen Befreier in Dachau auf zwei sehr verschiedene Arten von Häftlingen trafen, weil es zwei sehr verschiedene Kategorien von Häftlingen gab. Wenn Sie also Bilder von einigermaßen gesund aussehenden Häftlingen gesehen haben, die den Befreiern lächelnd zujubeln, dann war das niemand von uns. Sie sahen Bilder von nichtjüdischen Häftlingen. Diese waren weitaus besser versorgt und menschlicher behandelt worden als wir. Wir hingegen waren die wandelnden Toten. Wir konnten kaum noch atmen, geschweige denn lächeln oder winken. Wir waren in einem so schlechten Zustand, dass wir nicht einmal einen Sinn in dem erkennen konnten, was sich vor unseren Augen abspielte. War das ein Nazi-Scherz? Eine Flut von seltsamen Anblicken und verwirrenden Gefühlen überschwemmte unsere betäubten Gemüter und Körper.

Und als uns langsam klar wurde, dass wir frei waren, nahmen wir auch die bittere Ironie dieser Freiheit wahr: Physisch waren wir nur noch Stunden von unserem Tod entfernt, was machte es also für einen Unterschied, ob wir befreit waren? Falls wir noch etwas fühlen konnten, war da natürlich die Freude, dass das Töten und Foltern aufhören würde. Da wir aber kaum zusammenhängend denken, geschweige denn uns um uns selbst kümmern konnten, selbst wenn wir es irgendwie schafften, einen weiteren Tag zu überleben: Was hatte das für eine Bedeutung? Die nichtjüdischen Häftlinge, die in weit besserer körperlicher Verfassung waren, hatten ein

* Zitat aus einem Brief von General Eisenhower an seine Ehefrau vom 15. April 1945, drei Tage nach seinem Besuch des befreiten Arbeitslagers Ohrdruf, südlich vom thüringischen Gotha.

Zuhause, Familien, zu denen sie zurückkehren konnten. Wir aber hatten keinen solchen Ort, und niemand wartete darauf, uns in die Arme zu schließen. Wir »wandelnden Skelette« waren plötzlich uns selbst überlassen. Viele, die diesen surrealen Moment der Befreiung nicht überlebten, starben dabei, als sie jämmerlich durch den Dreck krochen, um die entsetzten Amerikaner zu begrüßen. Was für eine Zukunft lag vor jenen von uns, die es geschafft hatten zu überleben? Selbst wenn wir irgendwie unsere körperliche Gesundheit wiedererlangten, würden wir jemals unsere geraubte Menschlichkeit zurückerobern?

Wenn man mich heute fragt, wie ich die Befreiung erlebt habe, kann ich nur noch die Ereignisse der ersten Tage in meinem Gedächtnis zusammensetzen. Bevor ich für drei Monate das Bewusstsein verlor, erinnere ich mich noch daran, dass ein polnischer Jesuitenpater mich auf seinen Schultern in einen medizinischen Bereich trug. Zu diesem Zeitpunkt und in meinem Zustand ergab das für mich so viel Sinn wie alles andere, was seit dem 1. September 1939 geschehen war. Zu meiner großen Überraschung erfuhr ich jedoch später, dass dieser Priester keine Halluzination war – er war echt! Er hatte sich einer Gruppe französischer Ärzte und Krankenschwestern angeschlossen, die in Zelten auf dem Hof ein Feldlazarett einrichteten. Er trug mich wie einen 30 Kilogramm schweren Knochensack – denn genau das war ich. Und er versuchte, mir Trost zu spenden, indem er leise mit mir sprach und mich nach meinem Namen fragte. Ich schaffte es, »Benek« zu flüstern.

Dann sagte er etwas zu mir, das ich nie vergessen werde: »Benek, vergiss nicht, stolz auf deine Religion zu sein. So wie dein Volk gelitten hat, hast du einen hohen Preis dafür bezahlt, Jude zu sein. Gib niemals deine edle Religion auf.« Auch wenn es eine Halluzination gewesen wäre: Diese Worte von einem katholischen Priester, der mir das Leben rettete, machten einen so tiefen Eindruck auf mich, dass sich mein Blick auf Nichtjuden und Polen für immer veränderte. Ich erkannte, dass es in jeder religiösen und ethnischen Gruppe rechtschaffene Menschen gibt und dass wir trotz aller Unterschiede eine gemeinsame Menschlichkeit teilen. Es ist besser für uns alle, diese gemeinsame Menschlichkeit in Ehren zu halten, als unsere Differenzen hervorzuheben.

Als wir das Sanitätszelt erreichten, legten mich die Pfleger sanft auf eine Liege, deckten mich mit einem richtigen Laken und einer Decke zu und führten mir Nährstoffe durch eine intravenöse Ernährungssonde zu. Nachdem ich misshandelt und ausgehungert worden war, konnte ich diese neue Realität nicht begreifen. Dann wurde ich ohnmächtig. Alles, was ich weiß, ist, dass ich in einem bequemen Krankenhausbett in dem schönen bayerischen Kloster St. Ottilien wieder zu Bewusstsein kam. Die Mönche hatten einen Klosterflügel für die medizinische Versorgung und Rehabilitation von Holocaustüberlebenden zur Verfügung gestellt.

Für uns frisch Befreite war die gemeinsame Zeit in St. Ottilien sehr wohltuend – in medizinischer und emotionaler Hinsicht. Zum ersten Mal seit Jahren wurden wir nicht gefoltert und ermordet, sondern versorgt. Wir waren so viele, die in der gleichen Situation waren, dass es schien, als wären wir eine große glückliche Familie und nicht verachtete Ausgestoßene. Ein Gefühl, das wir lange nicht mehr erlebt hatten.

Wir kümmerten uns umeinander und wurden zu Ersatzverwandten. Dank der medizinischen Versorgung, der guten Ernährungssituation, meinen neuen Freunden und meiner Jugend begann ich mich – zu meiner eigenen Überraschung – zu erholen. Ich wurde mit der Zeit stärker und begann, mich mehr und mehr wieder als Mensch zu fühlen. Anstatt zu hoffen, noch eine Stunde zu leben, dachte ich immer öfter, dass es vielleicht ein Morgen oder einen nächsten Monat für mich geben könnte. Und indem ich die Güte der Menschen um mich herum erlebte, verspürte ich zum ersten Mal seit vielen Jahren wieder ein wenig Hoffnung, dass das Leben lebenswert sein könnte. Und dass es vielleicht sogar einen Gott gibt.

21. Ein Purim im Juli!

Gelobt seist Du, Adonai, unser Gott, Herrscher des Universums, der du Brot aus der Erde hervorbringst.«
Hebräisches Gebet

Zu dieser Hoffnung trug auch das Engagement eines litauischen Rabbiners bei, der gekommen war, um die Patienten und *Displaced Persons* zu unterstützen.* Er fühlte sich uns allen sehr nahe und freute sich mit uns über unsere Genesung. Zu dieser Zeit beschloss er, obwohl es Sommer war und bereits Monate nach dem Purim, das im Februar 1945 stattgefunden hatte, eine *Purim Seuda*, ein Purimfest, zu veranstalten, um unsere Flucht vor dem Tod zu feiern. Er wollte all die Purims nachholen, die wir während des Holocaust verpasst hatten, und glaubte, dass Gott dieses Purim im Juli gutheißen würde. Schließlich waren wir alle gerade von Horror und Vernichtung befreit worden.

Das war ein sehr ehrgeiziges Unterfangen, denn es waren einige Hundert von uns zu verköstigen. Und obwohl die Köche von St. Ottilien sich freiwillig bereit erklärt hatten, bei der Essenszubereitung zu helfen, brauchte der Rabbiner dringend mehr Helfer, um die traditionellen *Challot* und natürlich die *Hamantaschen* zu backen. Also bat er um Freiwillige. Zuerst ersuchte er alle jungen Frauen um Hilfe, allerdings erfolglos, keine von ihnen wollte sich freiwillig melden. Vielleicht aus Schüchternheit, oder weil sie glaubten, nicht die nötigen Backfähigkeiten zu haben.

Als ich sah, wie enttäuscht er war, hatte ich plötzlich meine erste bewusste Erinnerung an mein Leben vor den Lagern. Ich erinnerte mich an das Backen mit meinem Vater in Niepołomice – die Wärme

* Jüdische Flüchtlinge, die den Status von *Displaced Persons* (DPs) hatten, waren staatenlos, und die meisten Länder weigerten sich, sie aufzunehmen. Obwohl der Krieg vorbei war, waren die Juden abermals gezwungen, an speziell für sie vorgesehenen Orten zu leben. Und nicht wenige dieser *Displaced-Persons*-Lager waren zuvor Konzentrationslager gewesen. Sie wurden aber auch in Krankenhäusern, Kirchen, Kasernen, Kinderlagern, Schulgebäuden und sogar in Luxusvillen und Resorts eingerichtet.

dieser Erinnerung hüllte mich geradezu ein. Und ich wusste, dass mein Vater gewollt hätte, dass ich das Backen der *Challot* für dieses Purim übernahm. Also meldete ich mich, obwohl ich Angst hatte, dass ich der Aufgabe nicht gewachsen wäre.

Der dankbare Rabbiner nahm mich mit in die riesige Backstube des Klosters, die die Mönche uns für diesen Anlass großzügig überlassen hatten. Sie sagten: »Nur zu. Hier sind alle Zutaten: Mehl, Zucker, Kakao. Nimm dir, was du brauchst.« Dann zeigten sie mir einen Raum mit großen Bottichen, in denen der Teig geknetet werden sollte. Als ich all diese einschüchternden Geräte sah, fragte ich mich, ob ich wirklich die richtige Person für die Aufgabe war! Es war Jahre her, dass ich gebacken hatte, und schon gar nicht in dieser Art von Einrichtung! Meine Erfahrung beschränkte sich auf das Backen von kleinen Chargen, für die man nur eine *Schissel* zum Mixen brauchte.

Aber alle verließen sich nun auf mich, und ich konnte sie nicht im Stich lassen. Ich wusste, dass ich, wenn ich etwas erreichen wollte, zunächst herausfinden musste, was zu tun war – um es dann einfach zu tun. Und plötzlich meldeten sich auch die Mädchen freiwillig für diesen Dienst. Trotz der Umstände als Überlebende hatten auch wir immer noch die üblichen Teenager-Interessen – wie zum Beispiel das Flirten!

Um also die vielen wundersamen Fluchten des jüdischen Volkes gebührend zu feiern, beschloss ich, ein großes, schönes *Challa* zu backen. Da wir vor kurzem die schrecklichen Gerüchte über die Zahl der jüdischen Todesopfer des Holocaust erfahren hatten, beschloss ich, ein Gedenk-*Challa* zu backen. Es sollte sechs Fuß lang sein (ca. 1,80 Meter), um der sechs Millionen Menschen zu gedenken, die umgekommen waren.

Genau wie mein Vater es mir beigebracht hatte, auch wenn die Proportionen ganz andere waren, begann ich damit, die Hefe über das warme Wasser zu streuen, und schlug dann das Öl, die Eier und das Salz hinein. Anschließend fügte ich das Mehl hinzu, eine große Schüssel nach der anderen, und verrührte alles jedes Mal neu. Ich spürte, wann der Teig die richtige Konsistenz erreicht hatte. Dann deckte ich ihn mit warmen Tüchern ab und wartete, bis er auf die doppelte Größe aufgegangen war.

Schließlich klopfte ich den Teig zusammen, legte ihn auf das gefettete Backblech, teilte ihn und rollte ihn vorsichtig zu vier Zopfsträngen. An diesem Punkt stellten wir fest, dass niemand von uns über das Backblech würde greifen können, um die Zöpfe zu flechten. Und obwohl ich mir nicht sicher war, ob mein Vater es gutgeheißen hätte, wurde mir klar, dass man etwas sehr Ungewöhnliches tun musste, um ein *Challa* dieser Größe zu flechten.

Also erzählte ich den Mädchen von meinem Plan – in der Hoffnung, dass sie damit einverstanden sein würden. Und diese zuvor so schüchternen Mädchen zogen direkt ihre Schuhe aus und stiegen auf den Tisch! Ich wies ihnen eine Nummer zu, eins bis vier, und jede war für ihren eigenen Hefezopfstrang zuständig. Dann rief ich: »Nummer Eins, geh rüber zu Nummer Drei, Nummer Vier, rüber zur Nummer Zwei!«

Meinen Anweisungen folgend, tauschten sie vorsichtig die Plätze, bis so viel Brot geflochten war, dass ich es erreichen und den Laib fertigstellen konnte. Und irgendwie, inmitten von viel Gekicher und Gekreisch, wenn die Füße den Tisch verfehlten und die Mädchen beinahe auf den Boden fielen, hatte sich der Laib in einen wunderschönen Zopf verwandelt. Es war wie eine Choreographie! Wir hatten nicht nur Brot gemacht – wir hatten einen Tanz der Freude geschaffen! *L'Chaim*! Einen Tanz auf das Leben!

Dann ließen wir das Brot noch einmal eine Stunde lang aufgehen, bestrichen die Oberfläche mit verquirltem Eigelb und bestreuten es großzügig mit Mohn. Schließlich schoben wir alle zusammen das schwere Backblech mit seiner kostbaren Fracht vorsichtig in den Ofen. Plötzlich hörte das Kichern auf, und wir sahen uns ernst an, alle dachten das Gleiche. Unsere Herzen, Gedanken und Gemüter wurden plötzlich mit Bildern von ganz anderen, tödlichen Öfen überflutet.

Während das Brot backte, stellten wir uns wie am Fließband auf, um andere traditionelle Backwaren herzustellen – und keine davon war wichtiger als die *Hamantaschen*! Während wir in der Backstube arbeiteten, waren die Köche des Klosters in der Küche damit beschäftigt, das Essen für das Bankett zu kochen. Und sie sorgten sogar dafür, dass alles koscher war. Als alles fertig war, die Tische schön dekoriert und mehrere hundert Bewohner und Mitarbeiter Platz genommen hatten, trugen die Mädchen und ich die *Challa* vorsichtig in den Speisesaal.

Mit mir an der Spitze und zwei Mädchen an jeder Seite sahen wir aus wie Sargträger – und so fühlten wir uns auch. Jedem im Raum ging es so. Wir spürten aber auch, dass diese Prozession das Leben repräsentierte. Wir waren am Leben und feierten ein uraltes Fest der Befreiung von Unterdrückung – etwas, von dem keiner von uns geglaubt hatte, dass er es jemals wieder tun würde! Das Purimfest im Juli 1945 im Benediktinerkloster St. Ottilien in Deutschland war das unvergesslichste Purimfest unseres Lebens. Von Anfang bis Ende war es voller Wunder.

22. Die Chaluzim

»Ein freies Volk zu sein in unserem Land,
dem Land von Zion und Jerusalem.«
haTikwa, Israels Nationalhymne

Die nächsten Monate im Krankenhaus verliefen ereignislos, ich konzentrierte mich voll und ganz darauf, meine Gesundheit wiederzuerlangen. Doch eines frühen Morgens, ich lag in meinem Schlafzimmer im ersten Stock, hörte ich draußen etwas, das meine Neugier weckte. Es klang wie eine Gruppe junger Leute, die hebräische Lieder sangen! Überrascht schaute ich aus dem Fenster und sah eine Anzahl kräftiger Jugendlicher in blau-weißen Uniformen an meinem Schlafsaal vorbeimarschieren. Sie sangen hebräische Lieder wie »Arza Alina«, in dem es um die *Alija*, den Aufstieg, ins Gelobte Land geht, und »Hevenu Shalom Aleichem«, wir bringen dir Frieden. Ein weiteres inspirierendes Lied, »Lehitraot B'arzenu«, prophezeit, dass wir uns in unserem Land wiedersehen werden.

Der Anblick und die Musik waren für mich außergewöhnlich! Sofort fühlte ich mich in meine Kindheit zurückversetzt, in Zeiten, in denen meine Familie und Freunde diese fröhlichen Lieder sangen. Auch heute noch werde ich sehr emotional, wenn ich daran denke. Selbst die Nazis waren nicht in der Lage, die Kraft und Schönheit unserer jüdischen Musik zu vernichten. Rasch zog ich mich an, rannte die Treppe hinunter, ging auf den *Madrich*, den Leiter, zu und fragte ihn, wer sie seien. Er antwortete, sie seien alle Waisenkinder, deren Familien von den Nazis ermordet worden waren. Mir machte es Mut, dass diese Waisen, die so viel gelitten hatten, bereits Teil einer wichtigen neuen Unternehmung waren. Sie waren *Chaluzim*, Pioniere, die sich der Errichtung einer jüdischen Heimat in Palästina verschrieben hatten.

Ben als *Chalutz*, Feldafing (1945), Lesser Family Collection

Sie wollten das Land unserer Vorfahren – Israel – zurückerobern, *Kibbuzim* aufbauen, kollektiv geführte Farmen. Dazu erlernten sie spezialisierte Berufe und die notwendigen technischen Fähigkeiten, um autarke Individuen in einem autarken Land zu werden. Eine Ausbildung zur Selbst- und Landesverteidigung gehörte ebenfalls dazu, denn es würde ein starkes, gut ausgebildetes Militär brauchen. Nie wieder würden Juden als diskriminierte und wehrlose Minderheiten in den allzu oft unfreundlichen Ländern anderer Völker leben müssen. Nie wieder hinge unsere Existenz von der naiven und vergeblichen Hoffnung ab, dass die Stimmen der »guten Menschen« sich gegen das Böse erheben würden.

Diese temperamentvollen, fleißigen und kompetenten jungen *Chaluzim* hatten bereits einen *Kibbuz* in Feldafing* am Starnberger See

* Die jüdischen Überlebenden schufen in den Lagern für *Displaced Persons* erstaunlich schnell ein relativ normales Umfeld, indem sie Bibliotheken, Clubs, Chöre, Theatergruppen, Orchester, Zeitungen, Schulen, Synagogen und kleine Geschäfte gründeten. Ein Rat von Rabbinern fungierte als eine Art Obrigkeit.

gegründet. Er trug den Namen *Ma'apilim*, ein hebräischer Begriff für jene Juden, die allen Hindernissen zum Trotz versuchten, Palästina auf illegalem Wege zu erreichen. Und Hindernisse gab es viele. Nach dem Ersten Weltkrieg hatte der Völkerbund Großbritannien mit der Verwaltung des Gebietes beauftragt, dem *Völkerbundsmandat für Palästina*. In den 1930er Jahren begannen europäische Juden, die vor dem wachsenden dramatischen Naziterror flohen, nach Palästina einzuwandern. Die ölfördernden arabischen Nachbarstaaten allerdings, die einen Zustrom von Juden missbilligten, übten Druck auf die Briten aus, die Einwanderung zu unterbinden. Großbritannien gab dem Druck nach und schränkte die Möglichkeiten für jüdische Flüchtlinge, legal ins Land zu kommen, stark ein. Juden, die den Nazis entkommen waren, mussten sich also noch gegen die Briten behaupten. Was war mit der zivilisierten Welt geschehen?

Ich wollte mehr über diese jungen Pioniere zu erfahren und fragte, was ihre Pläne seien. Als sie mir antworteten, dass sie beabsichtigten, einen Teil des von den Briten besetzten Palästina zurückzuerobern, war ich fassungslos. Sie planten, einen jüdischen Staat in dem Land zu gründen, aus dem wir vor fast 2.000 Jahren von den Römern vertrieben worden waren. Seither ist das jüdische Volk gezwungen, überall auf der Welt als Minderheit zu leben, in der Diaspora. Anschließend erzählten sie mir etwas, das ich nicht gewusst hatte – etwas, das fast so schwer zu glauben war wie das, was ich in den Konzentrationslagern erlebt hatte. Etwas, das mich bis heute verfolgt. Sie erzählten mir, dass die Welt untätig zugesehen hatte, während sechs Millionen Juden abgeschlachtet wurden. Keiner war uns zu Hilfe gekommen. Niemand hatte die Bahngleise zu den Konzentrationslagern bombardiert. Niemand hatte klar und deutlich an die Nazis appelliert, ihre Verbrechen am jüdischen Volk, ihre Verbrechen an der Menschheit zu beenden.

Die *Chaluzim* führten aus, dass der Holocaust nicht möglich gewesen wäre, wenn das jüdische Volk einen eigenen Staat gehabt hätte, eine eigene Armee und Bündnisse mit anderen Ländern. Nur weil wir so verstreut und zersplittert überall auf der Welt lebten, waren wir nicht in der Lage gewesen, uns zu schützen. Und da wir grundsätzlich in der Minderheit waren, wies man uns überall die Rolle als Sündenböcke zu. Das war eine radikal neue Sichtweise für mich, aber sie ergab sehr viel Sinn. Enthusiastisch bot ich an, der Gruppe beizutreten, und fühlte mich geehrt und war dankbar, als ich angenommen wurde. Ich war mehr als bereit, Teil einer Bewegung zu werden, die ein jüdisches Heimatland aufbauen und damit die Sicherheit unseres Volkes gewährleisten würde.

Glücklicherweise wurde ich wenige Tage später als gesund genug eingeschätzt, um aus St. Ottilien entlassen zu werden. Eine Delegation der Gruppe holte mich ab und brachte mich nach Feldafing. Wieder einmal betrat ich eine völlig neue Welt – eine Welt voller Lernen, Ideen und ganz neuer Möglichkeiten! Am besten gefiel mir, Teil einer jüdischen Gruppe zu sein, die sich weigerte, die Opferrolle anzunehmen. Ich hatte noch nie erlebt, dass Juden Strategien entwickelten und kollektiv organisierte Maßnahmen ergriffen, um sich zu schützen. In der Gruppe herrschte eine Haltung, die ich so nicht kannte. Diese *Chaluzim* würden sich niemals wegducken, nur um vergeblich darauf zu warten, vor den Monstern gerettet zu werden. Sie waren kompetente jüdische Menschen und stolz darauf.

Bei den *Chaluzim* lernte ich Hebräisch und erfuhr etwas über das gemeinschaftliche Leben eines *Chaluzim-Kibbuzniks*. Diese Gemeinschaft basierte auf den Idealen des Zionismus und legte großen Wert auf geistige und körperliche Fitness sowie auf ständige Wachsamkeit und Eintracht. Uns wurde gezeigt, wie man kämpft, damit wir uns verteidigen konnten. Es war deutlich, dass wir geistig, emotional und körperlich für den Kampf vorbereitet wurden, um nie wieder passive Opfer sein zu müssen. Da unsere Gruppe jedoch kein Geld und nur die primitivste Ausrüstung zur Verfügung hatte, benutzten wir beim Marschieren Stöcke statt Gewehre. Immerhin lernten wir, wie man die einzige Pistole, die der Kibbuz besaß, lädt und benutzt: eine deutsche Luger.

Ich lebte fast vier Monate in *Ma'apilim*. Unsere Tage waren sehr genau durchgetaktet, fast wie in einem militärischen Bootcamp. Ende des Jahres 1945 wurde mir die Ehre zuteil, an der ersten *Aliyah Bet* teilzunehmen. Diese äußerst riskante, illegale Mission mit dem Codenamen *Ha'apala* sollte es jüdischen Flüchtlingen ermöglichen, per Schiff nach Palästina einzuwandern. Wir sollten an Bord des allerersten Schiffes mit Holocaustwaisen sein, das dort ankäme. Illegal war das Vorhaben, weil die Briten entschieden hatten, dass ein großer Zustrom von Holocaustüberlebenden nach Palästina nicht im Interesse Großbritanniens sei, das die freundschaftlichen und wirtschaftlichen Verbindungen mit den arabischen Nachbarländern nicht gefährden wollte. Anstatt uns also zu unterstützen, indem sie uns Visa erteilten, erklärten die Briten uns zu »illegalen Einwanderern«. Sie patrouillierten, blockierten, fingen ab und durchsuchten alle Schiffe im Mittelmeer und verhafteten alle Juden, auch Kinder, derer sie dabei habhaft wurden, um sie anschließend in Internierungslager zu verbringen. Über 50.000 Juden wurden allein auf Zypern inhaftiert. Viele von ihnen wurden im Kontext des Palästinakriegs und der Ausrufung des Staates Israels 1948 wieder freigelassen, manche jedoch blieben bis in die frühen 1950er Jahre in Gefangenschaft.

Für die erste Überfahrt ins Land Israel ausgewählt zu werden, war eine große Ehre. Ich studierte und trainierte mit großer Hingabe und wurde sogar Ausbilder für die Jüngeren. Von den 200 Mitgliedern unserer Organisation gab es nur zehn Leiter, einer davon war ich, und darauf war ich sehr stolz. Mein Leben hatte plötzlich einen Sinn bekommen, und es schien, als sei ich für eine sehr wichtige Sache von großem Wert. Bald wurde ich in eine Position mit größerer Verantwortung befördert. Offensichtlich befand die Organisation, ich hätte etwas zur Zukunft Palästinas beizutragen. Ich war von einem KZ-Häftling, der dem Tode näher als dem Leben gewesen war, zu einem gesunden, gut ausgebildeten Anführer geworden, der half, den neuen, unabhängigen jüdischen Staat Israel aufzubauen.

Wir erhielten falsche Papiere und Identitäten und bereiteten uns aufgeregt darauf vor, uns Hunderten von anderen *Chaluzim* aus ganz Europa anzuschließen. Wir waren so viele, dass wir ein ganzes Schiff füllen konnten! Der Treffpunkt war an einem noch unbekannten Ort in der Nähe von Frankfurt, von da aus sollte es weiter zu einem Hafen am Mittelmeer und weiter ins Gelobte Land gehen. Wir erfuhren nie im Voraus, was als Nächstes passieren sollte, denn jede Information, die nach außen drang, hätte den gesamten Plan sabotieren und möglicherweise Leben kosten können. Unsere Freude über die bevorstehende Mission wurden jedoch getrübt, als eine reizende, entschlossene junge Frau in unserer zehnköpfigen Gruppe namens Rachel nur zwei Tage vor dem geplanten Aufbruch zu unserer illegalen Reise plötzlich erkrankte. Trotz ihrer Proteste wurde Rachel nach St. Ottilien gebracht, das inzwischen ein Krankenhaus ausschließlich für Holocaustüberlebende war. Wir waren am Boden zerstört, dass sie nicht in der Lage sein würde, die Reise nach Israel mit uns anzutreten. Wir waren eine eng zusammengeschweißte Truppe, jeder besaß spezielle und wertvolle Fähigkeiten, sodass der Verlust eines Einzelnen uns alle in echte Bedrängnis brachte.

Am nächsten Tag beschloss mein engster *Chaluz*-Freund, Avrum, dass wir Rachel besuchen und uns von ihr verabschieden sollten. Daher nahmen wir einen Bus von Feldafing nach St. Ottilien, um sie zu sehen. Uns blieben nur zwei Stunden Zeit für den Besuch, weil wir rechtzeitig zu unserem letzten Gruppentreffen vor der Abreise nach Palästina wieder den Bus nach Feldafing erwischen mussten. Wir fanden Rachel in einer Krankenstation, die sie mit fünf anderen Frauen teilte. Sie sah so blass und hilflos aus, kein Vergleich zu der starken, furchtlosen Kämpferin, die mit uns trainiert hatte. Und sie war wütend, dass ihr eigener Körper sie verraten hatte und sie zwang, uns alle im Stich zu lassen. Avrum saß neben dem Bett auf einem Stuhl, ich saß auf dem Bett gegenüber. Wir unterhielten uns fast zwei Stunden lang mit ihr und versicherten, dass sie keine andere Wahl hatte. Sie müsse wieder gesund werden, damit sie später nachkommen könne. Wir alle versuchten, uns unsere Gefühle nicht anmerken zu lassen.

Im Bett neben Rachel lag eine hochschwangere Frau, die völlig bewegungsunfähig war, weil ihr Bein eingegipst in einer Traktionsschlinge hochgehalten wurde. Da für mich aber nur der traurige Abschied von Rachel zählte, schenkte ich dieser Frau keine Aufmerksamkeit. Später erfuhr ich, dass die schwangere Frau, nachdem wir gegangen waren, Rachel fragte: »Wer waren die beiden netten Jungs? Der eine, der auf deinem Bett saß, mit dem schönen schwarzen gewellten Haar erinnerte mich so sehr an meinen jüngeren Bruder.«

»Oh, das ist Benyameen«, antwortete Rachel und sprach meinen Namen auf Hebräisch aus. Mit steigender Erregung sagte die Frau dann: »Ich hatte einen jüngeren Bruder namens Baynish! Haben Sie zufälligerweise ein Foto von diesem jungen Mann?«

Tatsächlich hatte Rachel zufällig ein Foto von unserer Zehnergruppe bei sich und zeigte es ihr. Als die Frau einen Blick auf das Foto warf, fiel sie fast in Ohnmacht. Sie rief: »Oy! Das ist mein Bruder Baynish!« Sie hatte nicht gewusst, dass ich überlebt hatte. Und da sie nur mein Haar und mein Profil gesehen hatte, als ich auf Rachels Bett saß, hatte sie mich natürlich nicht erkannt – zumal ich in den letzten zwei Jahren reifer geworden war, größer, und auch meine Stimme hatte sich verändert. Ich hatte wenig bis gar keine Ähnlichkeit mit dem kleinen Bruder, an den sie sich erinnerte. Wir hatten nicht daran geglaubt, dass wir uns wiedersehen würden. Und nun hatte ich mit ihr im selben Raum gesessen – nur ein paar Meter von ihr entfernt –, und das zwei Stunden lang! Es war ein weiteres Wunder geschehen.

Obwohl unsere Mission streng geheim war, war Rachel klar, dass sie Lola einige Informationen über meinen Standort geben musste. So erfuhr Lola, dass die Gruppe, der ich mich angeschlossen hatte, die sozialistisch-zionistische Organisation *Hashomer Hatzair** war. Doch bei aller Freude, mich wiedergefunden zu haben, bereitete es ihr Unbehagen, dass ich einer Gruppe angehörte, die unserem orthodoxen Hintergrund widersprach. Lola spürte, dass meine Jugend, meine Einsamkeit und meine traumatischen Erfahrungen mich anfällig für Ideen gemacht hatten, die dem Glauben unserer Familie zuwiderliefen. Sie fühlte, dass sie drastische Maßnahmen ergreifen musste, um zu verhindern, dass ich mich von meiner religiösen Erziehung entfernte. Sie wusste ganz genau, dass es nicht leicht sein würde, mich aus dieser Organisation herauszuholen, besonders jetzt,

* *Hashomer Hatzair* wurde 1913/14 im damals österreich-ungarischen Galizien gegründet und steht in der Tradition der Pfadfinderbewegung. (Anm. d. Übers.)

wo ich auf dem Weg ins Gelobte Land war. Lola rief sofort nach Mechel, der vom Flur in ihr Zimmer gerannt kam. Erschrocken eilte er zu Lolas Bett und war einerseits sehr glücklich, die wunderbare Nachricht von meinem Überleben zu hören, andererseits aber auch etwas verstört von ihrem Lamento.

Sie erklärte ihm das Problem, und er versprach ihr, mich aus der Gruppe zu holen und zu ihr zurückzubringen, egal wie. Wenn Lolas gebrochener Knöchel nicht gewesen wäre, hätte sie wahrscheinlich selbst versucht, mich zu holen. Die Verletzung war jedoch nicht der einzige Grund, zudem war sie ja im neunten Monat schwanger! Und als werdende Mutter war sie noch Respekt einflößender! Verständlicherweise widerstrebte es Mechel, Lola in ihrem Zustand zu verlassen, und so beschlossen sie, einen kürzlich gefundenen Cousin aus der Familie meines Vaters, Baynish Horowitz, um Hilfe zu bitten.

Zu dieser Zeit machte die Suche nach verlorenen Verwandten den größten Teil unseres täglichen Lebens aus. Inmitten des Nachkriegschaos gab es mehrere einfache Zentren, in denen wichtige Listen mit Informationen gesammelt und verteilt werden konnten. Diese Listen wurden dann in Krankenhäusern, Synagogen, neu organisierten jüdischen Gemeindezentren und beim Roten Kreuz ausgehängt. Wann immer Überlebende neu in eine Stadt kamen, wandten sie sich sofort an diese Zentren und ließen ihre Namen und Informationen in eine Liste eintragen. Sie suchten auch nach geliebten Menschen oder Landsmännern, nach Personen aus ihrer jeweiligen Heimatstadt. Lola und Mechel überprüften diese Listen täglich und waren überglücklich, als sie herausfanden, dass unser Cousin in einem *Displaced-Persons*-Camp in Feldafing lebte. Genau wie Lola hatte er sich in meiner Nähe befunden, und wir hatten nichts voneinander gewusst!

Mechel ließ Cousin Baynish ausrichten, er solle sofort zu Lola kommen. Als Baynish atemlos und besorgt eintraf, wies sie ihn an, alles zu tun, um mich zu finden – auch wenn er mir dazu sagen müsste, dass sie schwer krank im Krankenhaus lag und vielleicht sterben würde. Sie ließ ihn sogar schwören, nicht ohne mich zurückzukehren. Natürlich stimmte mein Cousin dem zu. Da jedoch keiner von ihnen eine Ahnung hatte, wo ich zu finden war, wandte sich Lola an

Rachel und bekam schließlich die Information, dass ich irgendwo in Frankfurt sei. Obwohl sie zur Verschwiegenheit verpflichtet war, sorgte sich Rachel sehr um mich und beschloss, dass ich es erfahren müsste, überlebende Verwandte zu haben. Außerdem konnte niemand Lola etwas verweigern, wenn sie fest entschlossen war, es zu bekommen!

Ohne konkrete Informationen fuhr mein Cousin also nach Frankfurt, wo er zunächst ziellos durch die Straßen streifte. Er kam mit Leuten ins Gespräch, in der Hoffnung, jemanden zu treffen, der ihm meinen Aufenthaltsort verraten könnte. Nachdem er stundenlang die Gegend abgesucht hatte, bemerkte er einige junge Erwachsene, die sich auf Jiddisch unterhielten. Er sprach sie an und fragte, ob sie mich kennen würden. Zuerst leugneten sie, irgendetwas zu wissen, weil wir »im Untergrund« und zur Verschwiegenheit verpflichtet waren. Aber als er sie anflehte und ihnen von meiner »sterbenden« Schwester erzählte, war er offensichtlich sehr überzeugend, denn sie brachten ihn zu mir.

Später, als mein Cousin Baynish mir erzählte, wie er mich gefunden hatte, dachte ich nur: Gut, dass er kein feindlicher Spion war, denn sonst wäre unsere zionistische Mission aufgedeckt worden und wir hätten alle ins Gefängnis kommen können – oder schlimmer.

23. Ein freudiges Wiedersehen!

»Was gibt es Größeres für menschliche Seelen, als zu fühlen, dass sie für das Leben verbunden sind – um in stillen, unaussprechlichen Erinnerungen miteinander zu sein?«
George Eliot*

Während meine Schwester also Pläne für unser Wiedersehen schmiedete, studierte ich in aller Ruhe den Plan unserer Gruppe für die frühe Abfahrt am nächsten Tag nach Marseille, wo wir an Bord des Schiffes *Aliyah Bet* gehen sollten, das nach Palästina ablegte. Sie können sich vorstellen, wie schockiert ich war, als ich aufblickte und meinen Cousin zur Tür hereinkommen sah! Er hatte überlebt! Ich war überwältigt, als ich erfuhr, dass ich nicht das einzige Familienmitglied war, das noch lebte! Und noch mal mehr, als er mir mitteilte, dass er Lola gefunden hatte! Ich brach geradezu in Jubel aus – bis er hinzufügte, dass Lola im Krankenhaus lag, krank und sterbend. Er teilte mir mit, dass er nicht ohne mich zu ihr zurückkehren könne. Ich kannte meine Schwester, daher wusste ich, dass er die Wahrheit sagte. Nun war ich in einer schwierigen Situation, da unsere Abreise am nächsten Morgen bevorstand.

Um die Lage besser einschätzen zu können, ging ich mit meinem Cousin zu unserem Anführer, einem jungen Mann, der der *Haganah*, einer Sektion der *British Palestinian Jewish Brigade*** angehörte. Er verantwortete die hochgradig gefährliche Mission, jüdischen Flüchtlingen trotz der britischen Blockade die Einwanderung nach Palästina zu ermöglichen. Zuerst sympathisierte er mit meiner misslichen Lage, aber dann führte er aus, dass es inakzeptabel sei, die Gruppe

* Englische Schriftstellerin (1819–1880). Zitat aus dem Roman *Adam Bede* (1859).

** Diese Organisation wurde 1920 gegründet, um Juden in Palästina zu beschützen. Sie operierte als unabhängige Miliz im Untergrund gegen die antizionistische britische Politik, indem sie die illegale Einwanderung jüdischer Holocaustflüchtlinge nach Palästina erleichterte. Für weitere Infos siehe: http://jewishvirtuallibrary.org/jsource/History/haganah.html.

zu diesem Zeitpunkt zu verlassen. Mich jetzt noch zu ersetzen, sei unmöglich. Er wies darauf hin, dass sehr viel Geld, Zeit und Vertrauen in meine Ausbildung investiert worden sei und dass viele Menschen von mir abhingen. Ich sei aus vielen Kandidaten ausgewählt worden, die alle bereit gewesen seien, viel Geld zu zahlen für die Chance, sich dieser historischen Reise anzuschließen – der ersten *Aliyah Bet*. Er erinnerte mich daran, dass ich geschworen hatte, an der Mission teilzunehmen. Ich war überwältigt von Schuld und Trauer, aber auch von Stolz und Hoffnung.

Es war eigentliche eine große Ehre, ausgewählt worden zu sein, ich war gut ausgebildet, und ich wusste, dass es als unverzeihlicher Akt des Verrats angesehen werden würde, wenn ich die Mission jetzt verlassen würde. Ich blieb die ganze Nacht wach und quälte mich mit dieser Entscheidung. Denn beim Aufbau des neuen Staates Israel mitzuhelfen, war zum Kern meiner Existenz geworden. In gewisser Weise hatte ich mich auf dieses Ziel genauso konzentriert, wie ich die Konzentrationslager überlebt hatte. Es gab dem schrecklichen Leiden des jüdischen Volkes einen Sinn. Es schien undenkbar, am nächsten Morgen nicht nach Israel aufzubrechen, und ich ahnte nicht, dass ich im Begriff war, eine Entscheidung zu treffen, die den Rest meines Lebens beeinflussen würde.

Am frühen Morgen, nach einer schlaflosen Nacht, in der ich mit meinen ambivalenten Gefühlen gekämpft hatte, hatte ich einen klareren Kopf und einen besseren Überblick auf das Gesamtbild. Ich kam zu dem Schluss, dass es eine schicksalhafte Fügung war, die diese Wendung der Ereignisse herbeigeführt hatte. Natürlich war meine Schwester wichtiger als mein Traum! Ich würde die Reise nach Palästina aufschieben müssen. Verständlicherweise war die *Chaluzim*-Gruppe schockiert und verärgert über meine Entscheidung. Als ich meinen Gruppenleiter von meiner Entscheidung in Kenntnis setzte, riss er mir wütend die Reversnadel ab, die meinen hohen Status in der Gruppe angezeigt hatte. Das war seine Art, seiner Verachtung für meine Illoyalität Ausdruck zu verleihen. Auch mein angeblich bester Freund Avrum wandte sich angewidert von mir ab. Wir sprachen nie wieder miteinander. Als meine qualvolle Entscheidung gefallen war, konzentrierte ich meine ganze Aufmerksamkeit auf das bevorstehende bittersüße Wiedersehen mit meiner lange verlorenen und nun »sterbenden« Schwester.

Als ich am nächsten Morgen die *Chaluzim* verließ, war ich wieder einmal obdachlos – ein Zustand, der mir inzwischen beinahe normal erschien. Ich hatte keine Ahnung, wo ich die kommende Nacht verbringen würde. Nachdem ich also meine wenigen Habseligkeiten in meinen Rucksack gepackt hatte, traf ich mich mit meinem Cousin und wir fuhren mit dem Bus zu der Krankenstation, in der unsere *Chaverah* (liebe Freundin) Rachel immer noch im selben Bett lag. Ich konnte meine Emotionen kaum zurückhalten, als ich sah, dass die hochschwangere Frau im nächsten Bett wirklich meine geliebte, »todkranke« Schwester war. Wie konnte ich sie gleichzeitig gefunden haben und wieder verlieren müssen?

Nach einer emotionalen Begrüßung teilte sie mir die erlösenden Nachrichten über ihren guten Gesundheitszustand mit und warum sie so extreme Maßnahmen hatte ergreifen müssen, um mich zurückzuholen. Als ich das hörte, war ich fassungslos. Wilde Emotionen tobten in mir. Einerseits war ich verärgert, dass ich gegen meine eigene Redlichkeit und zionistische Überzeugungen verstoßen hatte. Ich hatte Menschen im Stich gelassen, die ich respektierte und die mich respektierten und auf mich angewiesen waren. Jetzt war ich am Boden zerstört über meine Entscheidung, meine Verpflichtungen aufzugeben, beim Aufbau und Schutz Israels mitzuwirken. Gleichzeitig war ich natürlich unbeschreiblich glücklich darüber, dass Lola nicht nur gesund war, sondern dass sie im Begriff war, ein neues Mitglied in unsere Familie zu bringen. Ein kostbares neues Leben, eines der ersten, das von einer Holocaustüberlebenden geboren wurde. Eine lebende, atmende, lachende, weinende, jubelnde Antwort auf Hitlers monströse »Judenfrage«. Wir sind immer noch hier! Und wir werden weiterhin überleben und gedeihen!

Meiner Obdachlosigkeit wurde Abhilfe geschaffen, denn Mechel sorgte dafür, dass ich in das kleine Zimmer ziehen konnte, das die Mitarbeiter von St. Ottilien für ihn bereitgestellt hatten, damit er in der Nähe von Lola sein konnte. In den nächsten Tagen besuchten er und ich Lola so oft wie möglich. Gemeinsam malten wir drei euphorisch unsere Zukunft aus. Und am Abend des 18. Januar 1946 schien diese »Zukunft« schnell näher zu kommen! Lola bekam schreckliche Schmerzen und merkte schließlich, dass sie in den Wehen lag. Da St. Ottilien keine Entbindungsklinik war, musste Mechel ein Taxi besorgen, das uns ins etwa eine Stunde entfernte Krankenhaus in Landsberg brachte. Es war eine wunderbare Nacht für uns alle!

Baby Hershel Lieber kam am nächsten Morgen in aller Früh zur Welt. Weniger als ein Jahr nachdem ich dachte, ich sei der einzige Überlebende meiner Familie, waren wir nun sogar zu viert! Wir verließen Lola und Heshi äußerst ungern, doch schließlich mussten Mechel und ich in unser kleines Zimmer in St. Ottilien zurückkehren. Natürlich fuhren wir täglich nach Landsberg, bis Lola und Heshi in ihr eigenes kleines Zimmer in St. Ottilien »nach Hause« kamen. Da Heshi das erste Neugeborene in St. Ottilien nach dem Krieg war, machten alle einen riesigen Wirbel um ihn! Und um uns! Ich bekam Aufmerksamkeit, nur weil ich ein Onkel war! Ich war so stolz und glücklich, ihn zu füttern, ihn zu baden, ihm die Windeln zu wechseln, ihn zum Lachen zu bringen – oder einfach in seine bereits so klugen Augen zu schauen. Mir war klar, dass diese Augen in eine leuchtende Zukunft blickten!

Tatsächlich brachte der neugeborene Hershel Lieber auch uns eine leuchtende Zukunft, die wir gedacht hatten, unsere eigene sei verloren gegangen. Und so viele Jahre später bin ich, wie unzählige andere auch, immer noch von meinem Neffen Heshi beeindruckt. Dass seine bloße Existenz ein Segen für das jüdische Volk sein würde, war uns bewusst, doch seine Leistungen übertrafen schließlich alles, was ich mir hätte vorstellen können. Sein Leben hat er der Suche nach Juden gewidmet, die als Kinder in Polen versteckt und als Nichtjuden erzogen worden waren. Viele dieser Menschen, die nie erfuhren, wer sie wirklich waren, wurden ihr ganzes Leben lang von quälenden Albträumen heimgesucht. Durch Heshis Engagement konnten Hunderte von Familien wieder zusammengeführt werden. Auf eine Art und Weise, die wir uns an jenem strahlenden Morgen im Januar 1946 nicht hätten vorstellen können, bringt Heshi Lieber immer noch Menschen eine Zukunft, die buchstäblich ihre Vergangenheit verloren hatten.

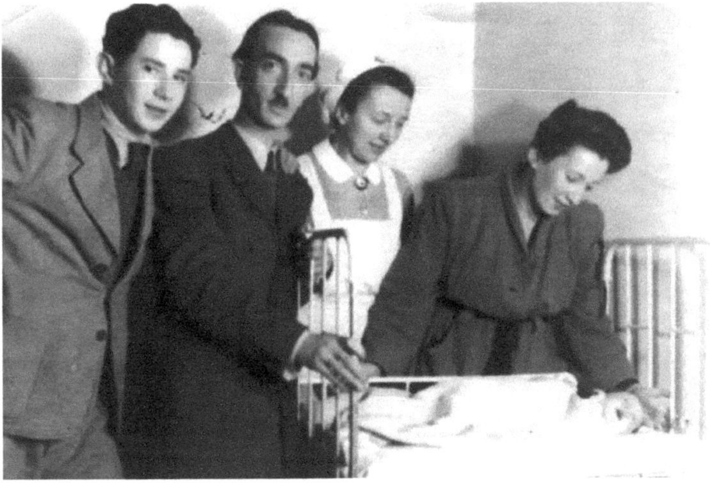

Ben, Mechel, Krankenschwester und Hershel, Landsberg (1946),Lesser Family Collection

Heshi, Lola und Ben, München (1946), Lesser Family Collection

Heshi, Lola und Ben, Brooklyn, NY (2011), Lesser Family Collection

24. Das Leben in Deutschland nach dem Krieg

Nachdem der Zweite Weltkrieg zu Ende gegangen war, teilten die Alliierten Deutschland in vier Sektoren auf, in denen die Besatzungsmächte (Großbritannien, Frankreich, UdSSR, USA) bzw. der Alliierte Kontrollrat die Regierungsgewalt ausübten. Viele jüdische Flüchtlinge ließen sich vorübergehend in den britischen und US-amerikanischen Sektoren nieder, bis sie die Dokumente erhielten, die ihnen die Einwanderung nach England oder in die USA ermöglichten. Einige Wochen nach Heshis Geburt erhielten wir die wunderbare Nachricht, dass die *HIAS** uns den Umzug in eine große Wohnung in München, im amerikanischen Sektor, in der prächtigen Prinzregentenstraße vermittelt hatte. Die Alliierten hatten deutsche Wohnungen beschlag-

* Seit mehr als einem Jahrhundert leistet die *HIAS*, die Hebrew Immigrant Society, wichtige Dienste für bedürftige jüdische Menschen in aller Welt. Besonders bedeutsam war sie nach dem Zweiten Weltkrieg, als sie für viele Familien Wiedervereinigungen und Neuansiedlungen arrangierte. Gemäß der jüdischen Tradition unterstützt die HIAS auch Nichtjuden, die bedroht und unterdrückt werden. Für weitere Informationen siehe: http://www.hias.org/.

nahmt, um Wohnraum für jüdische Flüchtlinge zu schaffen. Nun waren wir also im Begriff, in der Wohnung eines Deutschen zu leben, die vielleicht sogar ursprünglich die Wohnung einer jüdischen Familie war.

In einigen Fällen, so auch in unserem, erklärten sich jüdische Flüchtlinge bereit, gemeinsam mit den deutschen Bewohnern in der Wohnung zu leben, sodass die ehemaligen Feinde nun zusammenlebten. Eine Frau Bremer, die deutsche Frau, die in unserer neu zugewiesenen Wohnung gelebt hatte, erklärte sich bereit, in ein kleines Schlafzimmer zu ziehen und unsere Wäsche zu waschen und zu kochen, wenn sie im Gegenzug bleiben durfte. Sie war genauso mittellos wie wir, da ihr Mann, ein ehemaliger Wehrmachtssoldat, Selbstmord begangen hatte. Da waren wir also: drei religiöse Holocaustüberlebende, ein Kleinkind und die Witwe eines Nazis. Heute wäre das Material für eine Fernsehsendung gewesen! Frau Bremer war sehr nett zu uns, und Lola blieb noch mit ihr und ihrem Sohn in Kontakt, nachdem sie in die USA gezogen war.

Lola und Mechel waren mir nicht nur eine Familie und ein Zuhause, sie brachten mich auch mit einem Professor zusammen, der mich in Mathematik und Deutsch unterrichtete. Während ein Studium vielen jungen Menschen heute nicht wie ein Geschenk erscheinen mag, war und ist es für mich etwas, das ich sehr wertschätze. Stundenlang lernte ich. Und ich werde nie vergessen, wie freundlich der Professor zu mir war – wie Mechel ihn bezahlte, ist mir ein Rätsel, denn damals hatten wir keinerlei Einkommen. Ich bin aber sicher, dass es eine einvernehmliche Regelung gab. Trotz unserer Armut waren unsere Tage in München recht glücklich. Die *HIAS* sorgte für unsere Verpflegung und listete uns, damit wir auffindbar waren, wenn jemand nach uns suchte. Sie teilte sogar Zigaretten aus, die wir begeistert selber rauchten oder auch als Zahlungsmittel für andere Notwendigkeiten einsetzten.

Wir warteten auf unsere Visa für die USA und erkundigten uns täglich bei der *HIAS* nach anderen Überlebenden. Wir trafen uns mit Freunden, mit denen wir Mahlzeiten und Informationen teilten. Wir gingen mit dem Baby in den Park spazieren, genossen unsere Ge-

Ben auf einer Bank mit seinem Tutor, München (1946), Lesser Family Collection

sellschaft und planten eine Zukunft, von der wir langsam glaubten, dass es sie tatsächlich geben würde.

Da ich erst 17 war, kam ich noch für den sogenannten Kinderjugendtransport infrage, eine Organisation, die für jüdische Flüchtlingskinder unter 18 Jahren Unterkunft und Reise nach Amerika organisierte. Nachdem ich in dieses Programm aufgenommen worden war, zog ich aus der Wohnung von Lola und Mechel aus und bezog ein schönes Zimmer, das die Organisation für uns in einem wunderschönen ehemaligen Seebad im nahegelegenen Dorf Prien am Chiemsee zur Verfügung stellte. Mit meinem Mitbewohner, Martin, teilte ich das Schicksal des verwaisten Holocaustüberlebenden, zudem träumten wir die gleichen Träume für unsere Zukunft. Wir verbrachten viel Zeit miteinander, während wir darauf warteten, dass wir nach Amerika transportiert würden. Dass Martin und ich auch mehr als sechzig Jahre später noch immer enge Freunde sein würden, die sich gerne an die gemeinsamen Abenteuer erinnerten, hätten wir wohl damals nicht geglaubt.

Ein solches Abenteuer betraf eine kleine Zigarettenfabrik. Damals war das Rauchen von Zigaretten sehr verbreitet. Wer nicht rauchte, galt als unkultiviert. Zigaretten waren auch sehr wertvoll. Viele Leute benutzten sie als Währung, um sie auf dem Schwarzmarkt gegen andere Waren und Dienstleistungen einzutauschen. Auch Martin und ich liebten es zu rauchen, und Geld brauchten wir sowieso! Zufälligerweise befand sich direkt gegenüber von unserem Wohnheim eine große Tabakfarm. Wie der Tabak in diesem Klima wachsen konnte, ist mir allerdings unklar.

Jeden Morgen schauten wir aus unserem Fenster auf die Tabakfelder und versuchten herauszufinden, wie wir an etwas Tabak kommen konnten, um eine kleine Zigarettenproduktion zu starten. Zunächst kauften wir ein Gerät, mit dem man Zigarettenblättchen mit Tabak stopfen konnte. Anschließend gingen wir auf die andere Straßenseite und kauften dem Bauern ein paar Blätter ab. Jedes nasse, grüne Blatt war etwa 45 Zentimeter breit und 60 Zentimeter lang. Wir hatten absolut keine Ahnung, was wir mit ihnen anfangen sollten. Da sie nass waren, dachten wir, dass wir sie wahrscheinlich trocknen müssten, also hängten wir sie draußen auf der Wäscheleine mit Wäscheklammern für ein paar Stunden zum Trocknen auf.

Als sie trocken waren, zerbröselten wir ein bisschen davon, um unsere ersten eigenen Testzigaretten zu drehen. Doch die ersten waren so stark, dass wir glaubten, wir würden uns die Lunge aushusten. Dann erinnerte Martin von zu Hause, dass das Kochen der Blätter einen Teil des Nikotins und der Schärfe herausnehmen würde. Also gingen wir los und holten ein paar Töpfe, füllten sie mit Wasser und den Blättern und stellten sie auf den kleinen Herd, der in unserem Zimmer stand. Als das Wasser zu kochen begannen, erfüllte ein furchtbarer Gestank den Raum, dann den Hof – und schließlich die ganze Nachbarschaft. Verängstigte Menschen kamen aus ihren Häusern gerannt, um herauszufinden, welche neue Katastrophe über unsere Gemeinde hereingebrochen war. Unser kleines Unternehmen blieb nicht unentdeckt, und der üble Geruch hielt sich hartnäckig tagelang. Martin und ich waren nicht sehr beliebt.

Doch wir ließen uns davon nicht abschrecken und trockneten die Blätter ein weiteres Mal. Dann zerkrümelten wir sie in freudiger Erwartung erneut und füllten die Blättchen. Endlich konnten wir unser Produkt probieren. In dem Moment allerdings, in dem ich ein Streichholz an meine neue Zigarette hielt, entzündete sie sich zu einem Feuerball, der mir Haare und Wimpern versengte! Ich dachte, das war's: Ich würde bei lebendigem Leib verbrennen. Doch nachdem Martin mir geholfen hatte, die Flammen zu löschen, holten wir ein paar Mal tief Luft und lachten herzhaft, Martin noch mehr als ich. Ich muss wohl nicht eigens erwähnen, dass das das Ende der Unternehmung war. Noch heute spricht Martin darüber, wie ich aussah, als die Zigarette explodierte! Und er findet es immer noch ziemlich lustig.

Im Februar 1947 bekamen Lola, Mechel und Baby Heshi endlich ihre Visa. Sie packten ihre spärlichen Habseligkeiten zusammen und verließen die Schrecken Deutschlands in Richtung ihrer Träume von New York City an Bord des Dampfschiffs *SS Ernie Pyle*. Wie so oft durchströmten mich gemischte Gefühle. Während ich ihre Freude über diese Chance, ein neues Leben in Amerika zu beginnen, teilte, war ich gleichzeitig von tiefer Traurigkeit erfüllt, dass die einzige Familie, die ich hatte, mich verließ. Ich war auf mich allein gestellt, ausgerechnet in Deutschland – das Land, das den Nationalsozialismus hervorgebracht hatte.

Im Oktober wurde ich 18 Jahre alt, noch bevor die Papiere für den Kinderjugendtransport ausgestellt werden konnten, sodass ich nun nicht mehr für das Programm infrage kam. Damit verlor ich auch jeglichen Anspruch auf eine Unterkunft. Glücklicherweise musste ich jedoch nicht obdachlos werden, denn die freundliche Frau Bremer nahm mich wieder in ihrem Haus in München auf, solange ich nicht ausreisen konnte. Und das stellte sich als viel länger heraus, als ich erwartet hatte. Erst im darauffolgenden September gelang es dem Bruder meines Vaters, David Leser, der schon Jahre vor dem Krieg ausgewandert war und sich in Amerika niedergelassen hatte, endlich ein Visum für mich zu bekommen.

Diese Monate erlebte ich wie im Schwebezustand – vor allem ohne Mechel, Lola und Heshi. Es war eine anstrengende und einsame Zeit. Ich bin Frau Bremer bis heute dankbar dafür, dass sie mich trotz der unangenehmen Situation wieder in ihrem Haus willkommen hieß, als wäre ich ihr eigener Sohn. Sie wusch meine Wäsche und kochte für mich, was ich sehr genoss. Als es im Winter besonders kalt war, füllte sie sogar eine Wärmflasche und legte sie in mein Bett, damit ich nicht fror. Natürlich half ich ihr und unterstützte sie, wo ich konnte.

Vielleicht erscheint es seltsam, aber unsere Situation war keineswegs ungewöhnlich. Viele jüdische Flüchtlingsfamilien lebten mit deutschen Familien zusammen. In einigen Fällen entstanden sogar liebevolle Bindungen zwischen diesen ehemaligen Feinden. Ich frage mich oft, warum es einen Holocaust brauchte, um diese Bindungen zu ermöglichen.

In dieser Zeit geschah etwas sehr Unerwartetes. Die Witwe meines Bruders Moishe, von der wir alle dachten, sie sei umgekommen, machte mich mithilfe anderer jüdischer Geflüchteter ausfindig. Ich war überglücklich, sie wiederzusehen. Diese Freude wurde jedoch schnell zunichte gemacht, als sie erklärte, dass sie als jüdische Witwe nur zwei Optionen hatte, wieder heiraten zu können: Entweder sie heiratete den Bruder ihres verstorbenen Mannes, also mich, oder sie musste symbolisch aus der Familie ihrer Schwiegereltern »hinausgeworfen« werden *(Chalitza)*. Da ich offensichtlich nicht in der Lage war, sie zu heiraten, musste ich ihrer Bitte nachkommen, an dem Ritual teilzunehmen, sie aus unserer Familie zu verstoßen. Diese liebenswerte Frau auch nur mit symbolischer Grausamkeit zu behandeln, war äußerst schmerzhaft für mich. Es lief allem zuwider, woran ich glaubte.

Im September 1947 erhielt ich endlich ein Visum und von meinem Onkel David ausreichend Geld für die Schiffspassage. Ich werde ihm ewig dankbar dafür sein, dass er mir ermöglichte, ein neues Leben zu beginnen. Er war genauso fest entschlossen, mich in dieses freie Land zu bringen, wie die amerikanischen Einwanderungsbehörden, jüdische Flüchtlinge draußen zu halten.*

* Im US-Außenministerium war Breckinridge Long während des Holocaust für die Unterstützung der europäischen Juden verantwortlich. Tragischerweise schuf er absichtlich bürokratische Hindernisse für Flüchtlinge, die ein Visum beantra-

Nichts, was ich in den vorangegangenen sieben Jahren erlebt hatte, hatte mich darauf vorbereitet, zusammen mit Hunderten von Fremden auf ein Schiff zu steigen, den Atlantik zu überqueren und ein neues Leben im Goldenen Land zu beginnen. Und so stellten wir es uns vor. Als Goldenes Land, wo jeder die Freiheit hatte, tun und lassen zu können, was er wollte. Wo es so viel zu essen gab, wie man wollte. Wo man Geld verdienen und es nach eigenem Gutdünken verwenden konnte. Wo man Ziele haben, Pläne schmieden konnte und die Freiheit besaß, diese umzusetzen. Wo Familien nicht auseinandergerissen und ermordet werden würden. Wo keine ehemals guten Nachbarn uns ausliefern und in unsere Häuser einziehen würden. Wo uns keine bestialischen Nazis nach Lust und Laune schlagen und töten konnten. Wo es keine grausamen Konzentrationslager gab, keine Todesmärsche oder Todeszüge. Keine Angst. Seltsam, wie etwas so Normales so unvorstellbar sein kann.

25. Die Alte Welt verlassen ...

Ich hatte mich dem furchterregenden Unbekannten schon so oft stellen müssen, dass mir die Vorstellung, über einen Ozean zu einem fremden Kontinent zu segeln, gar nicht so beängstigend vorkam. Meine Heimat würde dort sein, wo meine Familie war. Genau wie Lola und Mechel und viele andere Flüchtlinge auf ihrem Weg nach Amerika stach ich von Bremerhaven aus mit der *SS Ernie Pyle* in See. Ich freute mich auf das Abenteuer. Die Gemeinschaft der vertriebenen Flüchtlinge war eng, und die meisten von uns waren zwischen 17 und 40 Jahre alt, denn ältere und jüngere Menschen hatten sel-

gen wollten, und fand Wege, humanitäre Bemühungen zu blockieren. Tatsächlich wurden die Einwanderungskontingente in den USA nie ausgeschöpft. Wären sie erfüllt worden, hätte schätzungsweise das Leben von 200.000 Menschen gerettet werden können. Weitere Informationen zum Antisemitismus in den USA in der ersten Hälfte des 20. Jahrhunderts unter: http://www.pbs.org/wgbh/amex/holocaust/peopleevents/pandeAMEX90.html.

tener überlebt. Es stellte sich heraus, dass ich ein paar Leute auf dem Schiff kannte. Und da wir alle in der gleichen Situation waren, fühlte es sich an wie eine einzige Großfamilie, die gemeinsam auf eine Reise geht. Doch um eine komfortable Kreuzfahrt handelte es mitnichten!

Als militärisches Transportschiff war die *SS Ernie Pyle* nie für Passagiere gedacht oder ausgestattet worden. Wir Flüchtlinge hatten weder Kabinen noch private Toiletten zur Verfügung. Die Männer schliefen in Hängematten in einem großen fensterlosen Laderaum, der für den Transport von Fracht unterhalb der Wasseroberfläche konzipiert worden war. Mit 200 Hängematten auf drei Etagen sah er aus wie ein unterirdisches Hängemattenlager! Und da es die meiste Zeit sehr stürmisch war, schaukelten wir nachts wie verrückt. Die meisten von uns waren ständig seekrank! Man kann sich vorstellen, wie das aussah, sich anhörte – und roch. Die Männer auf den unteren Etagen hatten wirklich zu leiden – und das in mehrfacher Hinsicht! Ich hatte dabei doppelt Glück: Erstens wurde ich nicht seekrank und zweitens hatte ich eine Hängematte auf der obersten Etage ergattern können.

Trotz des ungemütlichen Wetters verbrachten wir so viel Zeit wie möglich draußen, um der Situation drinnen zu entkommen. Auf den Decks über dem Laderaum teilten sich Frauen und Kinder kleine Vierer-Kojenräume. Sie waren schrecklich seekrank und konnten die meiste Zeit der Reise nichts essen. Das enttäuschte die Köche, die sehr stolz auf ihre Kochkünste waren. Als jemand, der jederzeit und überall essen konnte, waren ich und mein unstillbarer Appetit bei den Köchen gerne gesehen. Sie gaben mir alles, was ich nur wollte – sogar Steak, das sie auf Bestellung zubereiteten. Ein unglaubliches Gefühl für einen Teenager, der mehr als sechs Jahre Brutalität und Hunger erlebt hatte und dem nun rund um die Uhr ein Festmahl mit üppigen Speisen und Getränken präsentiert wurde, von Menschen, die ihn permanent zum Essen ermutigen.

Die dunkle, stürmische Reise über den Atlantik hatte etwas von einem Science-Fiction-Film. Und da waren wir, die verarmten und traumatisierten Überreste der zerstörten jüdischen Gemeinde Europas, angeschlagen und seekrank. Uns fehlten die Sprachkenntnisse, und wir hatten wenig Hoffnung auf Arbeit oder eine angemessene Unterkunft. Unsere wenigen Habseligkeiten bewahrten wir in kleinen zerfledderten Säcken und trugen schlecht sitzende, abgelegte Kleidung – sogar von der Wehrmacht beschlagnahmte Mäntel waren darunter. Was für ein seltsamer Anblick: jüdische Holocaustüberlebende in deutschen Militärmänteln auf den durchnässten und wild wogenden Decks! Und vor uns lag noch mehr Fremdes: die Ungewissheit einer neuen Welt. Aber genau wie das Schiff stürmten auch wir vorwärts in diese fremde neue Welt, in der wir ein neues Leben beginnen würden.

Nach zwei turbulenten Wochen, in denen wir die Hoffnung verloren hatten, jemals wieder Sonnenschein zu sehen, beruhigte sich das Wetter plötzlich auf magische Weise, gerade als wir uns New York City näherten. Die Sonne schien hell am klaren blauen Himmel, wie ein gutes Omen. Wir alle drängten uns an Deck – lachend und jubelnd – und erhaschten aufgeregt unsere ersten Blicke auf die wundersame Neue Welt, die jetzt unser Zuhause werden sollte. Wie so viele Einwanderer vor uns hatten wir, als wir die Freiheitsstatue passierten, das Gefühl, persönlich in diesem Schlaraffenland willkommen geheißen zu werden. Und in diesem Moment spürte ich tatsächlich, dass mein Leben begann. Der 21. September 1947 war der erste Tag in meinem Leben.

Der Anblick der massiven, stolzen Wolkenkratzer versetzte mich in Staunen. Es war überwältigend, und plötzlich hatte ich Angst vor diesem märchenhaften Land, das weit jenseits meiner Vorstellungskraft lag. Es war alles so riesig – wie sollte ich mich nicht verirren? Würde ich mich einfügen? Ich konnte nicht einmal die Sprache verstehen. Ich wusste nichts über die modernen amerikanischen Gepflogenheiten. Würden mich die Menschen hassen? Oder, schlimmer noch, auslachen? Würde ich als Bettler auf der Straße landen? Was, wenn sich meine amerikanischen Träume als Albträume herausstellten?

Anstatt nach Ellis Island zu fahren, dem üblichen Ziel für Neueinwanderer, legte die *SS Ernie Pyle* direkt an einem Dock im New Yorker Hafen an, wo uns eine jubelnde Menge erwartete. Irgendwo in dieser Menge standen Lola, Mechel mit Heshi, die mich zu ihrer Wohnung in Brooklyn bringen würden. Würde ich sie in der Menge überhaupt finden? Aber zunächst einmal mussten alle Flüchtlinge durch den Zoll – ein großer, offener Raum, in dem sich alle Ausländer bei den Einwanderungsbeamten melden mussten, um sicherzustellen, dass ihre Papiere in Ordnung waren und sie keine Schmuggelware ins Land brachten. Zu meinem Glück sprachen die Beamten viele verschiedene Sprachen, einschließlich Jiddisch, sodass wir verstanden, was vor sich ging, und den Anweisungen folgen konnten. Viele der Flüchtlinge hatten Angst, nach Europa zurückgeschickt zu werden, wo sie nicht willkommen waren. Mit einem großen Seufzer der Erleichterung passierte ich den Zoll und wurde in eine weitere riesige Halle geleitet, die voller Menschen war, die auf die Ankunft ihrer Lieben warteten. Inmitten des hektischen Winkens, Pfeifens, Rufens von Namen, Freudenschreien und Schluchzen kroch in mir erneut die Angst hoch, dass ich meine Familie nicht wiederfände.

Diese Angst verflog augenblicklich, als ich Lola und Mechel entdeckte, die direkt vor der Ausgangstür auf mich warteten! Sie lächelten und winkten wie verrückt. Und als wir uns in die Arme fielen, lachend und weinend zugleich, wusste ich, dass alles gut werden würde. Eines Tages würde auch ich Amerikaner sein. Und ich würde mir das Recht verdienen, den American Dream zu leben.

TEIL III

Der American Dream

26. 1947: Amerika!

»Gebt mir eure Müden, eure Armen,
Eure geknechteten Massen, die frei zu atmen begehren,
Den elenden Unrat eurer gedrängten Küsten;
Schickt sie mir, die Heimatlosen, vom Sturme Getriebenen,
Hoch halt' ich mein Licht am gold'nen Tore!«
Emma Lazarus*

Ich war also in Amerika angekommen. Ein Holocaustüberlebender, ein Flüchtling – ein unerfahrener Grünschnabel. Ich hatte keine Ausbildung, keinen Beruf, kein Geld und konnte kein Wort Englisch sprechen oder lesen. Nicht gerade die perfekten Voraussetzungen, um dem amerikanischen Traum nachzujagen! Und doch war ich optimistisch und konnte es kaum erwarten, ihn zu verwirklichen. Nach allem, was ich durchgemacht hatte, wie konnte ich da nicht optimistisch sein? Ich war in den USA! Ich hatte meine Jugend, meine Gesundheit, meine Freiheit und meine ganze Zukunft wieder vor mir. Was brauchte ich mehr?

Nun, ich brauchte zunächst einmal Geld, von dem ich leben konnte. Und ich hatte gehofft, die Schule zu besuchen, die Sprache zu lernen und meine Ausbildung zu beenden. Aber unsere kleine vierköpfige Familie verfügte über sehr wenig Geld, und so musste ich so schnell wie möglich selber Geld verdienen. Statt zur Schule ging ich also zur Arbeit, wild entschlossen, alles dafür zu tun, dass wir uns ein glückliches, sicheres Leben hier in Amerika aufbauen konnten. Ein Freund aus der Flüchtlingsgemeinde verschaffte mir einen Job bei einem Kürschner als Versandmitarbeiter. Da Pelze damals in New York sehr beliebt waren, war es ein florierendes Unternehmen. Also arbeitete ich tagsüber und besuchte die Abendschule, um Englisch zu lernen. Um mein Hebräisch aufzufrischen, hatte Me-

* Jüdisch-amerikanische Dichterin (1849–1887). Zitat aus dem Sonett *The New Colossus*, das auf der Bronzetafel zu Füßen der Freiheitsstatue eingraviert ist.

chel mich außerdem in der Mesivta Torah Vodaas Hebrew School in Brooklyn angemeldet.

Doch ich wollte noch mehr zum Haushalt beitragen, woraufhin mir Mechel und Lola, die beide in der Wohnung als Verkäufer für Strumpfwaren arbeiteten, einen zusätzlichen Job als Strumpfwarenverkäufer in der Delancey Street besorgten, wo viele Flüchtlinge wohnten. Endlich verdiente ich ein wenig Taschengeld!

In den 1950er Jahren waren Damenstrümpfe ein unverzichtbarer Bestandteil der Garderobe gut gekleideter Frauen, daher gab es viel zu tun. Vor dem Zweiten Weltkrieg wurden Strümpfe aus Seide gefertigt und daher sehr teuer. Während des Krieges jedoch wurde sämtliche verfügbare Seide für die Herstellung von Fallschirmen genutzt, sodass über Jahre keine Seidenstrümpfe mehr erhältlich waren. Als Folge dieses Mangels schminkten sich die Frauen die Beine dunkel, damit es so aussah, als würden sie Seidenstrümpfe tragen. Die Naht simulierten sie mit einem Augenbrauenstift! Sobald die Frauen das Haus verließen, verlief die Farbe natürlich. Schließlich wurde das Problem mithilfe einer neu entwickelten Technologie gelöst, was uns unser erstes kleines Geschäft bescherte.

Es war die Erfindung der ersten vollständig synthetischen Faser: des Nylons. Nylon konnte zu Stoff verarbeitet werden und ersetzte die Seide in Fallschirmen, Textilien und vielen anderen Produkten, darunter eben auch die Damen-Nylonstrümpfe. Da alle Strümpfe weitgehend gleich aussahen, beschlossen wir, einzigartige Strümpfe zu gestalten.

Lolas Kreativität und künstlerisches Talent waren genau das, was wir dazu brauchten. Auf jeden Strumpf malte sie von Hand eine schöne Blume, einen Vogel oder einen Schmetterling. Unsere Kundinnen konnten gar nicht genug davon bekommen! Es war nur ein kleines, vielleicht sogar frivoles Detail, doch es lehrte mich eine wichtige Lektion: Selbst wenn dein Produkt alltäglich oder sogar gewöhnlich ist, kannst du es erfolgreich verkaufen, wenn du es einzigartig, anders gestaltest.

Jeden Morgen in aller Früh nahm ich meinen sorgfältig gepackten Ausstellungskoffer und ging hinunter zur Delancey Street, wo ich unsere Produkte direkt auf der Straße feilbot. Das war nicht ohne Risiko, denn ich besaß keine Lizenz. Um nicht verhaftet zu werden, ließ ich die Waren im Koffer, den ich schnell schließen konnte, um mich rasch zu entfernen, wenn ein Polizist in Sicht kam. Einige Polizisten, deren Familien ebenfalls erst kürzlich eingewandert waren, wussten genau, was ich tat, und sie waren so freundlich, sich stets sehr langsam meiner Ecke zu nähern.

Sechs Monate lang arbeiteten Lola, Mechel und ich hart, manchmal 12 bis 15 Stunden am Tag, sechs Tage die Woche. Abends ging ich zur Schule und kümmerte mich natürlich auch um meinen schnell wachsenden, sehr aktiven Neffen Heshi. Manchmal besuchten wir die Familie von Onkel David. Es war wunderbar, wieder Teil einer Familie zu sein, in der alle füreinander da waren. Meine Familie war mein Sicherheitsnetz, das mir erlaubte zu wachsen und meine neue Welt zu erkunden, während ich gleichzeitig sicher mit der Liebe und Vertrautheit der alten Welt verbunden blieb.

Gleichzeitig beobachteten wir sehr aufmerksam, wie in der Alten Welt ein neues, wunderschönes Land entstand – Israel. Ein jüdisches Heimatland. Die Staatsgründung wurde möglich, als die Vereinten Nationen dem weltweitem Druck 1948 endlich nachgaben und das britische Mandat über Palästina beendeten. Eine Übergangsregierung war dabei nicht vorgesehen, und so war es erwartbar, dass es zu Gewaltausbrüchen zwischen den dort lebenden Juden und Arabern kam.

Als Israel im Mai 1948 seine Unabhängigkeit verkündete, wurde sein neuer Status schnell von vielen Ländern, einschließlich der USA, anerkannt. Für die umliegenden arabischen Länder war die Gründung des jüdischen Staates Israel jedoch Anlass für einen Krieg, dessen erklärtes Ziel es war, Israel ins Meer zu treiben. Und mit ihrer vereinten militärischen Macht erschien dieses Ziel nicht unrealistisch.

Doch das kleine Israel gewann diesen David-gegen-Goliath-Krieg, und Juden auf der ganzen Welt freuten sich, dass das jüdische Volk nun endlich ein Heimatland hatte. Nie wieder würden wir den Launen der Länder, in denen wir lebten, ausgeliefert sein. Wir kamen nicht umhin, uns zu fragen, inwieweit der Verlust von sechs Millionen Männern, Frauen und Kindern die Vereinten Nationen beeinflusst hatte, die Geburt dieser neuen Nation zu ermöglichen. Bis zum heutigen Tag bin ich ein glühender Anhänger Israels und habe dafür gesorgt, dass unsere Kinder und Enkelkinder von unserem kostbaren Heimatland wissen und es besuchen.

Die Monate vergingen schnell. So wundervoll es auch war, mit meiner Familie zu leben, so war ich doch ein gesunder junger Mann, der die angenehmen Seiten des Erwachsenwerdens bislang verpasst hatte. Es dauerte nicht lange, bis ich erkannte, dass ich eine eigene Wohnung brauchte. Es mag seltsam erscheinen, aber einer der Gründe, warum ich ausziehen wollte, war, dass ich, wie die meisten Europäer, ein begeisterter Raucher war. Das galt auch für Mechel und Lola, aber da sie ultraorthodox lebten, war das Rauchen in ihrem Haus am Sabbat nicht gestattet. Mir jedoch war es sehr lästig, am Samstag nicht rauchen zu können.

Es fügte sich, dass ich in dieser Zeit meinen Freund Martin aus dem Wohnheim des Kinderjugendtransports wiedersehen konnte. Die jüdische Flüchtlingsgemeinde in New York war klein, und Informationen über verlorene Verwandte und Freunde verbreiteten sich schnell. Es stellte sich heraus, dass Martin in einer nahegelegenen Wohnung mit seinem Cousin Jack lebte. Als wir drei uns zusammensetzten und meine Wohnsituation besprachen, wurde schnell entschieden, dass ich bei ihnen einziehen sollte. Das war für uns alle von Vorteil – ich konnte rauchen, wann immer ich wollte, und sie hatten einen dritten Mieter, der sich an den Kosten beteiligte.

Ich ahnte es noch nicht, aber dies sollte der nächste Schritt in meiner amerikanischen Karriere als Unternehmer sein. In jenem Sommer beschlossen Jack und ich, unser bisschen Geld zu verwenden, um nach Westen, ins »goldene« Kalifornien, zu gehen und ein neues Kapitel in unserem Leben aufzuschlagen. Wir kannten dort niemanden und wussten auch nichts über Kalifornien, aber wir waren überzeugt, dass sich unser Leben dort zum Besseren verändern würde, getreu dem alten jüdischen Sprichwort: *M'shana Mokaum, M'shana Mazel*. Das bedeutet, dass ein Ortswechsel auch dein Schicksal ändert – und genau das hatten wir vor. Unsere Freunde und Familie hatten versucht, uns davon abzubringen, nach Los Angeles zu gehen. Sie warnten uns, dass dort keine jüdischen Menschen lebten, dass wir völlig isoliert und aus dem jüdischen Leben herausgerissen sein würden.*

Damals beabsichtigte zwar keiner von uns, die jüdische Lebensweise aufzugeben, aber die Zwänge, die uns die Orthodoxie auferlegte, hatten unser Leben und unseren Geist im Würgegriff. Wir wollten unsere Familien eigentlich nicht verlassen, litten aber unter ihrem restriktiven Lebensstil. Also packten wir unsere sehr spärlichen Habseligkeiten, verabschiedeten uns tränenreich von Freunden und Familie, kauften uns Bustickets, und los ging es! Während der viertägigen Reise quer durch das Land versuchten wir, so viel wie möglich von der wunderbaren Landschaft aufzusaugen und unser primitives Englisch zu verbessern.

Illusionen über komfortable Unterkünfte in Los Angeles jedoch verflüchtigten sich schnell, als wir dort am Busbahnhof ankamen. Wir stiegen aus dem Bus, gingen zur Main Street und mussten leider feststellen, dass wir uns in der Skid Row befanden, einem sehr schmutzigen und gefährlichen Stadtteil. Immerhin gab es dort ein schäbiges Hotel, und da wir wenig Geld hatten, war der eine Dollar pro Nacht für ein Zimmer genau der richtige Preis. Ich hatte schon unter weitaus schlimmeren Bedingungen überlebt und machte mir deshalb keine Sorgen.

Doch trotz all unserer Bemühungen fand keiner von uns eine Arbeit. Als uns schließlich das Geld ausging, blieb uns nichts anderes übrig, als unsere wenigen persönlichen Besitztümer zu verpfänden. In Anbetracht der finanziellen Umstände der Bewohner des Viertels überraschte es nicht, dass Pfandhäuser die erfolgreichsten Geschäfte in der Main Street waren! Allzu bald hatten wir alle unsere persönlichen Besitztümer verpfändet, einschließlich unserer Armbanduhren und Mäntel. Und nun ging uns auch noch das Geld aus, um den einen Dollar pro Nacht für das Hotelzimmer zu bezahlen. Der Manager war

* Erst später fand ich heraus, dass es sehr wohl eine jüdische Gemeinde in Los Angeles gab, die sogar bis in die 1840er Jahre zurückging – bevor Kalifornien überhaupt ein US-amerikanischer Bundesstaat war.

jedoch sehr zuvorkommend und stundete uns das Geld, weil er darauf vertraute, dass wir es ihm irgendwann zurückzahlen würden. Dafür waren wir ihm unendlich dankbar, denn zu diesem Zeitpunkt hatten wir nicht einmal mehr das Geld, um uns Essen zu kaufen. Deshalb gingen wir in eine Cafeteria namens Clifton's, brachten unsere Tabletts zum Tresen, füllten uns die Taschen mit Essen und kauften am Ende nur eine Tasse Kaffee. Offensichtlich hatten wir den Tiefpunkt erreicht.

An einem Freitagnachmittag, als ich mich besonders niedergeschlagen fühlte, sagte ich zu Jack, dass bald *Schabbat*, oder *Shabbos*, sei. Und wir waren völlig losgelöst vom jüdischen Leben! Dass es in der Stadt keine jüdische Gemeinde geben sollte, fiel mir trotz der Beteuerungen meiner Familie schwer zu glauben. Ich wollte an diesem Abend in die Synagoge gehen zum Beten, besonders jetzt, wo wir in dieser verzweifelten finanziellen Lage waren. Jack ging es genauso, und so erkundigten wir uns und erfuhren prompt von der jüdischen Gemeinde im Osten von Los Angeles in Boyle Heights, einem Viertel, in dem viele Juden aus Osteuropa wohnten. In den 1930er Jahren hatten dort fast 70.000 Juden gelebt, womit die jüdischen Gemeinde damals zu den größten im Westen der USA zählte.

Das war genau das, wonach wir gesucht hatten! Also stiegen wir in eine Straßenbahn, von der wir hofften, dass sie in die richtige Richtung fuhr – denn wir hatten, nachdem wir den Fahrpreis bezahlt hatten, kein Geld mehr. Wir schauten aus dem Fenster und betrachteten die Sehenswürdigkeiten von Los Angeles, als wir einen bärtigen Mann und zwei kleine Jungen die Straße hinaufgehen sahen. Sie waren mit den traditionellen schwarzen Mänteln und Hüten der orthodoxen Juden bekleidet. Der Mann trug sogar einen Samtbeutel, von dem wir wussten, dass er einen *Tallit*, einen Gebetsmantel, enthielt!

Wir eilten zum Schaffner und verlangten in unserem gebrochenen Englisch und mit energischen Handgesten, dass er uns sofort hinausließe! Er verstand uns irgendwie – oder er wollte uns einfach nur schnell loswerden –, hielt die Straßenbahn an und ließ uns auf der Wabash Avenue aussteigen. Wir kletterten die Stufen hinunter, stürmten auf den sehr überraschten Mann auf dem Bürgersteig zu und fragten ihn auf Jiddisch, ob er in eine Synagoge gehe. Er antwortete uns in unserem vertrauten, geliebten Jiddisch, dass er auf dem Weg zum Tempel von Rabbi Tarshes, der Congregation Talmud Torah of Los Angeles, sei. Trotz unseres zerlumpten Äußeren lud er uns freundlich ein, ihn zu begleiten. Als wir den Tempel sahen, atmeten wir erleichtert auf.

Wie unbeschreiblich tröstend war es, uns in einer vertrauten Umgebung wiederzufinden. Wir bemühten uns, unser Haar und unsere Kleidung ein wenig zu richten, damit wir respektabler aussahen, bevor wir feierlich den Tempel betraten. Zu unserer großen Erleichterung begrüßte uns, zwei schäbige Fremde, der Rabbiner sehr herzlich. Da viele junge Gemeindemitglieder die Gemeinde durch ihren Umzug in wohlhabendere Gegenden verlassen hatten, waren die meisten der Verbliebenen ältere Menschen. Junge Gesichter waren also eine Seltenheit – und damit äußerst willkommen.

Nun war es so, dass Jack in Ungarn zum Rabbiner ausgebildet worden war. Er hatte sogar die *Semicha* erhalten, die Ordination zum Rabbiner. Obwohl Jack und ich im gleichen Alter waren, war er mir um fünf Jahre Ausbildung voraus, weil er aus Ungarn kam und die Deutschen Ungarn erst im März 1944 besetzten. Polen war bereits 1939 besetzt – und damit endete meine Ausbildung: in der ersten Woche der sechsten Klasse. Jack war so aufgeregt, sich in einem jüdischen Tempel inmitten einer amerikanisch-jüdischen Gemeinde wiederzufinden, dass er es wagte, den Rabbi zu fragen, ob er die Gemeinde bei den heiligen Gebetsliedern anführen dürfe. Der Rabbi war sofort von Jack beeindruckt, und ohne zu wissen, auf was er sich da einließ, winkte er Jack enthusiastisch nach vorn.

Und dann, direkt vor unseren Augen, als er zum Podium ging, schien es, als würde Jack in eine andere spirituelle Dimension eintreten – er schien sich körperlich zu verändern, gewann an Sicherheit und Haltung. Er hielt seinen Kopf höher, sah älter, würdevoller aus. Als er das Podium erreichte, hielt er inne, atmete tief durch und schaute sich langsam und bedächtig im Altarraum um, schien in jedes Paar erwartungsvoller Augen zu blicken und eine persönliche Verbindung zu jedem von uns herzustellen. Als wäre Jack kein Grünschnabel, als gehöre er hierher, auf dieses Podium, als wären die Gemeindemitglieder seine Gäste. Und dann begann er zu singen.

Es schien, als käme die Musik durch ihn aus einer anderen Welt, und er riss die hypnotisierte Gemeinde mit sich. Im Hebräischen bedeutet das Wort *Kawwana*, dass es nicht ausreicht, die heiligen Gebete und Lieder nur zu lesen, zu hören oder auswendig zu lernen; vielmehr müssen wir völlig von der Bedeutung der heiligen Worte absorbiert werden, denn sie bringen unsere Herzen, Seelen und Geister in die Gegenwart Gottes. Wir versuchen, dieser Ehre gerecht zu werden, indem wir in einen Zustand tiefster Konzentration eintauchen. Manchen Menschen hilft es, sich beim Beten vor und zurück zu wiegen. Je effektiver der Kantor diese Stimmung zu erzeugen vermag, desto kraftvoller wird die Gemeinde mit *Kawwana* erfüllt.

Man kann es so sagen: Die Schönheit und Kraft von Jacks Gesang erweckten das Wesen von *Kawwana*. Als er seinen letzten Ton gesungen hatte, war der Altarraum von einer fassungslosen Stille erfüllt. Und dann, wie auf ein Stichwort, eilte die Menge herbei, umarmte ihn und hob ihn in die Höhe. Sie konnten kaum glauben, dass eine solche Kraft und Schönheit von diesem 20-jährigen Flüchtling ausgingen. Und sie wussten, dass dies vielleicht eine einmalige Erfahrung bleiben würde. Der überglückliche Rabbiner bat uns, zum *Oneg Schabbat* zu bleiben, dem Festessen nach dem Gottesdienst.

Sehr dankbar nahmen wir die Einladung zu diesem köstlichen und reichhaltigen Essen an und sangen anschließend viele fröhliche Lieder zur Begrüßung des Schabbats. Später beglückwünschten uns die Vorstandsmitglieder des Tempels noch einmal und erkundeten sich, ob wir am nächsten Morgen zurückkommen und den Samstagsgottesdienst leiten wollten. Als sie von unseren miserablen Wohnverhältnissen hörten, waren sie entsetzt. Sie wandten sich sofort an eine Frau Greenberg, die ein Gästezimmer mit zwei Betten und Zugang zu einem richtigen Bad hatte! Rasch wurden Vereinbarungen getroffen, dass wir in dem Haus, in dem sie mit ihrem Mann wohnte, übernachten durften. Wir nahmen dieses Angebot gerne an. Später an diesem Abend, bevor wir schlafen gehen konnten, gingen Jack und ich noch einige Gebete und Lieder für den Gottesdienst am nächsten Morgen durch, da ich auch daran teilnehmen würde. Und dann, mit einem sehr vollen Magen, in bequemen, sauberen Betten, in einem warmen und sicheren jüdischen Zuhause, schliefen wir das erste Mal seit langer Zeit gut. Vielleicht würde sich unser Schicksal doch noch zum Guten wenden?

Am nächsten Morgen servierte uns Mrs. Greenberg ein wunderbares Frühstück. Und wir aßen Mengen, als ob unsere Bäuche bodenlos wären! Die lebhafte Unterhaltung während des Essens fand auf Jiddisch, Englisch und mit ein paar Brocken Polnisch, Deutsch und Ungarisch statt – oft in mehreren Sprachen in ein und demselben Satz. Nach dieser Körper und Seele nährenden Mahlzeit gingen wir zum Tempel, zum Gottesdienst, in Erwartung eines weiteren freudigen Ereignisses. Doch als wir um die Ecke bogen, hielten wir den Atem an. Wir erblickten eine winkende Menschenmenge, die in unsere Richtung eilte.

Anders als bei unseren letzten Erfahrungen in Europa, wo Menschenmengen, die auf uns zustürmten, normalerweise nichts Gutes bedeuteten, war es diesmal eine fröhliche Menge, die uns in warme Umarmungen einhüllte. Offenbar hatte sich in der jüdischen Gemeinde herumgesprochen, dass ein außergewöhnlicher junger Mann den Samstagsgottesdienst leiten würde, sodass die Synagoge brechend voll war. Und sie wurden nicht enttäuscht. Als Jack wieder zu singen begann, waren die Gemeindemitglieder abermals von seinem außergewöhnlichen Talent und Charisma fasziniert. Wieder erlebten sie *Kawwana*.

Später an diesem Abend, nach der *Hawdala*, der Zeremonie, die das Ende des *Schabbats* markiert, rief uns der Vorstand in sein Büro und bot Jack eine Kantorenstelle* für die kommenden Hohen Feiertage** an, die einen Monat später stattfanden. Sie boten ihm 350 Dollar für drei Tage! Das war eine unvorstellbare Geldsumme! Geistesgegenwärtig ernannte ich mich zu seinem Geschäftsführer und machte ein Gegenan-

* Ein Kantor oder *Chasan* auf Hebräisch ist ein Vorsänger, der die Gemeinde zusammen mit dem Rabbiner bei heiligen Liedern und Gebeten anführt. Dazu benötigt er nicht nur fundierte Kenntnisse der jüdischen Liturgie, sondern auch eine außerordentliche Singstimme. (Anm. d. Übers.)

** Die jüdischen Hohen Feiertage bestehen aus *Rosch ha-Schana*, dem Beginn des neuen Jahres, und *Jom Kippur*, dem »Tag der Versöhnung«, dem heiligsten Tag im jüdischen Kalender. An *Jom Kippur* besuchen gläubige Juden einen Tag lang Gebetsgottesdienste und fasten für 24 Stunden, in der Hoffnung, dass ihnen ihre Sünden vergeben werden. Ein Festessen markiert das Ende von *Jom Kippur*.

gebot von 500 Dollar. 250 Dollar davon würden wir im Voraus benötigen, weil wir Schulden abzubezahlen hatten. Wundersamerweise stimmten sie zu, und wir besiegelten die Abmachung mit einem Handschlag. Noch in derselben Nacht trafen wir die Vereinbarung, dass wir dauerhaft in Mrs. Greenbergs Haus zur Untermiete einziehen würden. Und sobald die Bank am Montagmorgen öffnete, lösten wir den Scheck ein, bezahlten unsere Hotelrechnung in voller Höhe und bedankten uns bei dem Manager für sein Vertrauen. Wir gingen daraufhin zur Clifton's Cafeteria und wollten dem Manager 25 Dollar bezahlen. Doch er nahm das Geld nicht an und sagte: »Ihr Jungs habt uns nicht täuschen können. Wir haben gewusst, was ihr getan habt. Ich bin euch sogar zum Hotel gefolgt und habe mit dem Manager gesprochen.« Auf die Frage, warum er uns nicht gehindert hätte, antwortete er nur: »Weil ihr nicht wie gewöhnliche Herumtreiber ausgesehen habt.« Sodann lösten wir alle unsere verpfändeten persönlichen Gegenstände aus und zogen in Mrs. Greenbergs komfortables Haus. Es war September 1949, und die Dinge begannen sich endlich zu unseren Gunsten zu entwickeln.

Jack und ich waren weiterhin auf der Suche nach Möglichkeiten, unsere Lebensumstände zu verbessern, und wir bewarben uns für alle möglichen Jobs. Da ich aber nicht nur irgendeiner Arbeit nachgehen wollte, sondern dem amerikanischen Traum nachjagte, ging ich nebenbei zur Abendschule und nahm alle Gelegenheitsjobs an, die ich finden konnte. Klempner-, Stuckateur-, Maler- oder Elektroarbeiten – was zu tun war, wurde entweder von mir erledigt, oder ich fand einen Partner, der es konnte. Ich gab mich nie damit zufrieden, einfach nur den Job zu erledigen. Ich wollte immer der Beste sein, in allem, was ich tat. Dazu musste ich einen Draht zum Chef des Unternehmens finden und herausfinden, was für das ganze Unternehmen das Beste war. Während also viele andere ihr ganzes Berufsleben lang im selben Job blieben, wurde ich befördert und kam voran.

Ich war nicht der Einzige, der hart arbeitete. Zusätzlich zu seinem eigenen Vollzeitjob in einem Blech verarbeitenden Betrieb begann Jack, Unterricht zu nehmen, um seinen Traum zu verwirklichen: Ein examinierter Kantor zu werden. Mit all unseren Jobs und Gottesdiensten waren wir also sehr beschäftigte junge Männer, die fest daran glaubten, wie es nur junge Männer konnten, dass die Zukunft rosig sein würde. Wir träumten auch von den schönen jungen Frauen, mit denen wir ausgehen würden, sobald wir ein Vermögen verdient hatten!

Zwischen Krieg und Konzentrationslagern, der Ankunft in einem neuen Land, meinem Wunsch, Englisch zu lernen, meinen Lebensunterhalt zu verdienen und den American Dream zu verwirklichen, hatte ich nicht viel Zeit für Mädchen gehabt. Eigentlich hatte ich mich sehr darauf gefreut, endlich all das nachzuholen, was ich verpasst hatte. Doch ich hatte nicht wirklich damit gerechnet, mich zu verlieben. Ich ging davon aus, dass mein Freund in diesem Feld der erfahrenere sein würde. Und er hatte wahrscheinlich das Gleiche von mir gedacht. Auch für diese Situation gibt es ein altes jiddisches Sprichwort, und in diesem Fall hätte es nicht perfekter passen können: »*Mensch tracht, un Gott lacht.*« (Der Mensch plant und Gott lacht.) Und Gott muss sich über mich kaputtgelacht haben, denn für mich kam die Zukunft schneller als erwartet!

27. Wahre Liebe

*»Bashert«**

Eines Freitagabends, als Jack und ich den Tempel verließen, plauderten wir aufgeregt über alles, was uns widerfahren war. Wir waren ganz aufgedreht von der begeisterten Reaktion der Gemeinde. Als wir das Haus der Greenbergs betraten, waren wir überrascht, dass sie Gesellschaft hatten: ein Ehepaar mittleren Alters und ihre sehr attraktive Tochter. Jack und ich sahen uns an und versuchten die Situation zu begreifen. Was bedeutete es, diese schöne junge Frau an

* *Bashert* ist jiddisch und bedeutet »Schicksal«. Es steht aber auch für göttlich bestimmte Seelenverwandte oder für die wahre Liebe. (Anm. d. Übers.)

unserem Tisch zu haben? Und warum schauten ihre Eltern und die Greenbergs uns so fröhlich und erwartungsvoll an?

Und dies war der Grund: Es stellte sich heraus, dass unsere Mrs. Greenberg so etwas wie ein *Shadchan*, eine Heiratsvermittlerin war! Und deshalb hatte sie ihre guten Freunde, Mr. und Mrs. Julius Singer sowie deren reizende Tochter Jean, zum Essen am *Schabbat* an diesem Abend zu uns eingeladen.

Unter den auf uns gerichteten Blicken fühlten wir, dass wir etwas tun oder sagen mussten, aber wir hatten keinen blassen Schimmer, was das hätte sein können. Wir wussten nicht einmal, wohin mit unseren Augen, denn sicher konnten wir die junge Dame nicht anstarren – und obwohl sie sichtlich errötete, sah sie eindeutig keinen von uns an!*

Daher setzten wir uns einfach an den aufwendig gedeckten Tisch und versuchten so zu tun, als ob an diesen Gästen nichts Ungewöhnliches sei. Jack, der nie um ein Wort verlegen war, begann sich angeregt zu unterhalten, während ich wie ein Klotz dasaß. Ich ahnte ja noch nicht, dass dieser *Schabbat* mein Leben auf den Kopf stellen würde! Denn trotz meiner mangelhaften sozialen Kompetenzen war es mir irgendwie gelungen, direkt neben der attraktiven Miss Jean Singer zu sitzen: der unglaublichen Frau, die bald meine Ehefrau, die Mutter meiner Kinder und die Liebe meines Lebens werden würde!

Trotz meines gebrochenen Englischs entwickelte sich ein ruhiges Gespräch zwischen uns beiden. Angesichts ihrer lebhaften Persönlichkeit vermute ich, dass sie sehr viel mehr zu diesem Gespräch beitrug als ich. Bald verließen wir den Tisch und gingen ins Wohnzimmer. Es stellte sich heraus, dass Jean und ich trotz unserer unterschiedlichen Vorgeschichten viele Gemeinsamkeiten hatten. Unsere Werte, Träume und unsere Entschlossenheit, Ziele zu erreichen, waren sehr ähnlich.

Mit 19 Jahren, nachdem sie die Roosevelt High School abgeschlossen hatte, fuhr Jean den Pontiac ihrer Familie und hatte bereits mit

* Sechzig Jahre später, während ich diese Memoiren schreibe, erzählt mir Jean, dass sie ihre Eltern an jenem Abend auf keinen Fall zu den Greenbergs hatte begleiten wollen und versucht hatte, sich davor zu drücken. Sicher hätte sie sich auch kategorisch verweigert, wenn sie geahnt hätte, dass es sich um eine Heiratsvermittlung handeln würde!

dem begonnen, was eine erfolgreiche Karriere werden würde. Das alles erfuhr ich jedoch erst später, denn ich brauchte eine ganze Woche, um den Mut zusammenzunehmen, diese erstaunliche junge Frau anzurufen und um ein Date zu bitten. Es fühlte sich wie der wichtigste Anruf meines Lebens an. Es war beängstigend!

Aber ich hatte auf die harte Tour gelernt, dass es das Beste war, das Risiko herauszufordern und es hinter sich zu bringen. Also rief der tapfere Ben Lesser die schöne Jean Singer an und bat um ein Date! Und zu meiner ewigen Dankbarkeit und Freude sagte sie zu.

Bei unserer ersten Verabredung fuhren wir mit dem Bus zum RKO (Radio-Keith-Orpheum) Kino in der Hill Street und sahen den Film *Goldene Ohrringe* mit Marlene Dietrich und Ray Milland. Ich konnte mich mit vielen Ereignissen in diesem Film identifizieren. Er erzählte die Geschichte eines wagemutigen englischen Militäroffiziers auf einer Spionagemission im Nazi-Deutschland des Jahres 1939. Ihm wird von einer schönen ungarischen »Zigeunerin« geholfen, und natürlich verlieben sie sich ineinander. Sie verkleidet ihn als »Zigeuner«, damit er den Nazis entkommen kann. Und um die Verkleidung noch authentischer zu machen, sticht sie ihm goldene Ohrringe in die Ohren.

Doch nach diesem wunderbaren ersten Date musste ich unerwartet nach New York zurückkehren, um einem Freund aus Nachkriegstagen im Krankenhaus von St. Ottilien zu helfen. Es gab so vieles zu regeln, dass ich am Ende ganze zwei Monate bleiben musste. Während dieser Zeit lebte ich bei Lola und Mechel und meinem Neffen Heshi sowie seinem kleinen Bruder Yossel (Joseph). Es war wunderbar, wieder bei meiner Familie zu sein. Und um sie zu unterstützen, arbeitete ich für Mechel in seinem Strumpfwarengeschäft.

Ich vermisste Jean furchtbar, nahm aber keinen Kontakt zu ihr auf. Vielleicht war ich unsicher und wusste nicht einzuschätzen, was sie nach der einen Verabredung für mich empfand. Vielleicht hatte ich aber auch das Gefühl, dass es ihr mit einem anderen besser ergehen könnte. Sie verdiente einen gebildeten, amerikanisch-jüdischen Mann und keinen Flüchtling. Vielleicht dachte ich, es wäre zu ihrem Besten, wenn ich sie nicht kontaktierte. Vermutlich hatte Mrs.

Greenberg den Singers erzählt, dass ich nach New York zurückgegangen war, daher dachte Jean wahrscheinlich, dass ich sie verlassen hatte. Dass sie auf meine Rückkehr wartete, ahnte ich nicht. Als ich zurückkam, rief ich sie sofort an, in der Hoffnung, dass sie sich an mich erinnerte und nicht wütend auf mich war.

Sie erinnerte sich nicht nur an mich, sondern verzieh mir zu meinem großen Glück auch meine Nachlässigkeit und stimmte einem zweiten Date zu. Dieses Mal holte sie mich in ihrem Auto ab, einem großen Pontiac. Wir fuhren zum berühmten Ambassador Hotel* am Wilshire Boulevard zum Abendessen und anschließend zur Show im legendären Coconut Grove Nightclub. Dieser Luxus war eine ganz neue Welt für mich, und ich fürchtete, dass die 20 Dollar, die ich mitgebracht hatte, vielleicht nicht reichen würden. Dass Jean es schätzen würde, Geschirr zu spülen, um unser zweites Date bezahlen zu können, davon ging ich nicht aus.

Doch nach einem Blick auf die Speisekarte entschied sie, dass sie nicht sehr hungrig sei. Da es jedoch einen Obolus und ein Minimum von zwei Getränken gab, bestellte sie dieses Minimum. Zwei Martinis. Jean hatte noch nie zuvor Martini getrunken, und so nippte sie den ganzen Abend daran. Wir redeten, lachten, tanzten zu der wunderbaren Big Band und wagten es, von der Zukunft zu träumen. Aber lange bevor diese Zukunft kommen konnte, mussten wir uns um ein dringenderes Bedürfnis kümmern. Wir waren beide am Verhungern! Also verließen wir den sehr teuren Coconut Grove Nightclub und gingen in die preiswerte Steinberg's Cafeteria und aßen uns satt!

Dann fuhren wir zurück zu Jeans Haus. Es fiel uns schwer, uns voneinander zu verabschieden. Besonders Jean, denn das letzte Mal, als ich ihr gute Nacht gewünscht hatte, war ich für zwei Monate verschwunden! Wir redeten leise miteinander auf der Veranda, um ihre Eltern nicht zu wecken. Zum Abschied küssten wir uns

* Zwischen der Eröffnung 1921 und dem Abriss 2006 war das Ambassador Hotel ein Ort für viele Berühmtheiten und Politiker. Es war Schauplatz vieler historischer Ereignisse, so auch der tragischen Ermordung von Robert F. Kennedy am 5. Juni 1968.

lange, und dann musste ich gehen. Meine Beine mögen langsam zum Haus der Greenbergs zurückgelaufen sein, aber mein Herz raste und meine Gedanken tanzten. Ich war verliebt. Und ich hatte nicht die Absicht, Jean jemals wieder zu vernachlässigen – nicht für zwei Stunden, geschweige denn für zwei Monate.

Jean und Ben als Verlobte,
Los Angeles (1950),
Lesser Family Collection

Schnell planten wir unser drittes Date, das etwas ganz Besonderes werden sollte. Jean stellte ein Picknick zusammen, und wir fuhren in den MacArthur Park, eine üppige städtische Oase mit einem wunderschönen See mitten in Los Angeles. Nach dem Picknick mieteten wir ein kleines Boot und paddelten auf den See hinaus. Es war einer der schönsten Tage in meinem Leben. Ich spürte, dass ich an einem Punkt angelangt war, an dem eine sehr ernste Entscheidung getroffen werden musste. Und wieder wusste ich, was zu tun war, und habe es einfach getan! Während wir auf dem See umhertrieben, erzählte ich Jean, was ich für sie empfand, und fragte sie, ob sie meine Frau werden wollte. Ich hielt den Atem an. Zum Glück nicht lange, denn Jean antwortete schnell: »Ja!« Ich rätsele immer noch, wie wir nach nur drei Verabredungen wissen konnten, dass wir für den Rest unseres Lebens zusammen sein wollten. Aber wir wussten es. Wahrlich, es war *Bashert*. Schicksal.

Für meinen Teil hatte ich in diesem Moment den American Dream verwirklicht. Ich staune immer noch, dass ich innerhalb von nur vier Jahren von einem Waisenkind am Rande des Todes in einem Konzentrationslager zu einem arbeitenden, gesunden jungen Mann in Amerika geworden war, mit einer liebevollen Familie und einer Zukunft, die auf mich wartete, während ich mit meiner wunderschönen Braut auf dem kühlen blauen Wasser eines Sees in Los Angeles dahinglitt.

28. Den American Dream verwirklichen

»Life, Liberty, and the Pursuit of Happiness«
Aus der Unabhängigkeitserklärung
der Vereinigten Staaten von Amerika, 4. Juli 1776

Spätabends, als wir zu Jeans Haus zurückkehrten, überbrachten wir die gute Nachricht, und Mr. Singer holte ein 60-Liter-Fass seines selbstgekelterten Weins heraus, der nur bei besonderen Anlässen angeboten wurde. Dann rief Jean ihren Bruder Mitchell an, der in der Nähe wohnte, und weckte ihn auf, um ihm zu erzählen, dass wir heiraten würden. Er murmelte nur: »Das ist schön.« Und legte auf. Eine Minute später rief er zurück und fragte ganz aufgeregt: »Wen?« Ein paar Wochen später, an Jeans zwanzigstem Geburtstag, dem 25. April, gaben die Singers bei sich zu Hause eine wunderschöne Geburtstags- und Verlobungsfeier für uns.

Und am 17. Juni 1950, nur zwei Monate nach unserer Verlobung, heirateten Jean und ich in einer wunderschönen orthodoxen jüdischen Zeremonie in der Park Manor Banquet Hall. Diese Feier, die von Jeans Eltern ausgerichtet wurde, war voller Liebe, Freude und Hoffnung und weckte natürlich schmerzhafte Erinnerungen an die kleine, gefährliche Hochzeit meiner Schwester in dem trostlosen Hinterhof unseres Hauses in Niepołomice. Da für Juden ein striktes Versammlungsverbot galt, hatten Lola und Mechel nur wenige Freunde und die engste Familie einladen können. Wir hatten uns mit einem kargen Essen und geliehener, zerfledderter Kleidung begnügt und versucht, dem Brautpaar zuliebe das Beste daraus zu machen. Und niemand hatte geahnt, dass außer Lola, Mechel und mir alle Hochzeitsgäste bald im Holocaust umkommen würden.

Bei unsere Hochzeitsempfang in einem Ballsaal in Los Angeles tanzten 125 festlich gekleidete Hochzeitsgäste zu Live-Musik – und niemand fürchtete um sein Leben. Leider konnte wegen gesundheitlicher Probleme meines Schwagers Mechel niemand aus meiner Familie teilnehmen. Mein Trauzeuge war Jack und meine Platzanweiser

Jeans Eltern begleiten sie zur *Chuppa*, wo Ben sie erwartet, Los Angeles (1950), Lesser Family Collection

waren meine Freunde Martin Dave und Jeans Bruder Mitchell. Der Rabbiner führte unsere orthodoxe Zeremonie unter einer *Chuppa* durch, dem traditionellen Baldachin, der das neue Zuhause der Braut und des Bräutigams symbolisiert. Wie die Tradition es vorschreibt, führte Jeans Mutter sie siebenmal um mich herum. Dieses Umkreisen soll der Braut zeigen, wie zentral der Bräutigam in ihren Gedanken und in ihrer Existenz fortan ist. Dann habe ich ein Glas unter meinem Schuh zertreten, womit an die Zerstörung des Tempels erinnert wird. Für manche Menschen bedeutet es auch, dass wir uns inmitten eines freudigen Ereignisses daran erinnern sollen, woher wir kommen und was wir erlitten haben. Nachdem das Glas zerbrochen war, küssten Jean und ich uns, und dann drehten wir uns mit einem strahlenden Lächeln zu unseren Freunden und der Familie um. Und alle riefen freudig: *»Mazel Tov!«*

Nach der Zeremonie wurde ein herrliches koscheres Abendessen serviert, und anschließend wurden die Tische zu einem großen Kreis gerückt, damit in der Mitte getanzt werden konnte. Jean und ich haben es schon immer geliebt zu tanzen, und an diesem Abend tanzten wir nicht nur die *Hora* (einen traditionellen Kreistanz) zu »*Hava Nagila*« (»Lasst uns frohlocken!«), sondern auch Walzer zum *Anniversary Waltz* und natürlich zu unserem besonderen Lied *Golden Earrings* aus dem Film von unserem zweiten Date. Alles war perfekt.

Vielleicht nicht ganz perfekt, tatsächlich hatte es ein paar Pannen gegeben, wie ich allerdings erst sehr viel später herausfand. Wegen einer Parade in der Innenstadt, die für Verkehrsstau sorgte, kam der Rabbiner zu spät. Zudem war die Sonne wegen der Sommerzeit später untergegangen als erwartet. Das war ein Problem, denn die jüdische Tradition verlangt, dass die Trauung nach Sonnenuntergang beginnt. Daher mussten wir eine Stunde warten, bis wir beginnen konnten. Und dann, kurz vor der Zeremonie, als Jean und ich die *Ketubba*, den Hochzeitsvertrag, unterzeichneten, wurde Jean so nervös, dass sie ihren Namen auf die Seite des Bräutigams schrieb! Wir stießen tiefe Seufzer der Erleichterung aus, als der Rabbi sagte, es sei okay – unsere Ehe sei immer noch gültig.

Nach den Feierlichkeiten verbrachten wir unsere erste gemeinsame Nacht in einem Hotel. Was für ein Luxus! Aber es war auch eine Herausforderung. Denn wir hatten unser gemeinsames Leben mit nur 20 Dollar begonnen. Nun mussten wir unser Hochzeitsgeld zählen, um sicherzugehen, dass wir genug hatten, um sowohl die Hotelrechnung als auch die Flitterwochen zu bezahlen. Am nächsten Tag fuhren wir mit dem Zug in die Flitterwochen nach New York City.

Ab und zu liefen wir durch den Zug, um uns etwas Bewegung und etwas Privatsphäre zu verschaffen. Diese Reise nach New York sollte mehr sein als nur eine Hochzeitsreise, denn Jean würde meine orthodoxe Familie kennenlernen. Mein Cousin Usher holte uns ab, damit wir mit unserer erweiterten Familie, fast fünfzig Personen, den *Schabbat* auf seiner Farm feiern konnten. Bei diesem Abendessen würde meine Familie uns zu Ehren eine *Schewa Brachot*, das Aufsagen von sieben traditionellen Segenssprüchen für Braut und Bräutigam, abhalten. Das war alles ziemlich neu für Jean, die nicht aus einer orthodoxen Familie stammte.

Das erste, was sie über die orthodoxen Gebräuche lernte, war, dass man am Schabbat kein Licht entzündet. Gleich am ersten

Mit einem glücklichen Lächeln im Gesicht: Ben und Jean zu Beginn ihrer Flitterwochen, Los Angeles (1950), Lesser Family Collection

Mit einem glücklichen Lächeln im Gesicht: an ihrem 60. Hochzeitstag, Los Angeles (2010), Lesser Family Collection

Abend hatte sie sich während des Abendessens entschuldigt, um auf die Toilette zu gehen. Natürlich machte sie das Licht an. Als Usher rief: »Es ist *Schabbos!*«, wurde Jean klar, dass sie das Licht nicht hätte anschalten dürfen und machte es sofort wieder aus – aber auch das ist nicht erlaubt! Das war eine unangenehme Situation für sie, aber mit ihrer unverwüstlichen Natur überwand sie diese Peinlichkeit schnell. Danach verbrachten wir die Nacht für uns allein, das Zimmer hatte Lola großzügig für uns auf einer nahegelegenen Farm gemietet.

Am Samstagabend gingen wir alle gemeinsam zu den Hühnerställen und sammelten Eier. Dann sortierten und durchleuchteten wir sie, indem wir sie durch eine Art Röntgengerät führten, um nach Blutgerinnseln zu suchen. Nach jüdischer Tradition dürfen wir kein Blut verzehren, daher werden alle Eier, die Blutgerinnsel enthalten, vernichtet. Die anderen verpackten wir sorgfältig in Kisten für den Markt. Es war eine angenehme Arbeit, angefüllt mit dem Singen von hebräischen Liedern. An diesem wunderschönen Ort mit geliebten Menschen konnten Jean und ich kaum unsere Freude darüber verbergen, was das Leben uns bot – und was die Zukunft für uns bereithielt.

Wieder zurück in Los Angeles, war Mr. Singer zur Stelle, um uns abzuholen. Mr. Singer nimmt einen ganz besonderen Platz in meinem Herzen ein, und ich möchte ein wenig über diesen Mann erzählen. Nachdem ich alle meine älteren männlichen Verwandten im Krieg verloren hatte, war die Beziehung zu meinem Schwiegervater, Mr. Julius Singer, wirklich ein Segen. Er hatte einige gesundheitliche Schicksalsschläge erdulden müssen und zahllose Tragödien überstanden. Und er hat es trotzdem geschafft, ein schönes Leben für sich und seine Familie aufzubauen. Er, der selbst so viele Hindernisse überwunden hatte, war ein großes Vorbild für mich. Er zeigte mir, wie wichtig es ist, Verantwortung zu übernehmen, anstatt Ausreden zu finden.

Ich bewunderte seine Stärke, seinen Einfallsreichtum und sein Talent. Und ich erfuhr von seiner bemerkenswerten Vergangenheit. Er war in Russland aufgewachsen und dort ein sehr wohlhabender Juwelier gewesen, zudem Besitzer einer Gold- und Silberschmelzfabrik. Als erfolgreicher Unternehmer war er während und nach der Russischen Revolution in Ungnade gefallen, weil die neue kommunistische Regierung weder freies Unternehmertum noch Privatbesitz erlaubte. Auf ihn wurde sogar ein Kopfgeld ausgesetzt, was bedeutete, dass er und seine Familie jederzeit ermordet werden konnten. Deshalb beschloss er, nach Amerika zu flüchten. Da er aufgrund einer Verletzung in der Kindheit sein ganzes Leben lang einen Gehstock benötigte, beschloss er, für jedes Familienmitglied einen Gehstock zu präparieren, um so die finanziellen Mittel bereitzustellen, die zur Flucht benötigt wurden.

Er schmolz so viel Gold wie möglich ein und goss es in die ausgehöhlten Stöcke. Vom fünfjährigen Sohn Marcus bis hin zu Mr. Singers Schwester, seiner Frau und ihm selbst, ging nun jedes Familienmitglied nicht an einem, sondern an zwei Stöcken! Doch um die ganze Familie außer Landes zu bringen, waren noch viele weitere komplizierte und waghalsige Vorbereitungen nötig: Mr. Singer erwarb sogar einen ganzen Zug inklusive Zugpersonal und Ingenieuren, um die eigene Familie vor dem Tod zu retten. Wenn sie Geld brauchten, brach er ein Goldstück aus einem Stock. Diese gefährliche Reise dauerte ein ganzes Jahr. In dieser Zeit verschlug es die Familie an exotische Orte wie Shanghai, die Mandschurei und Japan. Als sie 1923 endlich Angel Island in der Bucht von San Francisco erreichten, wollten sie eigentlich Mrs. Singers Bruder Dave in Los Angeles anrufen. Doch zu diesem Zeitpunkt besaßen sie nichts mehr, nicht einmal einen Cent zum Telefonieren.

Glücklicherweise war ihnen die HIAS, die jüdische Hilfsorganisation, dabei behilflich, Mr. Singers Schwager zu kontaktieren. Nachdem dieser so lange nichts von ihnen gehört hatte, war er natürlich überglücklich und überwies sofort Geld. Andernfalls wären sie nach Russland zurückgeschickt worden, wo sie mit Sicherheit getötet worden wären.

Mr. Singer war ein Mann mit einem großen Charakter, tiefer Liebe, unendlichem Talent und ungeheurer Kraft. Er hörte nie auf, für das Wohl seiner Familie zu arbeiten. Ich erkannte viel von meinem eigenen Vater in ihm und fühlte mich geehrt, dass er mich behandelte wie einen Sohn. Ich wollte ihn nicht enttäuschen. Jean empfand das Gleiche für ihre Eltern. Wir wollten ihnen *Nachas* bringen – den Segen guter Kinder.

Jean hatte bereits als Teenager angefangen zu arbeiten. In einem koscheren Lebensmittelgeschäft hatte sie ihren ersten Job und sich dort fleißig zur Buchhalterin und dann zur Einkäuferin hochgearbeitet. Sie hatte es sich zur Aufgabe gemacht, jede Funktion im Unternehmen zu erlernen, sodass sie in der Lage war, mit allen aufkommenden Problemen umzugehen. Ich war sehr stolz auf meine tüchtige Frau. Als sich die Singers aus dem Arbeitsleben zurückzogen und in ihr Sommerhaus zogen, beschlossen Jean und ich, ihre Zwei-Zimmer-Wohnung in der Wabash Avenue zu übernehmen. Sie war größer als unsere bisherige Unterkunft, und da Jean schwanger war, brauchten wir eine größere Wohnung.

Als ob dies nicht schon genug Herausforderungen wären, bot sich mir dank Jean auch noch eine außergewöhnliche Geschäftsmöglichkeit. Durch ihren Job war Jean mit einem sehr erfolgreichen Herrn bekannt gemacht worden, der ein großes Hotel mit möblierten Apartments an der Hollywood und Vine Street besaß. Er war von Jean beeindruckt, und als sie ihm erzählte, dass ich Tapezierer sei, sagte er ihr, dass er sich gerne mit mir treffen würde.

Als wir uns trafen, zeigte er mir sein möbliertes Hotel mit 150 Wohneinheiten und wies mich darauf hin, dass jede Einheit eine Couch und einige Stühle hatte. Und alle Möbel im gesamten Gebäude mussten neu gepolstert werden! Dann machte er mir einen erstaunlichen Vorschlag. Er fragte mich, ob ich jedes Stück neu beziehen wolle. Das sei doch eine Chance für mich, mein eigenes Polstergeschäft zu eröffnen.

Ich versuchte, bei diesem Angebot nicht verblüfft auszusehen, und sagte ihm, dass ich nur sehr wenig Geld und keinen Kredit hatte und deshalb unmöglich ein Geschäft eröffnen könne. Er antwortete, dass er mir alles vorschießen würde, was ich bräuchte, und dass ich seinen Kredit nutzen könnte, um Konten bei Stoff- und Zulieferfirmen zu eröffnen. Natürlich nahm ich sein Angebot an, da ich wusste, dass ich irgendwie herausfinden würde, wie ich das alles schaffen könnte. Und sobald ich nach Hause kam, kontaktierte ich Robert, meinen damaligen Vorgesetzten, der 35 Jahre Erfahrung in der Polsterei hatte. Wir besprachen diese neue Möglichkeit und beschlossen, Partner zu werden.

Wir eröffneten also eine Polsterei mit einem einladenden, komfortablen Ausstellungsraum und einer gut ausgestatteten Werkstatt. Das Geschäft begann zu florieren. Mein Schwiegervater, der immer nur das Beste für mich wollte, entschied, dass ich einen Lkw brauchte. Deshalb nahm er mein altes Auto und baute es eigenhändig zu einem Pritschenwagen um, der acht bis zehn Sofas auf einmal transportieren konnte. Da wir nun mehr Möbel auf einmal transportieren konnten, nahm das Unternehmen richtig Fahrt auf. Wir beschäftigten bald vier Polsterer, darunter meinen Freund Martin.

Sieben Jahre nach dem Ende des Zweiten Weltkriegs hatte ich so viel erreicht: Als verwaister Überlebender der Nazi-Konzentrationslager, als ungebildeter Flüchtling besaß ich nun, Gott und meiner eigenen Entschlossenheit und harten Arbeit sei es gedankt, mein eigenes Geschäft – samt Angestellten – sowie einen Lastwagen, eine tolle Wohnung und – das Beste von allem – eine schöne, kluge Frau, die unser erstes Kind erwartete! Was hätte ich mir mehr wünschen können? Mein American Dream war wahr geworden.

Aber es war das Jahr 1952, und da die Großmächte nach den Schrecken des Zweiten Weltkriegs immer noch nicht gelernt hatten, in Frieden miteinander auszukommen, zog sich der 1950 ausgebrochene Koreakrieg in die Länge. Die meisten von uns wussten nicht einmal, wo Korea genau lag oder warum dort Krieg herrschte. Auch ich hatte mich, wie gesetzlich vorgeschrieben, für den Militärdienst gemeldet. Und ich hatte mitbekommen, dass andere junge Männer, darunter auch Jack, bereits eingezogen worden waren. Jean und ich waren aber zu sehr damit beschäftigt, unser neues Leben aufzubauen, um auch nur einen Gedanken an den fernen Krieg zu verschwenden. Als ich von der Einberufungsbehörde aufgefordert wurde, zur Tauglichkeitsuntersuchung zu erscheinen, war ich daher fassungslos.

Widersprüchliche Gefühle überwältigten mich. Ich war ein Anhänger des American Dream – für mich war es der beste Weg, den verheerenden Erfahrungen im Zweiten Weltkrieg entgegenzuwirken. Aber ich war auch frustriert, weil mir alles weggenommen werden würde, was ich bisher erreicht hatte. Ich ging deshalb zu meiner Untersuchung. Natürlich war ich tauglich für den Militärdienst und erhielt sogar die Klassifizierung »1-A«. Man gab mir nur vier Wochen Zeit, um mein Geschäft zu schließen und mich zum aktiven Dienst zu melden.

Also begannen wir, unser Geschäft abzuwickeln. So ärgerlich das auch war, es lag nicht in meiner Natur, mich lange in Enttäuschung, Wut oder Frustration zu suhlen. Ich hatte mich in der Vergangenheit schon unzählige Male geweigert, mich von viel größeren Hindernissen unterkriegen zu lassen. Da wir ein Einkommen brauchten, begann ich damit, Wäsche für eine örtliche Reinigung auszuliefern. Und auch hier war ich entschlossen, ein wertvoller Mitarbeiter zu werden. Deshalb übernahm ich zusätzliche Aufgaben, um unsere Kunden zu beeindrucken. Indem ich zum Beispiel nach Feierabend und an Sonntagen auslieferte, erarbeitete ich mir in meinem Zustellgebiet einen positiven Ruf. Das sprach sich herum, und ich zog zusätzliche Kunden an, woraufhin mein Chef mit mir zufrieden war, meine Route sich vergrößerte und ich mehr Geld verdiente. Wie immer zahlte es sich für mich aus, mehr als das Erforderliche zu tun.

Jean näherte sich dem Geburtstermin, und als ob wir nicht schon genug zu tun hatten, wurde sie in einen Autounfall verwickelt. Sie stand an einem Stoppschild und jemand fuhr von hinten auf. Damals gab es noch keine Sicherheitsgurte, und so wurde sie richtig durchgeschüttelt. Selbstdiszipliniert wie immer, nahm sie jedoch einfach die Kontaktdaten des anderen Fahrers auf und setzte ihren Weg zur Arbeit fort. Jean hat mich nicht einmal angerufen, um mich nicht bei der Arbeit zu stören. Sie beendete ihre Arbeit so schnell es ging, nahm sich den Rest des Tages frei und ging zum Arzt, der sie anwies, bis zur Geburt des Babys im Bett zu bleiben.

Diese beängstigende Nachricht weckte Erinnerungen an die Zeit, als ich meine Schwester Lola im Krankenhausbett von St. Ottilien im neunten Monat schwanger fand. Es war fast so, als würde sich die Geschichte wiederholen – und der Gedanke, Jean in diesem Zustand zu verlassen, um zur Armee zu gehen, war mir unerträglich. Doch wir hatten Glück. Jeans Arzt war mit diesen Angelegenheiten vertraut, und er war so freundlich, einen Brief an das Militär auszustellen, der es uns erlaubte, den Beginn meines Militärdienstes bis nach der Geburt unseres Babys aufzuschieben. Wir atmeten auf, weil nun gewiss war, dass ich bei der Geburt unseres ersten Kindes dabei sein konnte.

Jean hatte ein paar Fehlalarme und war nun zwei Wochen über der Zeit. Da meine Schwiegereltern zu uns gekommen waren, um uns zu unterstützen, hatten wir ein volles Haus, und alle warteten gespannt auf das Baby. Gegen vier Uhr morgens wurde es Zeit, Jean ins Krankenhaus zu bringen. Nach einigen Diskussionen entschied mein Schwiegervater, dass er Jean ins Krankenhaus bringen würde. Ich sollte ihnen nachfolgen, sodass ich direkt zur Arbeit gehen könnte, falls es ein weiterer Fehlalarm wäre. Dieses Mal war es jedoch ernst. Ich verbrachte sieben sehr nervöse Stunden im Wartezimmer mit meinen Schwiegereltern. Und typisch für meine rücksichtsvolle Frau, brachte sie unsere erste Tochter um 11:55 Uhr zur Welt, rechtzeitig zum Mittagessen. Essen konnten wir zwar alle nicht vor Aufregung, aber ich schaffte es, die traditionellen Zigarren zur Feier der Vaterschaft zu kaufen und zu verteilen.

Als ich endlich in Jeans Zimmer durfte, umarmte und küsste ich meine Frau vorsichtig und schaute dann, mit Schmetterlingen im Bauch, in den Brutkasten, um unser wundervolles kleines Mädchen zu sehen. Ich konnte kaum glauben, was ich da sah: ein menschliches Wesen, geschaffen durch die Liebe, die Jean und ich teilten. Ein Wunder! Ich berührte sie sanft und hatte fast Angst, dass sie blaue Flecken bekommen oder zerbrechen würde. Dann zählte ich ihre winzigen, perfekt geformten Finger und Zehen. Es war also offiziell. Ich war Vater. Ich dachte über meine Gefühle für meinen eigenen Vater nach und verstand, was er für seine Kinder empfunden haben musste. Jetzt gab es jemanden, der dasselbe für mich empfinden würde. Ich konnte sie nicht im Stich lassen.

Wie sehr sehnte ich mich danach, meinen Eltern ihre Enkelin zeigen zu können. Wie stolz wären sie gewesen. Wir nannten sie Sherry, nach meiner geliebten Mutter, Shaindel. Ihr zweiter Vorname, Michelle, war zu Ehren von Jeans Bruder Marcus, der während seines Dienstes bei der hochgefährlichen US-Gleitfluginfanterie gefallen war.* Fünf Tage lang besuchte ich Jean und Sherry im Krankenhaus und brachte jedes Mal Blumen und kleine Geschenke mit. Jean und ich hielten uns die Hände und sprachen aufgeregt über die Zukunft unseres kleinen Mädchens. Wie schön, wie begabt sie sein würde. Und was sie im Leben alles erreichen würde!

Nun, meine Lektionen über das Vatersein waren nicht die einzigen, die ich lernte, nachdem unsere Tochter geboren war. Hätte ich mich besser informiert, als ich meinen Einberufungsbescheid erhielt, hätte ich gewusst, dass sich mit der Geburt meiner Tochter mein Status änderte. Die gute Nachricht war, dass sie Väter nicht einberiefen. Die schlechte aber war, dass ich kein Geschäft mehr hatte.

* Viele jüdische Familien pflegen den Brauch, Neugeborene in Erinnerung an einen geliebten verstorbenen Verwandten zu benennen. Dieser Brauch soll den Namen und die Erinnerung an den Verstorbenen lebendig halten und eine Verbindung zwischen den Generationen schaffen.

29. Eine neue Karriere

»Keine Arbeit, wie bescheiden sie auch sein mag, ist unehrenhaft.«
Zitat aus dem Talmud

Da ich nun doch nicht zum Militär eingezogen wurde, musste ich mir einen besseren Job suchen. Also bewarb ich mich beim Paketdienstleister UPS und wurde eingestellt – 25 Jahre lang blieb ich ein treuer Mitarbeiter, habe nie eine Arbeit abgelehnt, auch nicht an freien oder sogar an Feiertagen. Ich fing ganz unten auf der Karriereleiter an und war mit vielen persönlichen Herausforderungen konfrontiert, aber ich war fest entschlossen, es bis ganz nach oben zu schaffen. Bald war ich einer der bestbezahlten Fahrer in ganz Südkalifornien. Mein Wunsch, erfolgreich zu sein, war ungebrochen, und so baute ich ein Nebengeschäft mit einem Freund auf, der Gelegenheitsarbeiten ausführte. Zusammen konnten wir so ziemlich alles bauen oder reparieren, und wenn nicht, organisierten wir jemanden, der es konnte. Obendrein besuchte ich die Abendschule der Roosevelt High, um mich auf den Einbürgerungstest vorzubereiten.

Im Gegensatz zum Arbeitsleben, das größtenteils aus Routine bestand und vorhersehbar war, war mein Leben als frischgebackener Vater eine Kombination aus Alltäglichem und völlig Unvorhersehbarem. Wir staunten, wie ein so winziges Geschöpf zwei Erwachsenen seine eigene, wankelmütige Tagesstruktur aufzwingen konnte. Und Sherry zögerte nicht, uns mitzuteilen, wenn sich diese Routine änderte! Fortan drehte sich alles um sie und ihre Bedürfnisse.

Wenn ich nicht gerade bei der Arbeit oder in der Abendschule war, übernahm ich deswegen dieselben Aufgaben wie Jean auch: vom Füttern über das Baden bis zum Windelwechseln. Wenn sie mitten in der Nacht weinte, ließ ich Jean schlafen und kümmerte mich um Sherry. Jede Aktivität mit ihr war eine Freude. Glücklicherweise konnte Jean tagsüber mit Sherry zu Hause bleiben, sodass ich meinen verschiedenen Jobs nachging und die Abendschule besuchte, wenn ich auch unter Schlafmangel litt. Doch die Bandbreite an intensiven Gefühlen, die mich ständig durchfluteten, war unbeschreiblich. Jedes Mal, wenn ich sie zum Lächeln brachte, fühlte es sich an, als hätte ich einen kleinen Sieg errungen. Und als sie zum ersten Mal »Daddy« sagte, war ich hin und weg. Ich bin es heute noch. Mit der Geburt meiner Tochter hatte ich endlich eine Erklärung, warum ich hatte überleben dürfen. Meine Eltern würden durch sie weiterleben. Und ich hoffe, dass Sherry durch mich auch in gewisser Weise meine Eltern kennenlernen konnte.

30. Ein amerikanischer Staatsbürger

»Gehe selbstbewusst in die Richtung deiner Träume.
Führe das Leben, das du dir vorgestellt hast.«
Henry David Thoreau

Mein Leben schien sich gut zu entwickeln. Ich arbeitete hart und lebte den American Dream. Nach der Befreiung und der Familiengründung kam 1953 der nächste große Meilenstein in meinem Leben: Ich wurde US-Bürger. Das bedeutete mir sehr viel, und ich war unbeschreiblich stolz, Bürger des Landes zu sein, das mir ein neues Leben ermöglicht hatte.

Die Prüfung musste einzeln abgelegt werden, unter vier Augen mit einem Richter. Und natürlich mündlich – auf Englisch! Ich machte mir Sorgen, weil ich mit elf Jahren die Schule verlassen hatte. Ich lernte hart und ging hoffnungsvoll in die Prüfung. Einfach war sie nicht, und ich bin tatsächlich beim ersten Mal durchgefallen, weil ich eine Frage über Kalifornien übersehen hatte. Eine einzige Frage! Doch ich ließ mich nicht entmutigen und versuchte es erneut. Ich hatte schließlich schon schwierigere Situationen gemeistert. Also griff ich wieder zu den Büchern, lernte alles über Kalifornien, wiederholte den Test und bestand ihn. Natürlich gab es eine große Feier, als ich meine offiziellen Staatsbürgerschaftspapiere erhielt!

THE UNITED STATES OF AMERICA

ORIGINAL
TO BE GIVEN TO
THE PERSON NATURALIZED

Petition No. 157607

October 18, 1928 Male
Medium Brown Dk. Brown 5 9
143 Scar on lower side of right jaw
Married Poland

UNITED STATES OF AMERICA
SOUTHERN DIST. OF CALIFORNIA

The United States
Los Angeles
NOV 13 1953
** BENJAMIN LESSER **
11071 Wabash Ave., Los Angeles, California

13th
November
fifty-three
seventy-eighth

Edmund L. Smith

Bens Zertifikat über seine U. S.-Staatsbürgerschaft, Los Angeles (1953), Lesser Family Collection

Im Verlauf des Einbürgerungsprozesses habe ich auch das zweite »s« meinem Nachnamen hinzugefügt, seither heiße ich »Lesser«. Das entsprach der Art und Weise, wie mein Name von Amerikanern ausgesprochen wurde.

Nachdem ich erreicht hatte, was ich mir vorgenommen hatte, freute ich mich auf das, was das Leben als nächstes bereithalten würde! Und das war 1957 ein wunderschönes neues Haus im San Fernando Valley mit einem Hinterhof zum Grillen. Und wir zogen gerade rechtzeitig zur Ankunft unserer zweiten Tochter Gail ein. Obwohl ich dachte, ich sei inzwischen ein »Profi«, war ich wieder genauso nervös wie bei Sherry. Und Gail kam so schnell zur Welt, dass ich nicht einmal Zeit hatte, Zigarren zu kaufen! Auch die Freude über die Ankunft von Gail war unbeschreiblich. Ein weiteres Wunder für unsere kleine Familie.

Im Jahr 1962 verkauften wir unser Haus und kauften ein Vierfamilienhaus in Los Angeles, gleich um die Ecke der Singers. Eine Wohnung bewohnten wir selbst, die anderen drei vermieteten wir. Dies sollte sich als der Beginn meiner Karriere als Immobilieninvestor herausstellen. In den folgenden Jahren arbeiteten wir hart daran, Mietobjekte zu kaufen, zu renovieren, zu verwalten und zu verkaufen.

Eine Immobilie stellte sich als unerwartete und unangenehme Herausforderung heraus. Wir besichtigten sie, um zu sehen, ob sie sich für eine Investition eignete. Doch wir verliebten uns auf der Stelle in das Objekt. Es war modernisierungsbedürftig, aber wir wussten einfach, dass es unser Traumhaus war. Und wie es eigentlich nicht unsere Art war, kauften wir es, ohne jegliche Recherche, noch in derselben Nacht vom Eigentümer. Wir verkauften also unser Vierfamilienhaus und zogen in die obere Wohnung des Zweifamilienhauses ein. Wir freuten uns alle riesig, eine so große Wohnung zu haben – mit drei Schlafzimmern und einem Arbeitszimmer würde es genug Platz für alle geben. Die Dinge sahen gut aus für die Lessers!

Gleich nach dem Einzug begannen wir mit dem Umbau der Wohnung, um sie besser an unsere Bedürfnisse anzupassen. Nachdem wir uns die Arbeit und die Referenzen eines örtlichen Bauunternehmers angeschaut hatten und damit zufrieden waren, beauftragten wir ihn mit der kompletten Neugestaltung der Wohnung. Doch schon bald entpuppte sich die Umgestaltung als Albtraum. Ganz offensichtlich war ich zu vertrauensvoll gewesen und hatte allen mündlichen Versprechen des Bauunternehmers geglaubt.

Ab und zu schickte er einen Handwerker vorbei, der hier und da ein paar Nägel einschlug und nach einer Stunde wieder verschwand. So ging es über Monate. Wir hatten keine Küche und kein eigenes Bad. Unser Traumhaus war voller Staub und Chaos. Zum Glück nahmen Jean und die Mädchen es gelassen und taten einfach so, als wären wir beim Camping. Schließlich konnte ich es nicht mehr ertragen und beschloss, den Bauunternehmer aufzusuchen. Jean wollte mich nicht allein gehen lassen. Da wir beide nicht besonders einschüchternd sind, glaubten wir, es sei beeindruckender, wenn wir zusammen gingen.

Als wir ankamen, war der Bauunternehmer erfreut uns zu sehen.

Wir waren bemüht, ein vernünftiges Gespräch mit ihm zu, aber er versuchte mich einzuschüchtern. Ich konnte es einfach nicht glauben, also widersprach ich und stellte eine meiner Ansicht nach sehr berechtigte Forderung. Er antwortete mit einem hasserfülltem Blick, streckte ohne ein Wort die Hand aus, hob mich einige Meter vom Boden hoch, zerrte mich zum Balkon und drohte, mich über das Geländer zu werfen.

Er schüttelte mich und brüllte, ich solle ihn doch verklagen, und dass er mich, wenn ich noch einmal in sein Büro käme, umbringen würde. Ich glaube, ich traute mich nicht einmal mehr zu atmen. Er setzte mich wieder ab und wir konnten fliehen. Danach kontaktierten wir sofort einen Anwalt, der sich der Sache annahm. Doch der Bauunternehmer hatte zwischenzeitlich Konkurs angemeldet und war nicht auffindbar.

Nach diesem bösen Erwachen beauftragten wir verschiedene Subunternehmer für jedes einzelne Gewerk. Am Ende hatten wir doppelt für den Umbau bezahlt, und mir wurde klar, dass das Kleingedruckte in den Verträgen, auch wenn ich es immer durchlas, so schwer zu verstehen war, dass normale Menschen die Hilfe eines Experten benötigten. Also beschloss ich, selbst ein solcher Experte zu werden, und schrieb mich am City College für Vertragsrecht ein. Das bedeutete, dass ich Vollzeit bei UPS arbeiten, in Teilzeit Immobilien kaufen und verwalten, zusätzlich ein guter Ehemann, Vater und Bürger sein und außerdem noch zum College gehen wollte!

31. Amerikanische Abenteuer

»Ohne Ehrgeiz fängt man nichts an.
Ohne Arbeit beendet man nichts.
Der Preis wird einem nicht geschickt.
Du musst ihn gewinnen.«
Ralph Waldo Emerson*

Der American Dream bedeutete für mich, eine Immobilie und damit ein Stück des Landes zu besitzen. Deshalb war ich neben meinen verschiedenen Voll- und Teilzeitjobs immer auf der Suche nach geeigneten Immobilien. Ich richtete sie dann her und behielt sie entweder als zusätzliches Einkommen oder verkaufte sie weiter, um etwas Größeres zu erwerben. Wenn ich eine Immobilie behielt, musste ich sie instand halten und verwalten. Heute weiß ich nicht mehr, wie Jean und ich es geschafft haben, so viel Arbeit in jeden einzelnen Tag zu stecken, aber wir waren jung und behielten irgendwie alles unter Kontrolle.

Der Besuch des City College verstärkte mein Interesse für das Immobiliengeschäft noch, und mir wurde klar, dass ich gerne Vollzeit in diesem Bereich arbeiten würde. Daher beschloss ich, darauf hinzuarbeiten, meinen Job als Paketfahrer irgendwann kündigen zu können, um mich ganz auf die Immobilienbranche zu konzentrieren. Doch bis dahin würde das bedeuten, dass ich jede freie Minute mit Lernen verbringen musste und mich wenig um meine Familie kümmern konnte. Mehr Verantwortung würde auf Jeans Schultern lasten. Würde ich bei all meinen Unzulänglichkeiten überhaupt erfolgreich sein? Konnte ich es riskieren, ein ungewisses Karriereziel über die Sicherheit meiner Familie zu stellen?

Als meine Familie nicht an meiner Kompetenz zweifelte, sondern mich in meinem Vorhaben ermutigte, entschied ich mich dafür, es zu versuchen, eine Karriere als Immobilienmakler zu starten. Wie

* US-amerikanischer Essayist und Dichter (1803–1882).

schon so oft in der Vergangenheit war mir klar, dass ich sehr viel besser als nur gut sein musste, um im Wettbewerb bestehen zu können. Ich musste der Beste werden.

Also schrieb ich mich zusätzlich zu meinen Kursen am City College in der Real Estate School ein. Ich studierte fleißig, bis ich 1966 meine Prüfung als Immobilienmakler bestand und meine Maklerlizenz erhielt. Mein Selbstvertrauen wuchs, nachdem ich mir selbst bewiesen hatte, dass ich meine Ziele erreichen konnte. Bald wurde ich Teilzeitverkäufer bei einem lokalen Immobilienmakler. Ich begann damit, potenzielle Käufer in Open Houses* zu begrüßen, sie mit Informationen zu versorgen und bei ihrer Entscheidung zu unterstützen. Doch dabei beließ ich es nicht und führte eigene Recherchen durch, um das richtige Haus für ihre Vorlieben und Bedürfnisse zu finden. Das war sehr zeitaufwendig, spiegelte aber meinen Wunsch, exzellenten Service zu bieten. Der neue Job beschäftigte mich über Gebühr. Doch als Jean zusätzlich zu allem anderen, was sie tat, auch eine Immobilienlizenz erwarb, um mich zu unterstützen, wurden wir in der Immobilienbranche ein ebenso gutes Team wie in unserer Ehe.

Mir war bald klar, dass ich mein eigenes Immobilienbüro eröffnen wollte. Gemäß den Anforderungen brauchte ich dazu jedoch vier Jahre Berufserfahrung als nebenberuflicher Verkäufer. Während ich also in beiden Jobs arbeitete, zur Schule ging und unsere Immobilien verwaltete, lernte ich nebenbei für die Maklerprüfung. Und obwohl wir schon immer sparsam gelebt hatten, mussten wir nun noch sparsamer leben, um in das neue Immobiliengeschäft zu investieren. Ich brauchte ein finanzielles Polster, nachdem ich meine Vollzeitstelle verlassen hatte, denn realistischerweise mussten wir darauf vorbereitet sein, dass wir im ersten Jahr keinen einzigen Verkauf abschließen würden.

* In den USA ist diese offene Form der Besichtigung üblich, bei der mehrere Interessenten für eine Immobilie gleichzeitig in einem bestimmten Zeitfenster das gewünschte Objekt besichtigen. Ein Ansprechpartner des Immobilienbüros ist dabei anwesend und für Fragen ansprechbar. (Anm. d. Übers.)

Nach zwei Jahren beschloss ich, die Dinge zu beschleunigen, um so schnell wie möglich in der Gegend bekannt zu werden. In einer schlaflosen Nacht kam mir eine ungewöhnliche Idee: Warum nicht eine Kolumne in einer Lokalzeitung über Immobilien schreiben, in der die Leser ihre Fragen stellen durften? Inzwischen fühlte ich mich ausreichend sachkundig und versiert im Immobiliengeschäft und vertraute darauf, dass ich, wenn nötig, die Antworten auch recherchieren konnte. Für korrektes Englisch würde Jean sorgen.

Nachdem die Entscheidung gefallen war, ging ich gleich am nächsten Tag in das Büro von *The Reporter*, einer kleinen Wochenzeitung, die in jeden Haushalt in unserem Viertel geliefert wurde. Ich traf mich mit dem Redakteur und erzählte ihm von meiner Idee. Er war nicht abgeneigt, weil ein solche Kolumne ein Alleinstellungsmerkmal für seine Zeitung sein würde. Da er die Kolumne aber als Werbung für mein Unternehmen betrachtete, musste ich für die Nutzung des Platzes bezahlen. Das war nicht billig, aber da er mir zusagte, dass niemand sonst in dieser Zeitung eine Immobilienkolumne schreiben dürfte, hoffte ich, dass sich die Investition auszahlen würde. Er stellte mir großzügig zwei volle Spalten zur Verfügung und setzte sogar mein Foto an den Anfang. Die Überschrift lautete: »Alles, was Sie über Immobilien wissen müssen, Fragen und Antworten.« Sicherheitshalber fügte ich eine »Haftungsausschlussklausel« hinzu, die die Leser aufforderte, einen Anwalt zu konsultieren, wenn es hart auf hart kam.

Zu meiner freudigen Überraschung begannen nach dem Erscheinen meiner ersten Artikel die Fragen der Leser hereinzuflattern! Jean und ich verbrachten Stunden damit, die Post zu sortieren. Das war aufregend, jedoch fühlte ich mich durch meine fehlende schulische Bildung gehandicapt. Doch langsam aber sicher erwarb ich mir in der Gemeinde einen Namen als Immobilienexperte. Ich merkte, dass ich trotz meiner formalen Schwächen viele wichtige Fähigkeiten und Verhaltensweisen erworben hatte, die andere Immobilienmakler vielleicht nicht besaßen: meine Arbeitsmoral, meine Integrität, mein aufrichtiger Wunsch, Menschen zu helfen, und mein Streben nach Erfolg.

Nach und nach wurde ich auf dem prestigeträchtigen Immobilienmarkt von West Los Angeles / Beverly Hills erfolgreich. Im Jahr 1970 bestand ich nach einem langen Studium die Prüfung zum Erwerb der Maklerlizenz und war nun offizieller Immobilienmakler! Ich trat der *Greater West Side Real Estate Broker's Association* bei, und Jean und ich sahen einer glänzenden Zukunft entgegen. Zu der Freude über das Erreichte kam 1973 die Geburt unserer Enkelin Robyn hinzu. Und obwohl diese unvorstellbare Freude von der Trauer über die Abwesenheit meiner eigenen Eltern begleitet wurde, waren Jean und ich glücklich und dankbar dafür, dass wir sie mit ihren wunderbaren Eltern teilen durften. Leider dauerte diese Freude nur noch wenige Jahre an. 1975 verstarb mein geliebter Schwiegervater, Julius Singer. Das war eine große Tragödie in unserem Leben. Sowohl Mr. als auch Mrs. Singer waren wie Eltern für mich gewesen, ich habe sie sehr geliebt und respektiert, und sie haben mich stets unterstützt.

Ich habe gelernt, dass es notwendig ist, Risiken einzugehen, um etwas zu erreichen. Und auch wenn sich das Risiko nicht sofort auszahlt, können die Lehren, die man daraus zieht, nützlich sein.

32. Ben Lesser & Associates

Ich bin den Immobilien treu geblieben. Jean und ich arbeiteten weiterhin hart an der Erfüllung unseres American Dream, indem wir sparsam lebten und in Immobilien investierten.

Doch bevor ich meine Arbeit als Fahrer vollends aufgeben konnte, gab es noch zwei wichtige Dinge zu erledigen: Das eine war, einen geeigneten Standort für unser erstes Büro zu finden, den wir schließlich in einem Gebäude in der 3rd Street in der Nähe des Fairfax District fanden und mieteten. Wir richteten es ein und gaben ein Schild mit der Aufschrift *Ben Lesser & Associates* in Auftrag. Die zweite Aufgabe war weniger erfreulich, nämlich bei potenziellen Kunden »Klinken putzen« zu gehen. Neben meiner Vollzeitstelle ging ich also in der Nachbarschaft von Tür zu Tür und stellte mich und unser Unternehmen vor. Mir war klar, dass manche Menschen negativ auf ungebetene Gäste an ihrer Tür reagieren könnten, zumindest befürchtete ich dies.

Doch nahezu überall erkannten mich die Menschen aus der Zeitung wieder. Schwer zu glauben, aber ich empfand das »Klinkenputzen« tatsächlich als angenehm – fast wie einen Besuch bei Freunden. Manche Leute waren einsam und freuten sich über meine Gesellschaft. Die meisten stellten mir Fragen zu Immobilien und diskutierten mit mir über Immobilienwerte. Ich war quasi ein persönlicher Immobilienberater auf Hausbesuch. Sie sahen in mir den Experten, und ich fühlte mich fast wie eine Berühmtheit. Und so war meine eigentlich unspektakuläre Idee, eine wöchentliche Immobilienkolumne zu schreiben, um für mein Geschäft zu werben, letztlich einer der klügsten Schachzüge in meiner Karriere. Die Menschen hatten das Gefühl, mich bereits zu kennen, und vertrauten mir. So öffneten sich die Türen ein wenig einfacher für mich, und ich bekam die ersten Angebote.

Schließlich kündigte ich meinen Paketjob, was nicht nur ein großes finanzielles Risiko bedeutete, sondern auch den Verlust meines fünfwöchigen Jahresurlaubs, in dem ich Nebenjobs nachging und Campingausflüge mit der Familie machte. Die Selbstständigkeit würde in der Tat auch bedeuten, dass ich für sehr lange Zeit keinen Urlaub mehr haben würde. Doch trotz dieser Sorgen blickten Jean und ich optimistisch auf eine Zukunft, die Erfolg und Glück zeitigen würden. Wir erhielten viele Inserate, und wohin man auch blickte, sah man »Ben Lesser – FOR SALE«-Schilder in Vorgärten und an Bushaltestellen. Die Agentur hatte Erfolg, und wir hatten einen weiteren Schritt erreicht. Bald holten wir weitere Agenten in unser Büro, um zu expandieren.

Aber der schmerzhafte Schatten meiner Vergangenheit verschwand nicht, egal wie erfolgreich ich wurde: Ich mag die Lager zwar verlassen haben, aber bis zum heutigen Tag haben sie mich nicht verlassen. Doch sie drücken mich nicht nieder, vielmehr sind sie eine ständige Erinnerung daran, dass mein Überleben ein Geschenk war. Und dieses Geschenk möchte ich ehren, indem ich ein

Leben voller Sinnhaftigkeit führe, anstatt mich weiterhin von Hitlers Feuern verzehren zu lassen. Eine liebevolle Familie und ein erfolgreiches Unternehmen zu gründen, war in gewisser Weise mein persönlicher Weg, die Vergangenheit zu bewältigen.

Bald wurde deutlich, dass ein dauerhafter Erfolg unseres kleinen Unternehmens nicht ohne Expansion möglich sein würde. Da wir inzwischen ein Werbebudget erwirtschaftet hatten, begannen wir, große Anzeigen zu schalten. Jean leistete Großartiges in der Büroorganisation und der Buchhaltung. Unsere Töchter Sherry und später auch Gail kamen ebenfalls zu uns an Bord. Wir besetzten Schreibtische doppelt, weil uns rasch wieder der Platz ausging. Die Gemeinde war geradezu überschwemmt mit »Ben Lesser – SOLD!«-Schildern und ich musste sogar neue Agenten abweisen. In der Zwischenzeit entwickelte sich eine Romanze zwischen Gail und einem jungen Mann aus unserem Verkaufsteam, Michael Gerber. Ich hielt große Stücke auf ihn und freute mich zu sehen, dass Gail meine Meinung zu teilen begann. Dies war eine geschäftige Zeit für uns, denn Teil unseres Expansionsplans war es, ein zweites Büro in der exklusiven Wohngegend von Los Feliz in Los Angeles zu eröffnen.

Zudem begannen wir in dieser Zeit mit den freudigen Vorbereitungen für die Hochzeit von Michael und Gail im August 1980. Die Zeremonie fand im spektakulären Ambassador Hotel statt – genau dort, wo Jean und ich unser zweites Date gehabt hatten. Auch heute noch, so viele Jahre später, sprechen die Gäste immer noch davon. Doch auch inmitten dieser fröhlichen Feier reisten meine Gedanken wieder zurück zur Hochzeit meiner Schwester Lola in Polen.

Ich übertrug meinem Schwiegersohn Michael die Leitung des neuen Büros. Er und Gail arbeiteten gut zusammen, um neue Agenten anzuwerben. Besonders gesegnet waren wir mit Michaels Talent bei der Schulung neuer Mitarbeiter. Dank seiner Unterstützung und Expertise erwirtschaftete das Büro rasch Gewinne, und eine Zeit lang arbeiteten insgesamt über 70 Agenten für uns. Mein Name wurde in Los Angeles sehr bekannt, und ich trat der *West Side Real Estate Brokers Association* bei. Anfang 1983 wurde ich sogar zum Präsidenten gewählt. Zu unserem geschäftlichen Erfolg kam noch die große Freude hinzu, dass ein

Ben bei der Ernennung zum Präsidenten der *West Side Real Estate Brokers Association*, Beverly Hills (1983), Lesser Family Collection

paar Wochen später die wunderschöne Hochzeit unserer Tochter Sherry mit unserem großartigen Schwiegersohn Larry Kramer stattfand.

Doch wieder einmal mussten wir lernen, dass auf freudige Feste auch ernste Probleme folgen können. Der boomende Immobilienmarkt begann sich plötzlich zu verändern: Die Zinssätze kletterten in den Himmel, sodass sich immer weniger Menschen leisten konnten, ein Haus zu kaufen. Der ganze Immobilienmarkt kippte. Nun hatten wir es mit einem Übermaß an Angeboten, sehr wenigen Verkäufen und zwei Büros zu tun, die sehr hohe Kosten verursachten. Trotzdem mussten wir unsere Angebote bewerben und betreuen, zum Beispiel Besichtigungstermine abhalten. Und unsere teuren Zeitungsanzeigen brachten uns noch tiefer in die roten Zahlen. In dieser schwierigen Zeit schlossen viele Immobilienbüros, aber ich steckte weiterhin viel Geld in das Geschäft, um es zu halten – in der Hoffnung, dass sich der Markt wenden würde. Leider war das nicht der Fall.

Gegen Ende des Jahres 1983 wurde ich von *Merrill, Lynch & Company* angesprochen, zu dieser Zeit eine der mächtigsten Investmentfirmen der Welt. Sie interessierten sich für renommierte Immobilienbüros, die sich gerade im Abwärtstaumel befanden. *Ben Lesser & Associates*, ein Familienunternehmen, das mit der harten Arbeit und Entschlossenheit eines Holocaustüberlebenden, eines ungebildeten Flüchtlings, aufgebaut worden war, hatte den Giganten *Merrill Lynch* beeindruckt – und sie machten uns ein Angebot. Da wir mit jedem Tag tiefer und tiefer fielen, lernte ich auch hier eine wichtige Lektion: Manchmal muss man den unbedingten Willen, erfolgreich zu sein, auf realistische Ziele ausrichten.

Offensichtlich hatte auch *Merrill Lynch* diese Lektion gelernt, denn später verkaufte es seine Immobiliensparte an die mächtige *Prudential Corporation*. Ich ging direkt mit. Zu meiner großen Erleichterung stellte sich heraus, dass ich mir keine bessere Position hätte wünschen können. *Prudential* hatte mir die Wahl gelassen, entweder ein Büro im Status eines Angestellten zu leiten oder Immobilien auf Provisionsbasis zu verkaufen. Ich kam zu dem Schluss, dass ich angesichts meiner großen Fangemeinde mit dem Verkauf von Immobilien wohl besser fahren würde.

Also verließ ich das Management und war in den nächsten zehn Jahren sehr erfolgreich. Ich gehörte stets zu den besten Verkäufern von *Prudential*, erfreute mich an meinen bezahlten Jahresurlauben und wurde mit Kreuzfahrten zu aufregenden Zielen, darunter Mexiko, Spanien, Hawaii und London, belohnt. Kurz vor unserer Reise nach London fragte mich mein Manager, ob Jean und ich in seinem Büro vorbeikommen könnten. Dort angekommen, überreichte er Jean einen bodenlangen Nerzmantel! War das zu glauben? Ben Lesser, der Flüchtling und Holocaustüberlebende, ging auf eine Luxusreise mit einer Frau im Nerzmantel! An meine erste Atlantiküberquerung erinnerte bei dieser Reise nicht viel.

Auch wenn die Jahre bei *Prudential* erfolgreich waren, haben Jean und ich nie vergessen, dass wir für »Regentage« sparen mussten, die sich leicht zu stürmischen Jahren auswachsen konnten. Um sicherzustellen, dass unsere Familie dauerhaft gegen unerwartete Nöte abgesichert wäre, arbeiteten wir hart und investierten weiter in Immobilien. Und langsam spürten wir, dass wir uns entspannen konnten.

Am 17. Januar 1994, um 4:31 Uhr morgens, wurden wir durch das berüchtigte Northridge-Erdbeben aus dem Schlaf gerissen. Das Erdbeben hatte eine Stärke von 6,7 auf der Richterskala, die höchste bis dahin in einer nordamerikanischen Stadt registrierte Bodenerschütterung! Es war ein furchtbarer Schreck. Und als wäre ich immer noch der zehnjährige Junge, der von den rumpelnden Nazi-Panzern aus dem Schlaf geschüttelt wurde, sprang ich aus dem Bett zum Fenster.

Zum Glück verletzte ich mich dabei nicht – mit 65 Jahren aus dem Bett zu springen ist eine ziemliche Herausforderung. Und während die Welt da draußen ganz normal schien, herrschte im Inneren des Hauses das totale Chaos; alles war zu Boden gestürzt, und überall lagen Glasscherben. Natürlich musste ich sofort an die Plünderung unseres Hauses durch die Nazis denken.

Das Klingeln des Telefons holte mich zurück in die Gegenwart. Es war unsere inzwischen erwachsene, normalerweise sehr ruhige und selbstbewusste, jetzt aber verängstigt weinende Enkelin Robyn. Ich hatte keine Ahnung, ob das auch nur im Entferntesten möglich wäre, doch ich versprach, dass ich gleich bei ihr sein würde.

Meine Zuversicht geriet ins Wanken, als ich nach draußen trat. Es sah aus wie in einem Kriegsgebiet. Gebäude waren eingestürzt, keine der Straßenlaternen funktionierte, und die Straßen schienen unpassierbar. Aber meine Enkelin brauchte mich, also tat ich, was zu tun war, und fuhr los. Glücklicherweise gab es keinen Verkehr – was für Los Angeles ausgesprochen ungewöhnlich und deshalb unheimlich war. Alle anderen schienen gewusst haben, dass sie nicht weit kommen würden. Der noch dunkle, gespenstische Morgen war erfüllt von Sirenengeheul und Bränden. Sämtliches Glas in Los Angeles schien zerbrochen, und natürlich dachte ich sofort an das, was ich über die *Kristallnacht* wusste.

Mit großväterlicher Entschlossenheit schaffte ich es jedoch irgendwie, mich durch das Chaos zu navigieren und zu Robyn zu gelangen. Ich befürchtete das Schlimmste und atmete erleichtert auf, als ich sah, dass ihr Wohnhaus unbeschädigt schien. Robyn wartete an der Tür, und als wir uns umarmten, merkte ich, wie sie sich etwas beruhigte. Da es jeden Moment ein Nachbeben geben konnte, wollte ich uns so schnell wie möglich wieder nach Hause bringen. Ich sagte ihr, sie solle sich rasch ein paar Kleider holen und was sie sonst noch für ein paar Tage benötigen würde. Doch sie antwortete mir, wir müssten zunächst ihre Katze finden. Anscheinend hatte sich das Tier versteckt, als das Beben begann. Ich hätte lieber meine Enkelin schnell in Sicherheit gebracht, aber Robyns Gesichtsausdruck verriet mir, dass sie sich nicht von der Stelle rühren würde. Also machten sich Großvater und Enkelin auf die Suche nach einer unkooperativen Katze. Schließlich wurde Robyn selbst klar, dass es uns nicht gelingen würde, die Katze zu finden, und wir gaben die Suche auf und fuhren los. Die Straßen waren nun wieder voller, sodass die Fahrt nach Hause viel länger dauerte. Ich versuchte, Robyn abzulenken, indem ich ihr Geschichten erzählte. Als wir endlich zu Hause ankamen, schloss ihre besorgte Großmutter sie erleichtert in die Arme. Und dann nannte Jean mich einen Helden und umarmte mich ebenfalls.

Die Aufräumarbeiten hielten uns in Atem, daher hatten wir wenig Zeit für Selbstmitleid. Essen und Wasser hatten wir zum Glück genug, um uns für ein paar Tage durchzubringen. Natürlich wollte Robyn so schnell wie möglich in ihre Wohnung zurückkehren, um nach der Katze zu sehen. Aber erst drei Tage später waren die Straßen wieder befahrbar, und ich fuhr Robyn nach Hause. Wir waren erleichtert, als Robyn anrief, um uns mitzuteilen, dass ihre Katze wohlbehalten auf sie – und ungeduldig auf etwas Futter und Wasser gewartet hatte!

Dieses schreckliche Erdbeben nahm einen enormen Einfluss auf das Leben, das wir uns aufgebaut hatten. Der Schaden an unseren Investitionsobjekten betrug rund 500.000 Dollar. Natürlich waren wir versichert, aber die Versicherung half uns nicht wirklich, denn der Selbstbehalt war so hoch, dass wir keinerlei Anspruch auf Leistungen hatten. Trotzdem schätzten wir uns glücklich; es hätte schlimmer kommen können. Aber angesichts von 72 Toten, über 9.000 Verletzten und 20 Milliarden Dollar Schaden hatten wir die Lust daran verloren, weiterhin in Los Angeles zu wohnen. Da ich ohnehin darüber nachdachte, in den Ruhestand zu gehen, glaubten wir, es sei nun ein guter Zeitpunkt gekommen, an einen Ort zu ziehen, der sicherer war. Eine wichtige Entscheidung lag vor uns.

TEIL IV

»Zachor!«

33. Ruhestand

»Ein Mann kann seine Erfahrung nicht in den Ruhestand schicken. Er muss sie nutzen.«
Bernard Baruch*

Nach vielen Diskussionen beschlossen Jean und ich, uns in Las Vegas zur Ruhe zu setzen, wo wir einige Anlageimmobilien besaßen. Wir hatten dort Freunde und kannten die Stadt gut. In Las Vegas, so dachten wir, wären wir immer noch nah genug an Los Angeles, um unsere Familie regelmäßig zu sehen und unsere Immobilien verwalten zu können. Bevor wir diese Entscheidung trafen, recherchierten wir sorgfältig. Zum ersten Mal in unserem Leben bauten wir ein Haus für uns, ganz nach unseren eigenen Vorstellungen. Wie werdende Eltern besichtigten wir das Grundstück und verfolgten gespannt den Baufortschritt. Als es fertig war, vermieteten wir unser Doppelhaus in Los Angeles, behielten aber eine kleine Wohnung in einem der anderen Gebäude, die wir nutzten, wenn wir in der Stadt waren.

Jean und ich freuten uns auf diesen neuen Abschnitt unseres Lebens, in dem wir es ruhig angehen lassen und unseren wohlverdienten Halb-Ruhestand genießen wollten. Ich sage »halb«, weil wir immer noch unsere Immobilien in Las Vegas und in Los Angeles verwalten würden. Wir gingen davon aus, dass sich unser Alltag nach einem extrem arbeits- und ereignisreichen Leben bald in eine komfortable Routine einpendeln würde. Aber das sollte nicht der Fall sein.

Einige Monate, bevor wir nach Las Vegas zogen, erhielt ich eine unerwartete Einladung von meinem Enkel Adam, der zu diesem Zeitpunkt in der fünften Klasse war. Diese Einladung ließ in mir einen Schmerz hervorbrechen, von dem ich dachte, er sei mit den Toten be-

* US-amerikanischer Finanzier, Philanthrop und Politikberater (1870–1965). Baruch beriet unter anderem Präsident Wilson während des Ersten Weltkriegs und Präsident Franklin D. Roosevelt bei der Ausarbeitung des Reformprogramms, das später als New Deal bekannt wurde.

graben worden. Anscheinend hatte Adam während des Unterrichts, in dem die Klasse über den Zweiten Weltkrieg sprach, seiner Lehrerin gegenüber erwähnt, dass sein Opa, »Papa Ben«, in einem Konzentrationslager gewesen sei. Die Lehrerin horchte auf, wollte sich aber nicht aufdrängen und bat Adam, mich zu fragen, ob ich vor der Klasse über meine Erfahrungen sprechen würde. Das kam überraschend; ich hatte nicht damit gerechnet, dass mein Enkel mich so etwas fragen könnte, daher warf mich seine Bitte wirklich aus der Bahn. In den vergangenen mehr als fünfzig Jahren hatte ich, abgesehen von gelegentlichen Gesprächen mit meiner Schwester Lola, mit meiner Frau Jean, die jahrelang meine Albträume besänftigt hat, und einem Videointerview mit der *Shoah Foundation*,* nicht über den Holocaust gesprochen. Ich wollte das Grauen nicht in mein neues amerikanisches Leben und meine Familie eindringen lassen.

Die jüngeren Holocaustüberlebenden, die das Glück hatten, in den 1950er Jahren in den Vereinigten Staaten zu heiraten und Eltern zu werden, mussten die schmerzvolle Entscheidung treffen, ob sie ihren Kindern von den Schrecken des Holocaust erzählen sollten oder nicht. Einige Eltern waren der Meinung, dass die beste Art und Weise, ihre ermordeten Angehörigen zu ehren, darin bestand, ihre Kinder im Wissen über die erlittenen Verluste aufwachsen zu lassen. Das würde sie gegenüber der Gefahr wachsam bleiben lassen, dass so etwas wieder passieren könnte. Viele Häuser waren voll mit den Geistern der Vergangenheit, voll von Angst und unendlichem Schmerz. Jedes Klopfen an der Tür konnte Unheil bringen. Sie blieben in der

* Die *Survivors of the Shoah Visual History Foundation* (Shoah Foundation) wurde 1994 vom Filmregisseur Steven Spielberg nach seinen Erfahrungen bei den Dreharbeiten zu »Schindlers Liste« gegründet. Sie sammelt Videobeweise von Überlebenden und anderen Zeugen des Holocausts. Mit dem pädagogischen Einsatz dieser Zeugnisse beabsichtigt sie, Vorurteile und Intoleranz – und das Leid, das sie verursachen – zu überwinden. Heute erreicht die Stiftung Pädagogen, Studenten, Forscher und Gelehrte auf allen Kontinenten und unterstützt auch die Bemühungen, Zeugnisse von Überlebenden und Zeugen anderer Völkermorde zu sammeln.

Angst gefangen, im Ernstfall ihre Kinder nicht vor den Schrecken eines anderen wahnsinnigen Antisemiten schützen zu können.

Viele dieser Kinder von Holocaustüberlebenden* wuchsen mit dem Gefühl auf, dass ihre bloße Existenz ein einziges Wunder sei, und glaubten, dass sie die unsäglichen Verluste ihrer Eltern wiedergutmachen müssten. Obwohl sie den Holocaust nicht selbst erlebt hatten, führte das Aufwachsen damit, als beständiger Teil ihres Lebens, mitunter dazu, dass Kinder zu emotionalen Opfern in der zweiten Generation wurden. Nie erlebten sie die sorglose und glückliche Kindheit, die sie in Amerika hätten erleben können. Zumindest nicht in vollem Umfang.

Andere Überlebende hatten sich geschworen, über die Vergangenheit zu schweigen – in der Hoffnung, dass diese ihr neues Leben nicht beflecken würde. Hitler würde sich niemals in den Gedanken und Seelen ihrer amerikanischen Kinder einnisten. Für mich bedeutete der American Dream viel mehr als den Erwerb von Eigentum und finanziellen Erfolg. Er bedeutete, dass meine Kinder Amerikaner sein würden – frei und mit Träumen, die sie verwirklichen konnten, anstelle von Albträumen, die sie gefangen hielten. Als meine Töchter noch klein waren, habe ich deshalb nie mit ihnen über die grauenhaften Details des Holocaust gesprochen. Und sie haben nie danach gefragt. Vielleicht spürten sie, dass es zu schmerzhaft für mich sein würde. Und ich wollte nicht, dass er in unser Leben eindringt. Warum sollte man die Unschuld unserer Kinder kontaminieren? Warum sollte man den Nazis noch mehr geben, als sie sich schon genommen haben?

Als Sherry und Gail Teenager waren, hatten sie in der Schule den Holocaust behandelt und wussten, dass ich durch ihn meine Familie verloren hatte und in den Lagern gewesen war. Aber für sie war das nur Geschichte – eine Unterrichtseinheit; es war alles ferne Vergangenheit. Obwohl wir einen jüdischen Haushalt führten, lebten wir ganz bewusst in einem gemischten Viertel, in dem die Mädchen so-

* Weitere Informationen unter: *Generations of the Shoah International (GSI)*, http://www.genshoah.org.

wohl jüdische als auch nichtjüdische Freunde hatten und an allen typischen amerikanischen Kinderaktivitäten teilnehmen konnten. Als Teenager waren sie nach Israel gereist und teilten meine Überzeugung, dass die Existenz des Staates Israel für das Wohlergehen des jüdischen Volkes wesentlich war. Obwohl wir also nicht im Detail über meine persönlichen Erfahrungen während des Holocausts gesprochen hatten, wussten die Mädchen über das Wesentliche Bescheid. Und sie verstanden es.

Dass Gail dieses Wissen mit Adam geteilt hatte, war mir jedoch nicht klar. Deshalb war ich so schockiert, als er das Thema ansprach. Und obwohl mein erster Impuls immer war, Adam nichts auszuschlagen, musste ich dieses Mal wirklich eine Weile darüber nachdenken. Es war eine äußerst schwierige Entscheidung für mich. Würde ich seine Klassenkameraden zu sehr schockieren? Wie wäre die Situation für ihn? Würde ich ihn blamieren? Würde ich diese schrecklichen Türen öffnen, die ich so viele Jahre verschlossen gehalten hatte? Würde es bei mir ein Trauma auslösen, das mein so gesegnetes Leben beeinflussen würde?

Nach langem In-Mich-Gehen und Diskussionen mit Jean und Adams Eltern konnte ich meinem Enkel seinen Wunsch natürlich nicht verweigern. Für ihn würde ich mein Schweigen brechen. Doch nachdem ich diese Entscheidung getroffen hatte, schien mich meine bevorstehende Aufgabe zu verschlingen. Ich musste mich mit meiner Vergangenheit auseinandersetzen. Mit verschütteten Erinnerungen und Emotionen – und dazu mit meiner Angst, dass ich meine Sache nicht gut machen würde. Das war die größte Herausforderung, denn ich hatte nur eine Stunde Zeit zur Verfügung, um meine Geschichte zu erzählen. Wie sollte ich das schaffen? Ich hatte keinerlei Erfahrung als öffentlicher Redner. Also recherchierte ich und tat mein Bestes, um eine Präsentation zu erstellen, die hoffentlich für Fünftklässler im sonnigen, sorglosen Kalifornien der 1990er Jahre angemessen und interessant sein würde.

Die Nacht vor meiner Präsentation schlief ich kaum. Ich war aus so vielen Gründen nervös. In eine Schule zu gehen fühlte sich seltsam an. Ich erinnerte mich an die letzten Tage meiner eigenen

Schulzeit – und war schockiert, als mir klar wurde, dass ich damals in Adams Alter gewesen war. Sein süßes Gesicht überlagerte die Erinnerungen an mich selbst als Zehnjährigen. Es war überwältigend. Als ich spürte, dass mir die Tränen in die Augen schossen, machte ich mir noch mehr Sorgen, dass ich während meiner Präsentation emotional werden würde. Ich hatte keine Ahnung, ob der Ben Lesser, der durch die Tür des Klassenzimmers eintreten würde, noch derselbe sein würde, der später hinausgehen sollte.

Und wie so oft in den Jahren zuvor habe ich einfach getan, was ich tun musste. Und ich tat es, so gut ich konnte. Ich tastete mich vorsichtig vor, um zu sehen, wie meine Worte auf die Kinder wirkten. Innerhalb weniger Minuten war die ganze Klasse wie gebannt, und das ermutigte mich. Ihre Blicke hefteten sich förmlich auf mich. Sie schienen nur zu atmen, wenn ich einen Atemzug tat. Meine Präsentation war von 10 bis 11 Uhr angesetzt, aber meine Worte schienen einen eigenen Antrieb zu entwickeln, und ich redete durchgehend, bis die Mittagsglocke läutete. Die Schüler waren wie hypnotisiert; niemand rührte sich. Sie saßen einfach da und hörten zu. Schließlich forderte die Lehrerin sie auf, zum Mittagessen zu gehen, also verließen sie leise und widerwillig das Klassenzimmer. Als sie mich auf dem Flur vor dem Klassenzimmer erblickten, umringten sie mich, dankten mir, berührten meinen Arm und baten mich zu bleiben. Über ihre Köpfe hinweg bemerkte ich Adams Blick. Adam lächelte mich sanft an und ließ mich wissen, dass ich den Ansprüchen meines wichtigsten Zuhörers genügt hatte: meines Enkels, Adam.

Und nicht nur die Schüler hatte mein Vortrag bewegt. Der Vortrag hatte auch auf mich selbst eine überwältigende Wirkung. Wieder einmal hatte das Durchschreiten einer Tür ins Unbekannte mein Leben verändert. Diese unschuldigen, respektvollen und neugierigen Zehn- und Elfjährigen zeigten mir in dieser zweistündigen Unterrichtsstunde auf, was ich im nächsten Abschnitt meines Lebens zu tun hatte. Sie lehrten mich, dass wir Überlebenden unsere Stimme erheben müssen. Nach fünfzig Jahren des Schweigens und überrascht davon, dass die Schüler und Lehrer meine Geschichte hören wollten, begann ich, über den Holocaust zu sprechen.

34. 2006: In die Vergangenheit transportiert

Die folgenden Jahre vergingen wie im Flug, und nach Adams Einladung sprach ich vor Hunderten Schulklassen sowie vor religiösen und kommunalen Gruppen. Adam wusste es nicht, aber er hatte den Anstoß gegeben, dass ich dieses schmerzhafte Tor in meine Vergangenheit durchschritten hatte. Im Frühjahr 2006 kam unsere Familie in Davis, Kalifornien, zusammen, um dort Adams Universitätsabschluss an der University of California zu feiern. Wir saßen bei der Zeremonie und suchten eifrig nach seinem Gesicht unter den Hunderten lachender Absolventen, die ihre Diplome in Empfang nahmen und dann weiterziehen würden, um ihren Träumen zu folgen.

Seit er mich in der fünften Klasse gebeten hatte, vor seiner Schulklasse zu sprechen, war mir klar, dass Adam seinen Platz in der Geschichte und Zukunft des jüdischen Volkes sah. Er wusste, dass sein Abschluss nicht nur sein eigener Erfolg, sondern auch für so viele andere ein Sieg war. Das galt besonders für seinen »Papa Ben«, dessen formale Ausbildung in der sechsten Klasse so brutal abgebrochen worden war. Und auch hier wanderten meine Gedanken in die Vergangenheit, und ich musste an die langen Reihen geliebter Menschen denken, die nie die Chance gehabt hatten, ihren nächsten Lebensabschnitt zu erreichen.

Adams Engagement für seine Familie und das jüdische Volk zeigte sich auch in seinem ersten Job: Nach dem College arbeitete er bei *Hillel** an der University of California, San Diego. Doch bevor er im Herbst seinen neuen Job antrat, wollte Adam noch einen Monat lang durch Europa reisen. Zufälligerweise hatte seine Cousine Robyn beschlossen, im selben Sommer Italien zu bereisen. Da sie gern Zeit miteinander verbrachten, schmiedeten sie Pläne, sich in Krakau zu treffen, um nach den Wurzeln ihrer Familie zu suchen.

Sie beschlossen schließlich, sich am 11. Juli zum Abendessen in

* *Hillel*, die Stiftung für jüdisches Campusleben, ist mit Zentren auf mehr als 500 College- und Universitätscampus laut eigenen Angaben die größte jüdische Campusorganisation der Welt.

Krakau zu treffen, im berühmten Restaurant *Pod Aniołami* (Unter den Engeln), das sich in einem Gebäude aus dem 13. Jahrhundert in der Nähe des Schlosses Wawel befindet. Nachdem der Plan also stand, rief Robyn mich an und fragte mich nach meinem Geburtsort und den Orten, an denen ich in Krakau gelebt hatte. Während dieses Gesprächs erwähnte sie nebenbei, wie schön es wäre, wenn ich auch dabei sein könnte, um sie herumzuführen. Ich war nicht in der Lage, ihr direkt eine Antwort zu geben. Nach einer traumatischen Reise nach Krakau zehn Jahre zuvor hatten Jean und ich beschlossen, nie wieder in dieses verfluchte Land zurückzukehren, dessen Boden mit unschuldigem jüdischem Blut getränkt ist. Wir hatten diese Reise damals in der Hoffnung unternommen, dass ich vielleicht eine Art »Abschluss« finden würde. Dass ich durch die Konfrontation mit der Vergangenheit in der Lage sein würde, die schmerzhaften Erinnerungen, die mich immer noch verfolgten, zu verarbeiten.

Statt einen »Abschlusses« zu bewirken, hatte die Reise jedoch lange schlummernde Erinnerungen geweckt und noch größeren Schmerz verursacht. Und nun bat mich meine Enkelin, nach Krakau zurückzukehren, um sie und Adam bei der Suche nach ihren Wurzeln zu unterstützen. Ich wollte sie nicht mit den Ängsten belasten, die ihre unschuldige Bitte ausgelöst hatte. Zudem würde ich allein reisen müssen, weil Jean nicht mitkommen konnte. Aber so wie ich dem zehnjährigen Adam die Bitte, vor seiner Klasse zu sprechen, nicht hatte abschlagen könnte, konnte ich Robyn natürlich ebenfalls nichts abschlagen.

Also entschied ich mich nach reiflicher Überlegung, nicht nur zu reisen, sondern die ganze Familie einzuladen, uns auf dieser Pilgerreise zu begleiten. Diejenigen, die sich von der Arbeit freinehmen konnten, stimmten sofort zu. Nun, da es ein Familienprojekt geworden war, würde ich zumindest meine Lieben um mich haben, um den Schmerz meiner Erinnerungen abzumildern. Vor Adam wollten wir alles geheim halten. Er würde nicht nur seine Cousine Robyn treffen, sondern auch seine Eltern Gail und Michael, seine Tante Sherry und, die größte Überraschung, seinen Papa Ben! Wir konnten es kaum erwarten, sein Gesicht zu sehen!

Da wir alle im selben Hotel in Krakau wohnen würden, mussten wir uns am ersten Tag ruhig und unverdächtig verhalten. Drei Generationen einer überschwänglichen, etwas aufgedrehten Familie mussten nach einer langen, anstrengenden Reise – voller Aufregung über das bevorstehende Wiedersehen mit Adam – erst einmal die Füße stillhalten! Als wir endlich im Restaurant waren, setzten wir uns an den Tisch, den Robyn für unsere Gruppe arrangiert hatte, direkt neben ihren reservierten Tisch für zwei Personen. Wir warteten ungeduldig auf Adam. Er sah uns sofort, als er durch die Tür kam, und sein Gesicht zeigte ein Wechselbad der Gefühle: von Schock über Verwirrung und Unglauben bis hin zu Freude. Er war völlig überrumpelt! Wir hatten ein wunderbares Abendessen, und niemand von uns wird jemals Adams überraschtes Gesicht vergessen.

Am nächsten Morgen fuhren wir in aller Frühe mit dem Auto los, das Robyn gemietet hatte, und starteten unsere Erinnerungstour im jüdischen Stadtteil von Krakau: Kazimierz. Als wir am Schloss Wawel vorbeifuhren, erzählte ich den »Kindern« von König Kasimir dem Großen und seiner schönen Esterka. Als nächstes besuchten wir die Alte Synagoge, die aus dem 15. Jahrhundert stammt. Die Nazis hatten den Innenraum und alle Heiligtümer zerstört, als sie die Synagoge während des Zweiten Weltkriegs als Depot nutzte. Heute sie restauriert und eine Zweigstelle des *Muzeum Historyczne Miasta Krakówa* (Historisches Museum der Stadt Krakau). Unser nächster Halt war die Remuh-Synagoge, die 1556 erbaut wurde, die kleinste Synagoge in Krakau. Abgesehen von der Zeit der Besatzung, als der gesamte Innenraum zerstört wurde, und den folgenden Jahren der Restaurierung ist die Remuh-Synagoge die einzige Synagoge in Krakau, in der bis heute Woche für Woche jüdische Gottesdienste abgehalten werden.

Dann gingen wir zur Wohnung meines Großvaters in der Pobrzezie-Straße Nr. 6, gleich um die Ecke. Als wir dem Mann, der unser Klopfen an der Tür beantwortete, erzählten, wer wir sind, schlug er uns schnell die Tür vor der Nase zu. Das ist keine unübliche Reaktion, weil die polnischen Bewohner Angst haben, dass jüdische Besucher versuchen werden, das Eigentum zurückzufordern, das ihnen gestohlen und von Polen übernommen wurde. Interessanterweise wurde ein Großteil des gestohlenen jüdischen Eigentums von Versicherungsgesellschaften versichert, die bis heute keine Entschädigung für Nachkriegsansprüche geleistet haben. Das Eigentumsproblem wurde durch die kommunistische Verstaatlichung in Polen nach dem Zweiten Weltkrieg noch zusätzlich verkompliziert.

Ich fragte mich, ob die polnische Familie, die jetzt in der Wohnung meines Großvaters lebte, immer noch das Geschirr und die Möbel unserer Familie benutzte. Und ich dachte an die schönen Kunstwerke, die seit Generationen an den Wänden hingen und die ich schon als Kind geliebt hatte. Dass die wertvolle Silbermenora meiner Großeltern wahrscheinlich von den neuen polnischen Bewohnern schnell im Garten vergraben worden war, damit die Nazis sie nicht finden und denken würden, dass sie Juden seien – dessen war ich mir sicher. Was für eine Tragödie, dass zahllose kostbare Artefakte jüdischen Lebens wahrscheinlich bis heute in ganz Europa vergraben liegen, und nie wieder an die Familien zurückgegeben werden, denen sie gehörten.

Wir wollten uns von dieser unerfreulichen Begegnung nicht den Tag vermiesen lassen und überquerten schnell die Straße. An der Ecke steht seit 1862 die wunderschöne, vollständig restaurierte Tempel-Synagoge. Wir hatten großes Glück, dass, obwohl die Innenräume dieser Synagogen von den Nazis zerstört worden waren, die Außenanlagen den Krieg überdauert hatten, weil Krakau nicht von den Alliierten bombardiert worden war. Ich spürte, wie ich emotionaler wurde, als wir uns der Starowiślna-Straße Nr. 23 näherten, der einst so stolzen und schönen, aber jetzt jämmerlich vernachlässigten Wohnung, in der meine Familie einst gewohnt hatte. Diesmal hatten wir mehr Glück. Der Postbote war gerade dabei, die Post an den aktuellen Mieter zu übergeben. Ich entschuldigte mich für die Störung und erzählte ihm, dass ich vor dem Krieg dort gewohnt hatte. Ob er mir und meiner Familie erlauben würde, die Wohnung zu besichtigen? Er tat uns den Gefallen. Ich war schockiert, als ich sah, dass unsere einst schöne und geräumige Wohnung in drei kleine, beengte und dunkle Einheiten unterteilt worden war. Offensichtlich waren alle Habseligkeiten der Familie Leser längst verschwunden. Immerhin sah meine Familie einen Teil unseres Krakauer Zuhauses.

Traurig gingen wir die Starowiślna-Straße hinunter, weil von dem einst florierenden Wein- und Sirupgeschäft meines Vaters absolut keine Spur mehr zu finden war. Als wir über die Weichselbrücke zum ehemaligen Ghetto gingen, erzählte ich von der Vertreibung unserer Verwandten aus ihren Häusern, wie sie im Ghetto verhungerten, auf andere Weise ums Leben kamen oder deportiert und dann in den Lagern ermordet wurden. Ich erzählte, dass unsere Familie dank Onkel Mechel und seiner Liebe zu Lola nach Niepołomice geflohen war. Unser nächster Halt war ein Lebensmittelgeschäft, wo wir Blumen für unseren Besuch auf dem jüdischen Friedhof in Bochnia kauften.

Während und nach dem Zweiten Weltkrieg wurden die jüdischen Friedhöfe in ganz Europa sowohl von den Nazis als auch von lokalen Antisemiten geschändet oder zerstört. Da die Überlebenden des Holocaust in Europa kein Zuhause hatten, in das sie zurückkehren konnten, gab es niemanden mehr, der diese Friedhöfe wieder herrichten und pflegen konnte. Daher sind die jüdischen Friedhöfe, insbesondere in Osteuropa, sofern sie heute überhaupt noch existieren, größtenteils in einem sehr schlechten Zustand. Der im November 1872 angelegte jüdische Friedhof in Bochnia blieb von der Zerstörung ebenso nicht verschont. Im Gegensatz zu anderen Friedhöfen jedoch befindet er sich heute dank des unermüdlichen Einsatzes des polnischen Friedhofswärters in recht gutem Zustand. Trotz seines fortgeschrittenen Alters freut sich dieser sanfte Mann, der seine eigene Mutter und vier Brüder im Krieg verloren hat, immer noch über jede Gelegenheit, über den Friedhof und die Menschen, die dort begraben sind, zu sprechen.

Als wir ankamen, öffnete er das Tor für uns und schenkte uns *Yahrzeit*-Kerzen.* Er führte uns über den Friedhof, und wir waren von der

* Der Begriff *Yahrzeit* bedeutet im Jiddischen »Jahreszeit«, bezeichnet aber auch den Geburtstag eines Menschen. Gemäß der jüdischen Tradition wird eine *Yahrzeit*-Kerze an diesem Tag aufgestellt und zum Gedenken an die Toten entzündet. Sie soll 24 Stunden brennen. (Anm. d. Übers.)

Ruhe und den vielen schönen, schattenspendenden Obstbäumen beeindruckt, die er vor Jahrzehnten gepflanzt und seither liebevoll gepflegt hatte. An der Gedenkstätte von Mechels Familie blieben wir stehen und sprachen das *Kaddisch*, unter den Zweigen einer alten Eiche. Als wir das Grab meiner Eltern erreichten, die ebenfalls unter den schützenden Ästen einer alten Eiche ruhten, legten wir behutsam die Blumen nieder, zündeten die Kerzen an und sprachen erneut das *Kaddisch*.

Mithilfe der Notizen, die ich für diesen Anlass vorbereitet hatte, sprach ich auf Jiddisch zu meinen Eltern und brachte sie auf den neuesten Stand über die Familie und den Zweck unseres heutigen Besuchs. Trotz der sprachlichen und zeitlichen Barrieren schien es, als ob alle vier Generationen der Familie Leser / Lesser die tröstende Präsenz eines unzerbrechlichen, ewigen Bandes spürten.

Vom Friedhof aus fuhren wir weiter zum Salzbergwerk Wieliczka, einem der ältesten Unternehmen der Welt. Hier wurde vom 13. Jahrhundert bis 1993 ohne Unterbrechung Speisesalz gefördert. Über eine Million Touristen besuchen dieses Bergwerk jedes Jahr, das wie ein Kunstmuseum anmutet. Im Inneren befinden sich Dutzende aus Salz gefertigte Statuen, Kronleuchter und Skulpturen sowie ein unterirdischer See, Exponate zur Geschichte des Salzabbaus und eine große Kathedrale, die von den Bergleuten aus dem Steinsalz gehauen wurde. Diese Kathedrale, die als »Unterirdische Salzkathedrale Polens« bekannt ist, wird gern für Hochzeiten und andere Feiern angemietet.

Auf dem Rückweg hielten wir an der Gedenkstätte Płaszów, die zu Ehren der Opfer des brutalen Konzentrationslagers in der Nähe von Oskar Schindlers Fabrik errichtet wurde. Obwohl das auch für ihn eine Gefahr darstellte, hatte Schindler über 1.000 Juden unter seinen persönlichen Schutz genommen, als Sklavenarbeiter in seiner Fabrik »beschäftigt« und auf diese Weise ihr Leben gerettet.

Am nächsten Tag brachte uns unser Fahrer nach Auschwitz-Birkenau, und ich fragte mich, was seine Großeltern während des Krieges gemacht hatten. Und was er wohl über uns dachte. Dies war der Teil der Reise, vor dem ich mich gefürchtet hatte. Bei uns allen war die Stimmung umgeschlagen. Während der Fahrt überkamen mich schmerzhafte, unbeschreibliche Gefühle, von denen ich gar nicht gewusst hatte, dass ich sie noch in mir trug. Plötzlich war ich nicht mehr der glückliche Großvater, der an einem sonnigen Sommertag im Jahr 2006 mit seiner Familie eine Stadt besichtigte. Stattdessen fühlte es sich an, als schrieben wir das Jahr 1944, und ich war wieder der verängstigte 15-jährige Insasse eines Konzentrationslagers.

Bilder, Gerüche und Geräusche aus der Vergangenheit stürmten auf mich ein: braune Uniformen ... Hakenkreuze ... Sirenen ... Gestapo ... SS ... glänzende schwarze Lederstiefel ... mörderische Hunde ... Pistolen ... Gewehre ... Schreie ... Rufe ... Peitschen ... Feuer und Rauch ... Asche ... das Gesicht meiner Mutter ... das stumme Entsetzen meines kleinen Bruders ... die Selektionen ... Berge von skelettierten Leichen ... Kinder, die auf grausame Weise ihren Müttern entrissen wurden ... Öfen ... Feuergruben ... verängstigte Gesichter ... Hungertod ... Gaskammern ... Stacheldraht ... Kapos ... Schaufeln ... Schmiedehämmer ... stundenlanges Stehen zum Appell in eisiger Kälte ... sterbende Gesichter ... wulstige, blutunterlaufene Augen ... Typhus ... Todesmärsche ... Güterwaggons ... Bunker ... Dachböden ... Schläge ... Läuse ... Ungeziefer ... Latrinen ... mein gebrochener und sterbender Cousin Isaac ... Tod ... mehr Tod ... endloser Tod.

Mein ganzer Körper zitterte vor Angst, und mein Herz pochte so wild, dass ich mich wunderte, dass es niemand hörte. Mir wurde so schwindelig, dass ich dachte, mein Kopf würde sich vom Hals schrauben. Ich schloss die Augen und versuchte verzweifelt, meine Gedanken von der schrecklichen Vergangenheit zurück in die sichere Gegenwart zu lenken. Doch ohne Erfolg. Schreckens- und Schmerzensschreie erfüllten meinen Kopf, mein Herz und meine Seele. Sie wurden bald von bösartigem, ohrenbetäubendem Nazi-Gebrüll übertönt, das unbarmherzig in meinem Kopf hämmerte: »JUDEN RAUS, ACHTUNG!« »LOS, LOS!« »RAUS, SCHNELL!« »DU VERFLUCHTER JUDE!« Und die Kapos schreien: »ZUM APPELL!« »DIE MÜTZE ABNEHMEN!« »SCHWEINEHUND!« Plötzlich sah ich einen Galgen vor mir, und ich konnte die qualvollen Schreie des jüdischen Gebets im Angesicht des Todes hören: »Schma Jisrael Adonai E-loheinu A-donai Echad« (»Höre, o Israel, der Ewige ist unser G-tt, der Ewige ist eins«). Je näher wir kamen, desto eindringlicher wurden diese grausamen Rückblenden. Als wir schließlich Auschwitz-Birkenau erreichten und ich die Spuren sah, die 1,5 Millionen unschuldige Männer, Frauen und Kinder zu den Schlachthäusern geführt hatten, verkrampfte sich mein Körper, und ich musste mich fast übergeben.

Ich wusste jedoch, dass meine Familie mich brauchte, und so schaffte ich es irgendwie, trotz des Chaos, das in mir tobte, zu funktionieren. Ruhig und entschlossen betrat ich das Lager, zusammen mit Touristen und Schulgruppen mit ungläubigen Blicken – ganz gewöhnliche Menschen, die vom Horror nicht persönlich betroffen waren. Und auf einmal schoss eine blinde, heiße Wut durch mich hindurch. Zum ersten Mal in all den Jahren explodierte die Wut, die ich so sorgfältig weggesperrt hatte. Aber niemand bemerkte es.

Sahen sie genauso deutlich wie ich, dass alles, was Hitlers »Herrenrasse« beherrschte, die Industrialisierung von Tod und Verderbtheit war? Ich fand es seltsam, dass meine äußere Erscheinung nicht verriet, was in mir vor sich ging. Ging wirklich alles seinen gewohnten Gang weiter, inmitten der Berge von Menschenhaaren, die die Nazis zur Herstellung von Textilien, für Decken und Uniformen, verwenden wollten? Wie konnten es diese Touristen nicht berühren, Fotos von Goldzähnen zu betrachten, die aus Leichen gezogen wurden, um das Dritte Reich zu bereichern? Wie konnten sie nicht betroffen sein von all den riesigen Stapeln – Tonnen! – gebrauchter Kleidung, die immer noch darauf warteten, recycelt zu werden? Berge von Schuhen – winzige Babyschuhe … Kinderschuhe … Sportschuhe … zierliche Schuhe … schwere Arbeitsschuhe … Tanzschuhe … Frauenschuhe … Herrenschuhe. Brillen, Aktenkoffer, Handtaschen, Geldbörsen, Stifte, Schmuck, Armbanduhren, Kämme, Zahnbürsten, Teddybären … alles, was ein lebendiges, liebendes, menschliches Wesen besitzen konnte. Kann der Anblick einer Zahnbürste einem das Herz brechen?

Inmitten des Schreckens dieses Besuchs in Auschwitz-Birkenau gewann ich nur noch mehr Respekt vor meinem Schwiegersohn Michael, der seit vielen Jahren tapfer gegen Multiple Sklerose kämpfte und nun nicht mehr laufen konnte. Ich musste mich zwingen, ihm nicht zu helfen, als er unbeholfen und unter Schmerzen aus seinem Rollstuhl stieg. Er zog sich mit aller Kraft seines gequälten Körpers eine Treppe hinauf und dann bis ganz hinunter in den Keller, um alle Exponate zu sehen. Als ich ihn bat, sich zu schonen, antwortete er: »Angesichts der Folter, des Hungers, der Schmerzen und des Todes, den diese armen Seelen ertragen mussten, wie kann ich da nicht alles tun, um ihr Andenken zu ehren?«

Später an diesem Tag in Birkenau, als ich auf den Bahnsteig starrte, wo die Nazis uns aus den Güterwaggons gejagt hatten – und uns für immer von unseren Lieben trennten –, brachen weitere Wellen des Schreckens aus den Tiefen meiner Seele hervor. Nach der Lagerbesichtigung gingen wir zu dem Sumpf, wo die Nazis die jüdischen Häftlinge gezwungen hatten, tonnenweise menschliche Asche ins Wasser zu kippen. Jetzt lebten Frösche inmitten der Asche unserer lieben Verstorbenen. Wir sahen auch die Feuergruben, in denen so viele Tote abgeladen und verbrannt worden waren, als die Krematorien die Leichen nicht schnell genug »verarbeiten« konnten. Einige dieser Menschen lebten noch. Ich kämpfte immer noch gegen Übelkeit und Schwindel, doch meine Wut blieb glasklar in meinem Kopf: Wo war die Welt gewesen?

Schließlich beendeten wir diese Tour durch die Hölle und versuchten, die Schrecken zu verarbeiten. Und doch gab es inmitten all dieser Qualen tatsächlich einen positiven, geradezu heilsamen Moment. Als ob sie auf uns gewartet hätten, befand sich direkt vor der neuen Gedenkstätte eine Brigade israelischer Soldaten, Männer und Frauen in Uniform. Sie hielten eine Gedenkzeremonie auf Hebräisch ab, bei der auch das *Kaddisch* gesprochen wurde, und hielten eine riesige israelische Flagge. Am Ende der Zeremonie sangen sie die israelische Nationalhymne, die *haTikwa* (Hoffnung). Die Tränen, die über unsere Gesichter rannen, brachten uns die dringend benötigte Katharsis, eine Befreiung unserer Emotionen. Was für ein perfektes Ende eines tieftraurigen Tages und einer bedeutsamen, denkwürdigen Reise.

ZACHOR
זכור
HOLOCAUST
Remembrance
FOUNDATION

35. 2009: Zachor!

»Die Seelen unserer geliebten Verstorbenen, alle sechs Millionen von ihnen, schreien ein einzelnes Wort in die Welt hinaus: ZACHOR – Erinnerung.«

Ben Lesser

Seit 1995 spreche ich vom Holocaust in Schulen, Hochschulen, Gemeinden und vor religiösen Gruppen – eigentlich vor jedem, der mir zuhören will. Im April 2002 war es mir eine große Ehre, der Hauptredner bei der jährlichen *Jom-haScho'a*-Gedenkfeier (Holocaust-Gedenktag) im Beth-Shalom-Tempel in Las Vegas zu sein. Und obwohl ich die vorangegangenen sechs Jahre meines Lebens damit verbracht hatte, öffentlich über den Holocaust zu sprechen, war dieses Publikum eine neue Herausforderung, aber auch eine neue Gelegenheit. Ich fühlte eine tiefe Verantwortung, diesem heiligen Anlass gerecht zu werden, und sicherheitshalber bereitete ich Notizen vor, die ich bei Bedarf verwenden konnte. Ich wollte vor allem den Würdenträgern – jüdischen wie nichtjüdischen – meine Anerkennung ausdrücken, dass sie sich die Zeit nahmen für unsere Veranstaltung.

Die mehreren hundert Teilnehmer der *Jom-haScho'a*-Gedenkfeier die an diesem Abend zusammenkamen, waren Politik-, Regierungs- und Wirtschaftsvertreter, viele Überlebende und Kinder von Überlebenden. Da diese Zuhörer sich der Schrecken des Holocaust bereits sehr bewusst waren, wollte ich sie nicht belehren. Stattdessen beschloss ich, direkt aus meinem Herzen zu ihnen zu sprechen, in der Hoffnung, sie zu inspirieren und ihre Bemühungen um die Bewahrung unserer Geschichte zu flankieren. Ich wollte ihnen erzählen, dass ich erst 1995, auf Bitten meines zehnjährigen Enkels, mein Schweigen über die vergangenen fünfzig Jahre gebrochen hatte. Ich wollte ihnen von meiner geliebten, unschuldigen Familie in Krakau und Munkács erzählen, im Wissen, dass die Anwesenden an ihre eigenen verlorenen Familien denken würden. Ich wollte ihnen von den Vernichtungslagern, Todesmärschen und Todeszügen erzählen und wusste, dass viele meine Erinnerungen teilten, entweder aus erster Hand oder weil sie von Verwandten und Freunden davon erfahren hatten. Ich wollte ihnen sagen, dass der *Jom haScho'a* eine immerwährende moralische Verpflichtung für alle jüdischen Menschen war, und besonders zu Pessach, wenn die *Haggada* überall auf der Welt gelesen wird. Die *Haggada* schreibt vor, dass jedes jüdische Individuum sich fühlen soll, als wäre es selbst aus der Sklaverei erlöst worden. Sie erinnert uns daran, zu versuchen, unsere historische Befreiung von der Unterdrückung spirituell zu erleben. Ich wollte ihnen davon erzählen, wie ich meinen Glauben in Auschwitz verlor, bevor ich ihn mit der Gründung Israels als unabhängigem Staat im Jahr 1948 wiederfand. Ich wollte ihnen davon erzählen, wie ich den Nazi-Albtraum überlebt und den American Dream verwirklicht hatte, in dem Wissen, dass vielen von ihnen das auch gelungen war. Aufgrund unserer gemeinsamen Errungenschaften erstarkten jüdische Gemeinden nun überall auf der Welt. Ich wollte ihnen erzählen, dass es unsere und unserer Kinder Verantwortung bliebe, die Existenz Israels zu sichern, sodass das jüdische Volk nie wieder in die Opferrolle gedrängt, es nie wieder eine *Shoah* geben würde. Damit wir nie wieder fragen mussten: »Warum hat die Welt dabei zugesehen und es geschehen lassen?«

Und so begann ich am Abend meine Rede damit, wie gesegnet ich sei, auf diesem Podium zu stehen und zu einem so bedeutenden Publikum zu sprechen. Ich fuhr fort, dass ihr Zusammenkommen zu diesem heiligen Anlass, die sechs Millionen Toten zu ehren, jeden Einzelnen im Publikum zu einem »Würdenträger« mache. Ich dankte ihnen für ihr Engagement für das jüdische Volk und für Israel. Ich dankte ihnen allen, dass sie hier waren, um zu erinnern. Und dann kehrte ich mein Innerstes nach außen, erzählte, wer ich einst gewesen war und – mit ewigem Dank an Gott – jetzt bin:

Mein Name ist Ben Lesser und ich bin ein Überlebender …

Im Jahr 2008, im Alter von achtzig Jahren, war ich fleißiger denn je mit dem Planen, Recherchieren, Organisieren und Halten von Präsentationen zum Holocaust beschäftigt. Neben der emotionalen Ebene erforderten diese Aktivitäten auch körperliche Ausdauer, denn manche Vorträge dauerten bis zu drei Stunden und waren oft mit Reisen in andere Länder verbunden. Um in Form für meinem anspruchsvollen Terminkalender zu bleiben, begann ich, jeden Morgen zwei Stunden im Fitnessstudio zu trainieren. Manchmal dachte ich, mein »Ruhestand« sei genauso arbeitsintensiv wie meine Jahre im Unternehmen, und ich hatte eigentlich nicht im Sinn, noch zusätzliche Verantwortlichkeiten hinzuzufügen.

Doch offensichtlich hatte Gott andere Pläne für mich, denn bald geschah etwas, das mir ein neues Hauptaugenmerk für meine Vorträge bescherte. Am Ende eines Treffens der Las Vegas Holocaust Survivors Group wurde jedem Mitglied eine besondere Anstecknadel überreicht, die aus den hebräischen Buchstaben des Wortes *ZACHOR* – Erinnern – bestand. Diese kleine goldfarbene Anstecknadel beeindruckte mich sehr, denn sie repräsentierte auf so simple Art und Weise, was ich zu vermitteln versucht habe: »Erinnern.« Ich beschloss, diese Anstecknadel bei allen meinen Präsentationen zu tragen, und brachte ein paar davon zu meiner nächsten Schulpräsentation mit, für den Fall, dass einer der Schüler eine haben wollte.

Nach dem Ende dieser Präsentation blieben zwei Schüler noch da, um mir weitere Fragen zu stellen. Sie wollten wissen, was die *ZACHOR*-Anstecknadel an meinem Revers bedeutete. Ich erklärte ihnen die Bedeutung der Anstecknadel und fragte, ob sie eine haben wollten. Sie versprachen mir, dass sie die Anstecknadeln immer in Ehren halten und sie an ihre eigenen Kinder weitergeben würden.

Anschließend kontaktierte ich einen Hersteller, um die Möglichkeit zu recherchieren, die Nadeln in größeren Mengen zu produzieren. Am Ende des Gesprächs hatte ich 1.000 Stück bestellt, auch wenn ich mich fragte, ob ich sie jemals alle weitergeben könnte. Ich war hocherfreut, als sie rechtzeitig zu meiner nächsten Präsentation eintrafen, bei der ich vor 500 Teenagern sprechen würde. Ich bin immer etwas ängstlich, wenn ich vor großen Gruppen von Highschool-Schülern spreche, weil ich mir nie sicher bin, ob ich ihre Aufmerksamkeit halten kann. Warum sollten sie sich für die Geschichte eines älteren Immigranten interessieren?

Der Tag meiner Präsentation kam, und alles lief gut. Die Schüler hörten während meines dreistündigen Vortrags aufmerksam zu. Am Ende erklärte ich die Bedeutung der »lustig aussehenden Anstecknadel«, die ich wieder trug, und fragte, ob jemand eine haben wolle. Alle hoben ihre Hände! Das vollbesetzte Auditorium sah aus wie ein Wald aus winkenden Armen. Und anstatt zu den Ausgängen zu stürmen, stellten sie sich geduldig in einer Reihe auf, um mich zu verabschieden, wobei jeder mir die Hand schüttelte oder mich umarmte. Und jeder nahm dankend eine Anstecknadel entgegen. Diese Verbindung zu fühlen, ihren Respekt zu spüren, war ein sehr kraftvoller Moment für mich. Das gab mir Hoffnung für die Zukunft.

Ein paar Wochen später staunte ich über eine große Kiste mit Hunderten von Dankesbriefen von Schülern und Lehrern. Als ich die Lehrerin kontaktierte, um mich zu bedanken und nach den Nadeln zu fragen, antwortete sie freudig: »Sie werden es nicht glauben, Mr. Lesser. Die Kinder tragen sie alle, sie haben sie an ihre Mützen und Rucksäcke geheftet und sprechen die ganze Zeit darüber.« In diesem Moment erkannte ich die Wirkung dieses kleinen, greifbaren Erinnerungsstücks. Und wieder einmal wurde mir klar, dass ich genauso viel von den Schülern gelernt hatte wie sie von mir! Sie hatten mir gezeigt, dass es noch etwas gab, was ich tun musste.

Ich gebe immer noch *ZACHOR*-Anstecknadeln an Redner und Veranstalter von Holocaust-Bildungsprogrammen aus, damit diese sie ihrerseits an Schüler und Zuhörer verteilen können. Und, was am wichtigsten ist, diese Anstecknadeln werden kostenlos zur Verfügung gestellt. Ich hatte selbst erlebt, welche Kraft sie besitzen, um sowohl die Lernerfahrung zu vertiefen als auch eine greifbare, physische Verbindung zu erzeugen.

Nun fragte ich mich, wie um alles in der Welt ich genügend Anstecknadeln beschaffen sollte. Nach vielen Überlegungen und Diskussionen wurde das zur Grundlage für die *ZACHOR Holocaust Remembrance Foundation*,* die im Januar 2009 gegründet wurde, was ohne die Unterstützung meiner Familie und vieler Freiwilliger niemals möglich gewesen wäre. In diesem Zusammenhang muss ich insbesondere meine unendliche Liebe und Dankbarkeit gegenüber meiner Tochter Gail und ihrem Ehemann Michael betonen. Ihre vielen Stunden und ihr Engagement für die *ZACHOR Holocaust Remembrance Foundation* haben sie nicht nur ermöglicht, sondern lassen sie auch weiter gedeihen.

Im Frühjahr 2011, nur zwei Jahre nach ihrer Gründung, hatte die *ZACHOR Foundation* bereits über 90.000 Anstecknadeln verteilt. Uns ist bewusst, dass es in dem Maße, in dem die Zahl der Überlebenden schrumpft, immer weniger Stimmen gibt, die dem schrillen Gezeter derer entgegenwirken, welche den Holocaust immer noch leugnen. Eine Folge dieses Leugnens wird mehr Völkermord sein. Nur durch Aufklärung kann die Wahrheit die Lügen überwinden. In unserem letztlich vergeblichen Wettlauf mit der Zeit wird es für die wenigen von uns, die noch übrig sind, immer dringender, in diesem letzten Kampf gegen die Unmenschlichkeit des Menschen nicht zu kapitulieren.

Den Kampf gegen Ignoranz und Leugnung unterstützt zum Beispiel das hervorragende Holocaust-Studienprogramm an der Middle Tennessee State University in Murfreesboro, Tennessee.** Im Okto-

* Für mehr Informationen zur *Zachor* Foundation siehe: www.zachorfoundation.org.

** Seit 1988 bietet diese Universität das *Holocaust Studies Program* an, das Wissen zum Holocaust interdisziplinär vertiefen, Holocaustleugnung und Antisemi-

ber 2009, im Alter von 81 Jahren, hatte ich die Ehre, als Podiumsteilnehmer an der neunten, fünftägigen Holocaust-Studienkonferenz teilzunehmen: *Der Holocaust und der Zweite Weltkrieg: »Perspektiven aus 70 Jahren.«*

Die Panels deckten eine breite Palette von Themen ab, darunter die Verbrechen hinter den Frontlinien und die Darstellung des Holocaust in Wort und Bild. Aber keines dieser Themen war für mich wichtiger und bedeutungsvoller als die Diskussionsrunde mit Überlebenden und Befreiern, an der ich teilnahm. Zusätzlich zu drei anderen Überlebenden zählten zu unserer Runde auch zwei Befreier. Jeder von uns sollte einen anderen Aspekt seiner Holocausterfahrungen schildern. Die amerikanischen Befreier, beide aus Tennessee, sprachen zuerst. Als sie vorgestellt wurden, waren mir ihre Namen kein Begriff. Zusammen mit den anderen Sprechern und dem gebannten Publikum hörte ich ihrem Vortrag aufmerksam zu, während ich mich mental und emotional auf meinen eigenen Redeanteil vorbereitete. Sie sprachen ruhig und bescheiden über das, was sie als Teil der amerikanischen Streitkräfte bei der Befreiung Dachaus 1945 gesehen und erlebt hatten.

Viele Menschen sind überrascht, wenn sie erfahren, dass die Amerikaner nicht in der Absicht gekommen waren, Dachau zu befreien. Der Krieg war fast vorbei, und ihre vorrangige Aufgabe war es, Deutschland zu »besetzen« – ein routinierter Vorgang. Sie waren nicht auf die unsagbaren Schrecken vorbereitet, die sie sehen und erleben sollten. Sie stießen unerwartet auf den Todeszug vor den Toren Dachaus und waren schockiert und traumatisiert angesichts des Grauens in den Waggons. Als sie sich in die Lager hineinwagten und von lebendigen Skeletten mit toten Augen begrüßt wurden, wurde jeder illusorische Glaube an menschlichem Anstand, den sie vielleicht bis dahin besessen hatten, zerstört. Selbst jetzt, so viele Jahre später, spiegelte sich der Schmerz in ihren Gesichtern.

Obwohl ich diese Geschichte schon so oft gehört und auch selbst er-

tismus, rassistischen Hass gegen Religionen und Völker bekämpfen sowie den Menschen, die von den Nazis verfolgt worden sind, gedenken soll.

zählt habe, wurde ich seltsamerweise in die jeweilige Erinnerung hineingesogen, als sei ich ein Teil davon. Es schien, als ob ich jedes tragische Detail schon kannte, bevor es ausgesprochen wurde. Als die Befreier erwähnten, wie sie an den offenen Türen der mit Leichen gefüllten Güterwaggons vorbeiliefen, die auf den Gleisen vor dem Eingang des Lagers gestrandet waren, konnte ich den Gestank der Leichen riechen, die darin auf so grausame Weise gestorben waren. Ich konnte diese Güterwaggons immer noch sehen, wie sie in bösartiger Ruhe auf den Gleisen vor den Toren des Lagers Dachau standen. Schließlich kannte ich jeden Zentimeter eines dieser Waggons nur zu gut. Denn mit nur 16 Jahren war ich einer der wenigen Überlebenden dieser tragischen Fracht von ehemals lebendigen und liebenden Menschen gewesen, die nur drei Tage zuvor dorthin gefahren worden waren.

Wären die amerikanischen Befreier auch nur ein paar Stunden später gekommen, wäre keiner von uns mehr am Leben gewesen. Denn abgesehen von unserem todesnahen physischen Zustand, hatten die Nazis den Befehl erhalten, alle jüdischen Insassen des Lagers bis zu diesem Abend zu vernichten. Die Nazis wussten, dass die Amerikaner sich näherten, und sie wollten keine Überlebenden. Zum Glück kamen die Amerikaner gegen 17:30 Uhr und retteten uns.

Die Güterwaggons, über die die Diskussionsteilnehmer jetzt sprachen, waren Teil des berüchtigten Todeszuges, der wochenlang ziellos umherfuhr, mit 2.000 kranken und sterbenden Menschen, die darin ohne Nahrung, Wasser oder sanitäre Einrichtungen gefangen waren. Mein Cousin Isaac und ich gehörten zu den kaum noch atmenden Gefangenen, die gezwungen waren, humpelnd und kriechend zum Konzentrationslager nach Dachau zu fahren. Als die jungen amerikanischen Befreier durch die »Höllentore« von Dachau schritten, waren sie sichtlich schockiert und angewidert von dem Anblick Tausender geschwächter »wandelnder Skelette«, die kaum noch bei Bewusstsein waren. Und ich war eines davon. 64 Jahre später sah ich meine Befreier wieder, sie saßen mit mir auf dem Podium der Middle Tennessee State University Holocaust Conference. Sie hatten mich aus Dachau gerettet und mir mein Leben geschenkt.

An jenem milden Herbstmorgen im Jahr 2009 konnte sich wahrscheinlich niemand vorstellen, welche Schrecken wir Podiumsteilnehmer über sechs Jahrzehnte zuvor erlitten hatten, schließlich sahen wir gesund und ganz normal aus. Wenn man mich heute betrachtet, ist der erste Eindruck wahrscheinlich der eines bescheidenen, adrett gekleideten älteren Herrn aus der Mittelschicht. Es scheint mir unwahrscheinlich, dass man die vielen Inkarnationen, die mein Leben durchlaufen hat, wahrnehmen würde; die – selbst für mich, der sie erlebt hat – unvorstellbare Realität hinter dem unscheinbaren Äußeren.

Manchmal, wenn ich mein Spiegelbild betrachte, bin auch ich überrascht von dem, was ich sehe. Dann bin ich fassungslos, dass ich noch am Leben bin – und dass ich ein glückliches und gesegnetes Leben gelebt habe. Wenn ich jedoch versuche, über dieses Spiegelbild hinaus zu sehen, zurück zu den Schrecken der Jahre 1939 bis 1945, sehe ich das Gesicht eines wandelnden Skeletts.

Ich wusste, dass meine Begegnung mit den beiden Amerikanern 64 Jahre zuvor nicht länger als ein paar Minuten gedauert haben konnte. Wir hatten nur die einfachste Art der Kommunikation – und kannten noch nicht einmal die Namen des jeweils anderen. Aber in diesem einen Moment hatten wir über die Generationen, Religionen, Nationalitäten und Lebenserfahrungen hinweg in die Seele des jeweils anderen geblickt – und wir würden uns nie vergessen. Erst durch die Holocaust-Gedenkkonferenz in Tennessee lernte ich schließlich die Namen dieser beiden Helden aus Tennessee kennen – und werde sie nie wieder vergessen: Jimmy Gentry und James Dorris.

Als ich ihnen zuhörte, musste ich all meine Selbstdisziplin aufbringen, um meine Emotionen im Zaum zu halten und sie nicht überstürzt zu umarmen. Ich wollte ihnen von ganzem Herzen dafür danken, dass sie mir mein Leben schenkten. Als ihr Vortrag zu Ende und ich endlich an der Reihe war, konnte ich nicht sprechen, bis ich mit zitternden Beinen und klopfendem Herzen zu ihrer Seite des Tisches gegangen war. Und während wir drei uns in den Armen hielten, dankte ich ihnen, dass sie dieses damals 65 Pfund schwere und zu 99 % tote Skelett gerettet hatten. Ohne sie hätte ich keinen weiteren Tag überlebt.

36. 2010: Der Marsch der Lebenden

»Als die letzte Generation, die mit den Überlebenden in Kontakt kam, ist es unsere Verantwortung, ihr Vermächtnis an künftige Generationen weiterzutragen und ihre Botschaft an die jetzige weiterzugeben.«
Teilnehmende Schülerin beim March of the Living 2010

Neben dem Lernen, Verstehen und Lehren über den Holocaust ist es auch notwendig, aktiv zu werden. Aus diesem Grund wurde mir im Alter von 81 Jahren die Ehre zuteil, zusammen mit fast 10.000 Schülern und Überlebenden an einem außergewöhnlichen Projekt teilzunehmen: *The March of the Living* (MOTL). Dieses bemerkenswerte internationale, generationenübergreifende Bildungsprogramm führt jedes Jahr in der Woche des *Jom-haScho'a*-Gedenktages Jugendliche und Holocaustüberlebende aus aller Welt zusammen. Zu Ehren jener, deren Leben in einem der Todeslager genommen wurde, gingen wir gemeinsam, Arm in Arm, aus Auschwitz hinaus. Gemeinsam und kraftvoll symbolisierten wir die Opfer, denen dies nicht vergönnt war. Wir sind für sie hinausgegangen. Und wir werden weiterhin an ihrer Stelle marschieren. Und uns immer daran erinnern: *ZACHOR*. Und bis zu unserem letzten Atemzug werden wir der Welt erzählen, was geschehen ist. So drückte es Elie Wiesel* aus: »Zu schweigen ist die größte Sünde von allen.«

Meine Erfahrung mit dem einwöchigen *March of the Living* im Jahre 2010 war einschneidend. Als bunte Gruppe im Schatten von Auschwitz stellten wir uns trotz unseres unterschiedlichen Alters und Hintergrunds, unserer unterschiedlichen persönlichen Schwä-

* Der Holocaustüberlebende Elie Wiesel war Friedensnobelpreisträger und Professor an der Boston University sowie ein respektierter politischer Aktivist und Autor von 57 Büchern, darunter *Night*, das auf seinen Erfahrungen in den Konzentrationslagern Auschwitz und Buchenwald während des Zweiten Weltkriegs basiert. Die Elie Wiesel Foundation (www.eliewieselfoundation.org/homepage.aspx) wurde 1986 gegründet, um Gleichgültigkeit und Intoleranz durch Bildung zu bekämpfen.

chen und Stärken dem Alptraum: der *Shoah*. Und indem wir ihm mit Wahrhaftigkeit und Liebe begegneten, indem wir daran arbeiteten zu verstehen, stärkten wir unsere Entschlossenheit und unsere Fähigkeit, dafür zu sorgen, dass die Menschen nicht dazu verdammt sind, ihn zu wiederholen.

Wir sprachen auch über die Geburt des Staates Israel und die Notwendigkeit, dass das jüdische Volk sein eigenes, vor Leben sprühendes, freies und wachsam verteidigtes Heimatland hatte. Wie beruhigend und ermutigend war es, in den schönen jungen Gesichtern um mich herum die Entschlossenheit zu sehen, sich nicht nur zu »erinnern«, sondern zu handeln, damit wir diesen Hass beenden können – hier und jetzt. Sie hatten verstanden, dass wir es nicht zulassen durften, dass die Vergangenheit die Zukunft vergiftet.

Als diese respektvollen, wissbegierigen Schüler nach meinen Erfahrungen in den Konzentrationslagern fragten, war ich unsicher, wie viel ich ihnen erzählen sollte. Aber meine früheren Erfahrungen im Gespräch mit Schülern hatten mich gelehrt, dass sie alles wissen wollten – und mussten. Und so beschloss ich, ihnen hier in Auschwitz zu erzählen, wie das jüdische Volk es geschafft hat, das abscheulichste Ereignis zu überleben, das Menschen je über Menschen gebracht hatten. Und ich hoffte, dass ich es ihnen auf eine Weise näherbringen konnte, die für sie Sinn und Bedeutung haben würde.

Ich begann, indem ich davon erzählte, dass im Frühjahr 1945 keiner von uns KZ-Häftlingen wissen oder glauben konnte, dass die Deutschen sich den Alliierten ergeben würden. Für uns war eine Welt ohne Krieg gar nicht mehr vorstellbar. Nichts war für uns vorstellbar. Und da ich erst 15 Jahre alt war, als ich allem entrissen wurde, was einer Zivilisation nahekam, konnte ich mir schon gar nicht vorstellen, dass ich befreit werden würde. Dass ich meine Gesundheit wiedererlangen, ein Mann werden, ein neues Leben beginnen, mich verlieben, meine Seelenverwandte heiraten, zwei wunderbare Töchter, vier großartige Enkelkinder und eine erfolgreiche Karriere haben würde. Ich würde überleben, um 65 Jahre später nach Auschwitz zurückzukehren und meine Geschichte Hunderten von Highschool-Schülern aus aller Welt zu erzählen.

An unserem letzten Tag dieser Polenreise besuchten wir den alten jüdischen Stadtteil von Krakau. Zuerst gingen wir zu der Alten Remuh-Synagoge und dem dazugehörigen Alten Friedhof, anschließend zur Reform-Synagoge einige Straßenzüge weiter. Weil sie vom traditionellen orthodoxen Glauben abwich, hatte diese Synagoge mit ihrer modernen Philosophie einen ziemlichen Aufruhr in der jüdischen Gemeinde verursacht, als sie im 19. Jahrhundert gebaut wurde! Nun, zwei Jahrhunderte später, verursachten wir eine ganz andere Art von Aufruhr, als wir, begleitet von einem Gitarristen, die alten Mauern wieder zum Leben erweckten. Studenten und Überlebende füllten spontan den Altarraum mit Gesang und Tanz – und ich mittendrin! Wir tanzten fröhlich in einem Krakauer Tempel. Im Jahr 2010!

Unser nächster Halt, der Umschlagplatz, holte uns auf den Boden der Tatsachen zurück, als die Schüler die Stelle erblickten, von der aus die Juden in den Tod deportiert wurden. Von der dortigen Gedenkstätte für das Krakauer Ghetto waren alle zutiefst bewegt. Dort stehen 33 leere Stühle aus Gusseisen auf dem Hauptplatz und 37 leere Stühle an den Rändern sowie an Bus- und Bahnhaltestellen. Sie repräsentieren die Möbel, die die Juden zurücklassen mussten, bevor sie die Züge in die Konzentrationslager bestiegen. Sie stehen auch für die »Leere« oder »Abwesenheit«, die durch die Eliminierung der Krakauer Juden entstanden ist. Heute benutzen die Menschen oft diese Stühle, wenn sie auf einen Zug oder Bus warten.

Schweren Herzens stiegen wir wieder in unseren Bus und fuhren zu unserer Unterkunft zurück. Von einem unerwarteten Halt auf unserer Tagesroute wusste ich nichts und war überrascht, als ich feststellte, dass sich unsere Route geändert zu haben schien. Tatsächlich sah es so aus, als ob der Bus ausgerechnet in Richtung Bochnia fahren würde.

Es stellte sich heraus, dass unsere Gruppe tief berührt von dem gewesen war, was ich ihnen von meinen Eltern erzählt hatte, und so hatten sie sich mit dem Sponsor unserer Gruppe, *Builders of Jewish Education* (BJE),* zusammengetan und eine Überraschung für mich

* *Builders of Jewish Education* ist eine gemeinnützige Organisation, die sich für die

organisiert. Sie arrangierten eine Änderung unserer Reiseroute, um an dem Massengrab, in dem meine Eltern begraben sind, das *Kaddisch* zu sprechen. Außerdem hatten sie ihr Taschengeld für eine großzügige Spende an die *ZACHOR*-Stiftung zusammengelegt, damit Tausende weitere Schüler eine *ZACHOR*-Anstecknadel erhalten könnten. Mich überwältigten ihre Anteilnahme und Großherzigkeit.

Ich hatte den Friedhof 2006 das letzte Mal besucht und war davon ausgegangen, dass es das letzte Mal sein würde. Ich bin den außergewöhnlichen MOTL-Schülern und dem BJE dankbar, dass sie es mir ermöglich haben, noch einmal Zeit bei meinen Eltern zu verbringen. Als wir gemeinsam an der Gedenkstätte meiner Eltern standen, zeigte ich den Teilnehmern unsere wenigen Familienfotos aus der Zeit vor dem Holocaust und sprach über die brutal ermordeten, mutigen, wunderbaren und liebevollen Menschen, die dort begraben lagen. Ich konnte förmlich spüren, wie die jungen Menschen diese Geschichte in ihre Seelen und Herzen aufnahmen.

Als wir alle zusammen das *Kaddisch* sprachen, fühlte es sich an, als ob alle Generationen der jüdischen Geschichte einen Bogen von der Antike bis in die Gegenwart gespannt hätten. Es erfüllte mich mit Ruhe, auf diese junge Generation zu schauen und ihren Charakter, ihre Tatkraft und ihre Fähigkeiten zu erkennen. Sie sind mehr als nur unsere *Hoffnung* für die Zukunft. Sie sind unsere *Garantie* für die Zukunft. Und so verlas ich auch wieder, dieses Mal in Anwesenheit dieser jungen Menschen und anderer Überlebender, einen Brief an meine geliebten Eltern. Ich sprach zu ihnen über all die Dinge, die ich gesehen und getan hatte, seit wir das letzte Mal miteinander gesprochen hatten. Vor allem zeigte ich ihnen, dass sie nicht vergessen sind und dass ihr Geist, ihre Werte und ihre Liebe in den Herzen all derer weiterlebten, die ihre Geschichte hören.

Belange jüdischer Bildung in und um Los Angeles einsetzt und dort 1973 gegründet worden ist.

37. 2010: Liebe Mammiko und Tattiko

Alter jüdischer Friedhof von Bochnia, Polen
März 2010

Liebste Mammiko und Tattiko,

ich bin es, Ben, Euer liebevoller und inzwischen sehr grauhaariger, 81-jähriger mittlerer Sohn, der auf wundersame Weise wieder einmal hier bei Euch ist. Diesmal bin ich in der Gesellschaft von 200 erstaunlichen jungen Menschen aus der ganzen Welt. Sie sind Teilnehmer des *March of the Living 2010* und haben sich verpflichtet, etwas über den Holocaust zu lernen und das Gelernte weiterzugeben. Die Kraft ihrer Stimmen, die das *Kaddisch* für Euch und für all die anderen, die verloren gegangen sind, sprechen, gibt mir Zuversicht, dass die Welt niemals vergessen wird.

In der vergangenen Woche hatte ich die Ehre, diese außergewöhnlichen jungen Menschen kennenzulernen, und ich habe viel von ihrem Wissen und ihrer Entschlossenheit profitiert. Schon in ihrem noch jungen Alter verstehen sie, dass sie zu einem ewig währenden Volk gehören. Einem Volk, das nicht nur Opfer von Unterdrückung war, sondern auch aus Helden im Kampf für die Menschenrechte besteht. Sie verstehen, dass sie die letzte Generation sind, die mit den Überlebenden kommunizieren kann. Sie wissen, dass die Hoffnungen und Träume unserer zum Schweigen gebrachten Vorfahren in ihnen weiterleben. Und sie wissen um ihre daraus resultierende tiefe Verantwortung als Bindeglied zwischen der Vergangenheit und der Zukunft.

Ich bin mir sicher, dass sie dieser heiligen Aufgabe gewachsen sind. Sie haben das Gefühl, Euch zu kennen, und werden Eure Geschichte für den Rest ihres Lebens in sich tragen. Ich wünschte, ich könnte Euch jeden Einzelnen von ihnen vorstellen. Ihre Liebe, ihre Energie und ihr Engagement werden dafür sorgen, dass die Seelen von über sechs Millionen unschuldigen jüdischen Männern, Frauen und Kindern weiterleben. Man wird sich an Euch erinnern.

Diese jungen Menschen sind lebendige, lernende und liebende Ausweise jener Werte, die Ihr an all Eure Kindern weitergegeben habt und die nur Lola und ich weitertragen durften.

Liebe Eltern, ich hatte nur 14 Jahre mit Euch, aber in den fast 70 Jahren, die darauf folgten, wart Ihr immer bei mir. Ich hoffe, ich habe mein Leben so gelebt, dass es Euch ehrt und stolz macht. Ein Leben, das zählt.

Bis wir uns wiedersehen ... erinnere ich mich.

ZACHOR.

Ruhet in Frieden, Euer Euch liebender Sohn, Baynish

38. Liebe Leserinnen und Leser

Als ich vor ein paar Jahren ernsthaft darüber nachdachte, dieses Buch zu schreiben, stellte ich es mir so vor, dass ich meine Notizen ordnen, mir ein paar Wochen Zeit nehmen und einfach alles aufschreiben würde. Wie immer würde ich meine liebe Frau Jean bitten, meine Handschrift zu entziffern, alles abzutippen und auf Grammatik und Rechtschreibung zu überprüfen. Und schon wäre es fertig. Nun ja: »Der Mensch plant – Gott lacht.«

Womit ich nicht gerechnet hatte, war, dass das Organisieren, Schreiben, Durchsehen, Diskutieren, Redigieren und Überarbeiten dieses Buches selbst zu einem unvergesslichen Erlebnis werden würde. Es eröffnete eine mir neue Welt der Selbstbeobachtung und eine neue Gesprächsebene mit Familie und Freunden. Und es bescherte mir eine tiefgreifende persönliche Lernerfahrung.

Wie so oft, wenn ich etwas Neues ausprobierte, öffnete die Idee, ein Buch zu schreiben, unerwartet eine weitere Tür. Und dahinter wartete ein gewaltiges Projekt. Ich war mir nicht sicher, ob ich zeitgleich zwei so große Unternehmungen in Angriff nehmen sollte. Aber wenn nicht ich, wer dann? Und wenn nicht jetzt, wann dann? Daher beschloss ich, zu Ehren meines Vaters und wieder einmal mit der unermüdlichen Hilfe von Jean, Gail und Michael, einen Bäcker zu engagieren, der *Mandlbroyt* nach dem Rezept meines Vaters herstellte, um es online und in Lebensmittelgeschäften zu vertreiben.

Da das Rezept meines Vaters nie aufgeschrieben worden war, mussten wir viel ausprobieren. Monatelang habe ich jeden Tag eine Ladung gebacken. Zum Glück gab es nie einen Mangel an willigen Verkostern, die sich auch nicht scheuten, mir ihre ehrliche Meinung mitzuteilen. Schließlich erarbeitete ich ein Rezept, das mit dem meines Vaters aus dem Jahr 1943 übereinstimmte. Anschließend mussten wir eine kommerzielle Bäckerei finden, die zudem nur koschere Zutaten verwenden würde. Wir beschlossen, neben dem Original-Familienrezept auch vier abgewandelte, modernisierte Versionen anzubieten: Zitrone-Blaubeer mit Mohn, scharfe Chipotle* mit Ingwer und Zartbitterschokolade, Zartbitterschokolade mit Minze sowie Schoko-Espressobohne. Nachdem wir auch die Verpackung entworfen hatten, suchten wir nach potenziellen Vertriebswegen für *Mandlbroyt* von *Papa Ben's Kitchen*!

Wenn ich auf diese beiden aufwändigen, für mich sehr emotionalen Projekte, das Buch und das *Mandlbroyt* meines Vaters Lazar Leser, zurückblicke, kann ich nicht sagen, welches von beiden die größere Herausforderung für mich war. Aber ich weiß, dass beides der Mühe wert war.

Die Motivation, dieses Buches zu schreiben, entstand vor zwei Jahren als Reaktion auf Hunderte von Fragen und Briefen von Schülern, die ich jedes Mal nach meinen Vorträgen über den Holocaust erhielt. Anfangs dachte ich, dass ich ihre Fragen und Kommentare sortieren und mein Buch sich aus meinen Antworten entwickeln würde. Ich erkannte jedoch bald, dass junge Menschen im Gegensatz zu jenen von uns, die die Ereignisse tatsächlich miterlebt haben, einen Kontext brauchen, der es ihnen ermöglicht, zu verstehen, wie der Holocaust geschehen konnte. Also begann ich, meine Geschichte so zu erzählen, dass meine Erfahrungen in einem größeren Kontext standen.

* Geräucherte Jalapeños aus der mexikanischen bzw. der Tex-Mex-Küche.

Das fiel mir nicht leicht, doch als ich anfing, mein Leben mit den Augen anderer zu sehen, vertiefte sich mein eigenes Verständnis und meine Perspektive auf den Holocaust. Mir wurde noch deutlicher, dass der einzige Weg, einen Völkermord zu verhindern, darin besteht, dass jeder Einzelne die Verantwortung für seine Worte und Taten übernimmt. Ich erkannte, wie wichtig es ist, angesichts von Widrigkeiten zu aktiven Entscheidungen zu gelangen. Sicher, wir können nicht immer kontrollieren, was uns geschieht, aber wir können auch unter schwierigsten Umständen versuchen, effektive und anständige Wege zu wählen, damit die Vergangenheit die Zukunft nicht verunreinigt.

Wir können uns dafür entscheiden, aus den Fehlern der Vergangenheit zu lernen, damit wir sie nicht wiederholen.

Wir können uns dafür entscheiden, uns über lokale und globale Ereignisse zu informieren.

Wir können uns dafür entscheiden, aktiv zu werden, zu handeln, anstatt im Elend zu verharren.

Wir können uns dafür entscheiden, Respekt statt Hass zu zeigen.

Wir können uns dafür entscheiden, ein Leben zu leben, das zählt.

ANHANG

Über Lola

Meine verstorbene Schwester Lola war für mich Heldin, Mentorin und Inspiration. Von der Konfrontation mit den Nazis, um die Bücher unseres Vaters zu retten, über die Initiierung einer Fälschungsaktion im Untergrund, um Juden in Bochnia, zu retten, bis hin zum Auffinden meiner Person in einem Displaced Persons' Camp, von wo aus sie mich nach dem Krieg zu ihr nach St. Ottilien bringen ließ, um mir ein Zuhause in München und schließlich in den Vereinigten Staaten zu geben. Sie war mehr als nur eine gute Schwester. Sie war ein Schutzengel für mich und so viele andere. Ihr persönliches Engagement für ihre Familie, ihre Religion und die jüdische Gemeinschaft war unermüdlich, auch noch, als die Herausforderungen und Gebrechen des Alters ihren Tribut forderten. Lola lebte wirklich ein Leben, das von Bedeutung war.

Bis in ihre frühen Neunziger Jahre sprach Lola an Schulen über den Holocaust, war bildende Künstlerin und führte *Lola's Gallery* im Herzen des chassidischen Borough Park, Brooklyn. Ihre Werke wurden in vielen Kunstgalerien in den Vereinigten Staaten ausgestellt und befinden sich heute in der Sammlung des San Francisco Museum of Art sowie in einer Reihe von Privatsammlungen und im Yad Vashem Archiv in Jerusalem.

Oft wurde Lola beauftragt, Porträts zu malen. Ihre Gemälde sind stilistisch von traditionell über impressionistisch bis hin zu modern. Ihre Memoiren *A World After This: A Memoir of Loss & Redemption* erzählen von ihren schrecklichen Erlebnissen während des Holocaust, von den sechs Jahren, die sie auf der Flucht vor den Nazis war. Aber ihr Buch ist auch eine Liebesgeschichte: zu ihrer Familie, zu ihrem geliebten ersten Ehemann, Mechel Lieber, und zu ihrer Religion.

Auch auf die Gefahr hin, dass ich wie ein überschwänglicher kleiner Bruder klinge, möchte ich sagen, dass sie ein wunderbares Buch

Lola und Ben bei der Feier von Jeans und Bens 55. Hochzeitstag, Alaska (2005), Lesser Family Collection

geschrieben hat! Die Erlebnisse meiner eigenen Familie durch Lolas Augen zu lesen, ermutigte und unterstützte mich beim Schreiben meiner eigenen Memoiren.

Zum tiefen Bedauern ihrer großen Familie und vieler Freunde verstarb unsere geliebte Lola Leser-Lieber im Alter von 91 Jahren am 2. November 2014, am 48. Todestag von Mechel Lieber.

Ein Dankeschön an MOTL-2010

Es war ein großes Privileg, am *International March of the Living 2010* teilzunehmen. Dieses Bildungsprogramm bringt Schüler und Holocaustüberlebende am *Jom haScho'a* (Holocaust-Gedenktag) in Polen zusammen, um von Auschwitz nach Birkenau, dem größten Konzentrationslagerkomplex des Zweiten Weltkriegs, zu marschieren. Das Programm organisiert auch Reisen nach Israel, um den *Jom haZikaron*, den »Gedenktag für die Gefallenen der Feldzüge Israels und die Opfer der Akte des Hasses«, und den *Jom haAtzma'ut*, den Israelischen Unabhängigkeitstag, zu begehen. Im Jahr 2010 nahmen fast 10.000 Jugendliche aus aller Welt an der Veranstaltung teil. Ich war Teil der Gruppe aus Los Angeles, die aus etwa 160 Teenagern und sechs weiteren Holocaustüberlebenden bestand. Wir besuchten auch das Warschauer Ghetto, Treblinka, die jüdischen Viertel von Krakau, Bochnia, Lublin, Majdanek und den Wald von Zbylitowska Góra, wo 800 Kinder brutal zu Tode geknüppelt wurden.

Dieses Ereignis war eines der wichtigsten und bedeutungsvollsten meines Lebens, und es gibt es auch keinen Zweifel daran, dass es ein einschneidendes Ereignis für die Schüler und die anderen Überlebenden war. Ich fühle mich wirklich gesegnet und privilegiert, diese Reise mit ihnen allen angetreten zu haben. Die Erfahrung des *March of the Living* ist so bewegend und tiefgreifend, dass sie sich tief in unsere Herzen und Erinnerungen eingebrannt hat und immer in Erinnerung bleiben wird ... *ZACHOR*!

Ein besonderes Dankeschön geht an die Eltern der Schüler. Sie haben ihren Kindern mit der Teilnahme am *March of the Living* eine kostbare Erfahrung ermöglicht. Sie haben sie mit unserem Volk und den vergangenen Generationen auf eine Weise verbunden, die ihr ganzes Leben lang halten wird. Dies ist vielleicht eines der größten Geschenke, die sie ihnen machen können. Ich bin diesen Eltern sehr dankbar.

Liebe Schüler, die Erinnerung an die Vergangenheit ist die beste Methode, um zu verhindern, dass sich die Tragödien der Geschichte wiederholen. Wir Überlebenden haben uns erinnert und diese Erinnerungen mit Euch geteilt – in der Hoffnung, dass ihr diese Lektionen versteht und Euch daran erinnern werdet. Gemeinsam haben wir gelacht, geweint, gegessen, getanzt und die Orte besucht, an denen viele der größten Gräueltaten der Welt stattgefunden haben. Und in diesem Prozess haben wir Überlebenden auch tiefgreifende Lektionen von Euch gelernt.

Meine eigenen Kinder, Enkelkinder und ein Großteil unserer erweiterten Familie nennen mich »Papa Ben«. Sicher haben andere Überlebende auch besondere Rufnamen, vielleicht Bubbie, Safta und Saba. Wir sind alle ein Teil einer größeren Familie, eines ewigen Volkes, ein starkes Bindeglied zwischen den Generationen. Die Hoffnungen und Träume unserer verstummten Vorfahren leben weiter. Diese Reise zählt zu den schönsten Erinnerungen in meinem Leben.

Ben Lesser (»Papa Ben«)